Créer son entreprise

Carine Sfez
Consultante en création d'entreprise

8e édition

2017

prat éditions

L'auteur souhaite remercier :
Laurent Cohen, associé dans le cabinet d'expertise comptable « Expertise & Conseils », 9, rue des Pyramides, 75001 Paris, qui a accepté de relire le manuscrit avec le regard pertinent d'un professionnel, et son éditrice, pour ses conseils, ses encouragements et son professionnalisme, ainsi que toute l'équipe éditoriale des Éditions Prat.

Direction éditoriale : Anne-Laure Marie
Édition : Claire Cabaret
Relecture - correction : Nawshaba Imambaccus
Création graphique : Julien Josset
Composition : Marine de Percin
Crédits photos : © goodluz - Fotolia.com

8, rue Rouget de Lisle
92442 Issy-les-Moulineaux Cedex

ISBN 978-2-8095-1080-5
ISSN 1272-4955

Partant d'une intuition, d'une conviction propre, l'entrepreneur qui prend la décision de créer une entreprise s'impose un changement de vie radical et lorsqu'il concrétise son projet provoque un changement dans la vie des affaires.

Cette décision, qui doit à terme apporter une solution utile pour le marché et satisfaisante pour lui-même, ne peut exister sans être accompagnée. Seule, l'idée n'a pas de valeur. Elle a besoin de s'enrichir de l'expérience des autres et de nouvelles connaissances. D'une part, le créateur doit pouvoir adapter son idée à la demande de ceux qui vont payer : proposer un produit ou un service. D'autre part, l'entrepreneur devra trouver comment produire, vendre et accepter de gagner sa vie en ne faisant que cela…

Ainsi, il s'avère qu'avant d'être une affaire économique, la démarche de création d'entreprise est avant tout affaire de croyance et d'apprentissage.

De croyance, car les enjeux auxquels les créateurs d'entreprise se croient confrontés (réussir sa vie, imposer sa vision, se faire comprendre, accepter…) sont tellement forts qu'ils freinent, voire empêchent l'action et il faut alors les aider à les relativiser.

D'apprentissage, car c'est en accueillant la critique comme une proposition constructive que le créateur sera capable d'identifier des solutions raisonnées et robustes… À l'incubateur de Novancia, les professionnels que nous sommes passons beaucoup de temps et énormément d'énergie pour rassurer et maintenir cette envie d'apprendre…

En matière de création d'entreprise le résultat n'est jamais indépendant du chemin parcouru. J'oserai même écrire que c'est le parcours qui fait le succès et, ce faisant, la capacité du créateur à lire, à rencontrer des acteurs clés, à poser des questions, à chercher à comprendre à servir des intérêts et à trouver du plaisir à le faire.

J'espère donc que c'est avec ce même esprit de curiosité et d'intérêt pour ce que l'on ne connaît pas que les créateurs aborderont cet ouvrage pratique, simple et complexe à la fois. Ce guide riche qui apporte une vision nouvelle, celle d'une femme de terrain entrepreneure et accompagnatrice d'entrepreneurs.

Joël Saingré
Responsable fondateur de l'incubateur de Novancia
Incuba'School

LISTE DES ABRÉVIATIONS

ACCRE	: aide aux demandeurs d'emploi créant ou reprenant une entreprise
ADIE	: Association pour le droit à l'initiative économique
AERL	: auto-entrepreneur à responsabilité limitée
AFE	: Agence France Entrepreneur
APEC	: Agence pour l'emploi des cadres
BFR	: besoin en fonds de roulement
BIC	: bénéfices industriels et commerciaux
BNC	: bénéfices non commerciaux
CA	: chiffre d'affaires
CAF	: capacité d'autofinancement
CAF	: caisse d'allocations familiales
CCI	: chambre de commerce et d'industrie
CDD	: contrat à durée déterminée
CDI	: contrat à durée indéterminée
CET	: contribution économique territoriale
CFE	: centre de formalités des entreprises
CFE	: cotisation foncière des entreprises
CGA	: centre de gestion agréé
CGET	: Commissariat général à l'égalité des territoires
CIPAV	: caisse interprofessionnelle de prévoyance et d'assurance vieillesse
CIR	: crédit d'impôt recherche
CM	: chambre des métiers
CRITT	: centres régionaux d'innovation et de transfert de technologie
DDTEFP	: direction départementale du travail, de l'emploi et de la formation professionnelle
DIF	: droit individuel à la formation individuelle
DIRECCTE	: direction régionale des entreprises, de la concurrence, de la consommation, du travail et de l'emploi
EBE	: excédent brut d'exploitation
FNAL	: fonds national d'aide au logement
INPI	: Institut national de la propriété industrielle
IR	: impôt sur les revenus
IS	: impôt sur les sociétés
ISF	: impôt de solidarité sur la fortune
NACRE	: nouvel accompagnement pour la création et la reprise d'entreprise
PCE	: prêt à la création d'entreprise
PPAE	: projet personnalisé d'accès à l'emploi
PRCE	: prime régionale à la création d'entreprise
QPPV	: quartiers prioritaires de la politique de la ville
RCS	: registre du commerce et des sociétés
RSA	: revenu de solidarité active
RSI	: régime social des indépendants
TVA	: taxe sur la valeur ajoutée
URSSAF	: Union de recouvrement des cotisations de Sécurité sociale et d'allocations familiales
ZFU	: zone franche urbaine
ZRR	: zone de revitalisation rurale

Table des matières

Avant la phase de création

Faire évoluer votre idée tout au long de la création

➢ Depuis quelque temps, la création d'entreprise vous tente, elle a le vent en poupe, et les médias se chargent de véhiculer ce mouvement.

➢ Actuellement, vous vous interrogez sur votre positionnement professionnel, et c'est peut-être le moment de vous lancer dans un nouveau projet professionnel : la création d'une entreprise.

➢ Pour démarrer votre projet de création, vous avez besoin d'une idée : c'est votre point de départ.

Vous trouvez votre idée de création

Connaître l'origine de votre idée vous permettra de communiquer et de donner une « histoire », une « identité » à votre entreprise. C'est une donnée que vous exploiterez, qui donnera un sens à l'histoire de votre création d'entreprise, qui constituera la base de la culture de votre future entreprise, de sa déontologie, de ses valeurs. Très souvent cette idée naît de votre entourage, de votre expérience professionnelle, d'un constat que vous avez fait, d'un besoin que vous avez identifié. Ensuite, vous devez formaliser votre idée, qui est au commencement un « embryon d'idée », née de votre envie et de votre instinct de futur entrepreneur.

Quelle est l'origine de votre idée ?

Tout projet de création d'entreprise débute par une envie, un désir d'indépendance, une idée :
- nouvelle (une innovation, un besoin non satisfait, une niche) ;
- que vous avez déjà expérimentée (la continuité de votre expérience professionnelle) ;
- déjà exploitée par d'autres (vous proposez une offre qui est proche de celle de concurrents).

Est-ce que l'origine de votre idée est :
- une expertise dans un domaine particulier ? Par exemple : vous êtes un expert dans le domaine du contrôle réglementaire de l'environnement, vous avez travaillé pendant 15 ans et suivi de nombreuses formations dans ce domaine et vous décidez de monter votre structure ;
- la connaissance d'un secteur d'activité ? Par exemple : vous connaissez le secteur immobilier car vous y travaillez depuis 10 ans, et vous souhaitez monter votre propre structure ;
- un nouveau produit et/ou service ? Par exemple : vous lancez un nouveau service d'aide à la personne car vous avez été confronté à ce besoin sans trouver de prestataires qui y répondait ;
- une passion, un rêve ? Par exemple : vous êtes passionné de sport et vous souhaitez ouvrir votre magasin spécialisé.

Une fois que vous avez défini votre « embryon » d'idée, vous devez lui donner corps, afin de pouvoir la protéger, faire une recherche sur le métier envisagé pour déterminer s'il est réglementé, s'il demande des formations particulières, des autorisations, etc. Ainsi, votre idée va évoluer et cela prendra un certain temps.

Vous remarquerez aussi que :
- si vous avez un rêve, une passion, un passe-temps que vous n'avez pas exercé dans votre vie professionnelle, c'est peut-être le moment de le réaliser dans votre vie d'entrepreneur ;

> **Cas pratique**
> M. X a exercé la profession de cadre dans des grandes entreprises. Comme il a toujours été passionné par la cuisine, il a pris des cours pendant son temps libre afin de se spécialiser, cuisinait pour ses proches. Pour finir, il a décidé de monter un restaurant...

- si vous exercez depuis de longues années votre métier, mais que vous avez envie de monter votre structure, car vous ne vous sentez plus à votre place dans une entreprise, vous aurez la tentation de monter un projet sur une activité totalement différente, pour laquelle vous n'avez pas de passion ou de compétence particulière. Méfiez-vous, car c'est une réaction normale de rejet vis-à-vis de votre métier, ou plutôt de la façon de l'exercer. En effet, votre idée de création d'entreprise sera peut-être de continuer à exercer votre métier, mais dans des conditions qui vous conviennent : celles de votre propre entreprise.

> **Cas pratique**
> Mme Y a exercé sa profession d'avocate dans un grand cabinet pendant de longues années. Elle a été tentée par la création d'entreprise : elle s'est d'abord tournée vers un projet de boutique de décoration pour, au final, choisir d'ouvrir son propre cabinet d'avocats.

Chaque parcours est différent, votre idée va évoluer avec vos questionnements, vos doutes, avec vous. Autorisez-vous à ne pas trouver votre idée tout de suite.

Comment préciser votre idée ?

Cette étape est essentielle, car elle vous permettra de présenter une offre précise et réaliste, et d'identifier explicitement ce que vous allez vendre (par exemple : votre carte et menu pour un restaurant, vos différentes offres pour un prestataire de service, votre collection pour un créateur de prêt-à-porter, etc.).
Ne vous inquiétez pas, vous allez revenir plusieurs fois sur ces questions, car il est impossible de définir précisément votre idée au « premier jet ». De plus, si vous hésitez entre deux idées, vous pouvez avancer sur les deux en parallèle, et choisir celle qui fonctionne le mieux. Et si les deux fonctionnent correctement, vous pouvez alors les garder et les développer toutes les deux.
Pour avancer et étoffer votre idée, vous allez vous projeter sur sa mise en place opérationnelle et travailler sur différents axes, en répondant aux questions suivantes.

› Quel est le produit que vous souhaitez vendre ?

L'idée est souvent assez vague, et vous devrez la définir plus précisément et plus concrètement : tout le processus de la concrétisation de votre idée doit être défini.

Par exemple :

- Si vous envisagez de créer des collections de bijoux fantaisie, souhaitez-vous à la fois créer, produire et distribuer ? Ou bien créer, et sous-traiter la production et la distribution ?
- Si vous souhaitez faire du conseil aux entreprises en communication, faites-vous uniquement de la communication interne, externe ou les deux ? Fournissez-vous uniquement des recommandations ? Ou bien proposez-vous un service « clés en main », c'est-à-dire recommandations et réalisation ?

En effet, la mise en place des moyens et les contacts à prendre seront en adéquation avec votre choix, et impliqueront un besoin financier.

Par exemple, si vous ne souhaitez pas produire vous-même votre collection de bijoux fantaisie et vous occuper uniquement de la création des modèles, vous devez prévoir une production sous-traitée. Vous devrez donc choisir des sous-traitants, les tester sur la réalisation de prototypes, mais aussi négocier les coûts de production (à intégrer dans vos coûts de revient), connaître les quantités minimums de production et les délais de production, etc.

Cette étape vous permet donc de définir précisément le produit ou le service vendu, et les moyens, l'organisation, les recherches à mettre en place pour y arriver.

› À quoi servira votre produit ?

Votre « vision » de votre produit et de ce qu'il apportera n'est pas forcément la même que celle de vos futurs clients.

L'idéal est d'interroger les différentes catégories de clients que vous avez identifiées : le prescripteur, le décideur, l'acheteur, l'utilisateur. Interrogez aussi votre entourage : selon lui, votre produit a-t-il une utilité ? Laquelle ? A-t-il actuellement besoin de votre produit ? Pourquoi ? Dans quels délais ? Pour quel usage ?

Les réponses à ces questions vous permettront de définir si le marché est prêt pour recevoir votre offre, et éventuellement de faire évoluer votre produit pour l'adapter aux besoins identifiés. Sinon, il faudra prévoir un démarrage plus lent et prévoir d'investir beaucoup dans la communication.

› Comment allez-vous vendre votre produit ?

C'est la définition des circuits de vente, du ou des réseaux de distribution.

Chaque circuit de vente induit des dépenses spécifiques :

- sur Internet : coût de développement et de référencement du site, logistique et campagne de communication importante ;
- en boutique :
  - si c'est votre propre boutique : emplacement et investissement importants,

• si c'est celle d'un distributeur : contrat de distribution et négociation de votre prix (dans ce cas, attention à votre marge !) ;
- par correspondance : coûts de marketing et mise en place logistique ;
- avec une force de vente :
• force de vente interne : politique de recrutement et animation des équipes de vente,
• force de vente externalisée : contrats et commissions.

› Quelle est la spécificité de votre produit ?

Pour cela, vous analyserez ses points forts et ses points faibles, de façon objective et pragmatique.
Lorsque vous analysez les points forts de votre produit, vous faites cette analyse en le comparant à ce qui existe sur le marché, à ce qu'offrent vos concurrents : cela vous permet d'identifier les éléments qui vous distinguent des autres et de les approfondir pour les mettre en avant.
Identifier les points faibles présents et à venir de votre produit vous permet d'anticiper, de vous protéger, de mettre en place une organisation et une évolution de votre projet afin de les réduire ou de les supprimer : cela donnera une spécificité plus forte à votre produit.

> **Cas pratique**
> Mme X souhaite créer son entreprise dans le secteur de la mode. Comme toujours, dans ce secteur, la durée de vie des produits est très courte (contrainte liée au produit). C'est pourquoi elle décide de créer 3 collections : 1 collection permanente (reconduite chaque année : les basiques) et 4 collections par saison avec très peu de modèles, des collections en séries limitées.
> La collection permanente lui permettra d'assurer à son fabricant un volant de fabrication : la marge sur le produit sera plus importante.
> De plus, cette collection permanente peut se décliner en série limitée pour certains articles avec un coloris particulier, ou un signe distinctif supplémentaire : cela permettra à Madame X de communiquer différemment avec sa clientèle. Quant aux 4 collections en série limitée, elles se distinguent totalement de ce qui existe sur le marché.

Comment protéger votre idée ?

Vous ne pouvez pas protéger une idée, un concept, mais par contre vous pouvez protéger sa forme. Pour cela, vous devez lui donner une forme concrète, tangible : un nom, une marque, une invention, une création artistique, etc.
C'est le premier travail que vous devez réaliser sur votre idée : vous devez l'étoffer, la développer, la rendre plus concrète, et ainsi vous pourrez la protéger indirectement.
Au démarrage, vous avez tout de même la possibilité d'utiliser comme protection :
- l'enveloppe Soleau (déposée à l'INPI) ;
- un acte notarié ;

- un « accord de confidentialité » ou un « accord préliminaire de secret » qui vous permet de démarrer des négociations en vue d'un accord de partenariat, de fabrication avec un tiers en étant protégé.
Voir pour plus d'informations *Une idée*, p. 43.

Votre idée entre-t-elle dans le cadre des métiers réglementés ?

Il existe de nombreux métiers réglementés. Lorsque vous détenez votre idée de création, rapprochez-vous de la chambre syndicale de votre futur métier, de la CCI, de la CM, et ainsi vous connaîtrez les conditions d'installation dans votre nouveau métier.
N'oubliez pas que cette notion de réglementation évolue, et tenez-vous bien informé.

> **Cas pratique**
> Un arrêt de la cour d'appel de Dijon du 19 février 2009, n° 08 00592, a considéré que l'activité qui consiste uniquement à diffuser sur Internet des annonces entre particuliers, moyennant rémunération, sans intervenir dans les relations entre les auteurs des annonces et les personnes intéressées, n'équivaut pas à une activité d'entremise en matière de ventes immobilières, et ne nécessite donc pas la détention d'une carte d'agent immobilier.

Vous trouverez sur le site www.ciep.fr/profession-glossary la liste des professions réglementées et des organismes auprès desquels vous obtiendrez les informations nécessaires au lancement de votre activité.
Vous trouverez ci-dessous quelques exemples de métiers réglementés.

› Chauffeur de taxi

• Conditions d'installation

Vous devez être titulaire d'un :
- permis B depuis au moins 2 ans ;
- diplôme de secouriste ;
- certificat de capacité professionnelle. C'est la carte professionnelle. Ce certificat est obtenu par examen (se renseigner auprès du service des taxis de la préfecture du lieu d'exercice de l'activité).

• Démarches préalables

Vous devez avoir obtenu :
- votre carte professionnelle ;
- une autorisation de stationnement (licence, plaque). Cette autorisation peut être gratuite (très rare et délais très longs) ou peut s'obtenir par un rachat de licence (très onéreux) : renseignez-vous auprès de la préfecture ou de la mairie.

Réglementation à respecter

Vous devez équiper votre véhicule de :
- taximètre ;
- dispositif extérieur lumineux « taxi » ;
- compteur horokilométrique ;
- indication de la commune d'attachement et du numéro d'autorisation ;
- votre carte professionnelle sur la vitre avant du véhicule.

Vous devrez par ailleurs suivre un stage de formation professionnelle continue tous les 5 ans à l'issue duquel une attestation vous sera délivrée.
Le site www.taxis-de-france.com vous donnera des informations sur ce métier.

› Tatoueur

Conditions d'installation

Vous devez être titulaire :
- d'une attestation de formation portant sur les conditions d'hygiène et de salubrité (se renseigner auprès de votre préfecture) ;
- ou d'un diplôme d'État de docteur en médecine ou d'un diplôme d'université de spécialité hygiène hospitalière : dans ce cas, vous serez dispensé de la formation.

Démarches préalables

Vous devez effectuer une déclaration préalable, sur papier libre, auprès du préfet du département du lieu dans lequel sera exercée votre activité.
Cette déclaration comportera les éléments suivants : les nom et prénom du professionnel, l'adresse du lieu d'exercice de l'activité, et la nature de la ou des techniques mises en œuvre.

Réglementation à respecter

Vous devez :
- informer votre client sur le caractère irréversible et douloureux du tatouage, sur les risques d'infection, d'allergie et sur la cicatrisation ;
- afficher les risques et précautions à prendre dans vos locaux (modèle téléchargeable à l'adresse suivante : www.sante-sports.gouv.fr) ;
- avoir un consentement écrit du parent ou du tuteur pour pratiquer sur un mineur (à conserver pendant 3 ans) ;
- respecter les règles d'hygiène et de salubrité ;
- respecter les normes de sécurité ;
- éliminer les déchets selon les règles relatives aux déchets d'activités de soins à risques infectieux ;
- utiliser exclusivement des produits de tatouage et des tiges de perçage réglementaires.

Les sites à consulter pour avoir plus d'informations sont :
- Syndicat national des artistes tatoueurs : www.s-n-a-t.org ;
- Syndicat des perceurs professionnels français : www.sppf.eu.

› Entreprise de sécurité

Conditions d'installation

Vous devez justifier d'un des éléments suivants :

- une certification professionnelle enregistrée au répertoire national des certifications professionnelles, ou un certificat de qualification professionnelle élaboré par la branche professionnelle du secteur d'activité ;
- un titre reconnu par un État membre de l'Union européenne ou par un État partie à l'accord sur l'Espace économique européen se rapportant à l'activité de sécurité privée ;
- avoir exercé en continu pendant une durée de 2 ans, entre le 10 septembre 2003 et le 9 septembre 2008, une activité de surveillance et de gardiennage, de transport de fonds ou de protection des personnes, à titre individuel ou en tant que dirigeant ou gérant d'une société de sécurité ;
- ou la qualité d'officier ou d'agent de police judiciaire ou d'agent de police adjoint pour les fonctionnaires de la police nationale et les militaires de la gendarmerie nationale ;
- ou la qualité d'officier ou de sous-officier hors gendarmerie ;
- ou la qualité de fonctionnaires civils de catégories A et B ;
- ET vous ne devez pas avoir été condamné pénalement ni avoir subi une sanction disciplinaire ou administrative de radiation, révocation, retrait d'agrément.

Le dirigeant comme les membres du personnel de l'agence doivent être de nationalité française ou ressortissants de l'Union européenne, d'un État partie à l'Espace économique européen ou ayant conclu avec la France une convention bilatérale (Algérie, Andorre, Congo, États-Unis, Gabon, Monaco, Suisse).

Démarches préalables

Vous devez avoir obtenu un agrément préfectoral pour exercer l'activité.

Réglementation à respecter

Vous devez déclarer à la préfecture l'embauche d'agents de sécurité qui doivent justifier d'une aptitude et d'une qualification professionnelle : une carte professionnelle valable 5 ans leur est délivrée.

Pour être agréé pour les fouilles et palpation, il faut justifier de deux années d'exercice professionnel dans les activités de surveillance et de gardiennage ou en tant qu'adjoint de sécurité ou volontaire servant en qualité de militaire dans la gendarmerie.

La tenue vestimentaire ne doit pas prêter à confusion avec les uniformes des forces publiques.

Pour travailler avec un chien, il faut suivre une formation théorique et pratique d'agent conducteur de chiens.

Les sites à consulter pour avoir plus d'informations sont :

- Syndicat national des entreprises de sécurité : www.e-snes.org ;
- Union des entreprises de sécurité privée : http://usp-securite.org.

› Services à la personne

Les services à la personne sont définis dans une liste : l'article D. 7231-1 du Code du travail.

Conditions d'installation

Vous devez obtenir les qualifications nécessaires à l'exercice de votre métier (esthéticienne à domicile, par exemple).
Pour connaître ces qualifications, contactez votre CFE (centre de formalité des entreprises).

Démarches préalables

Vous devez obtenir :
- un agrément « qualité » pour les entreprises qui assurent des services au domicile de publics vulnérables (enfants de moins de 3 ans, personnes âgées de 60 ans au moins, personnes handicapées) ;
- un agrément simple pour les entreprises exerçant une activité de service à la personne dans les autres conditions. L'obtention de cet agrément est facultative, mais permet de bénéficier des avantages fiscaux et sociaux liés aux activités de services à la personne.

Réglementation à respecter

Pour remplir les conditions de l'agrément, vous devez :
- exercer exclusivement une ou plusieurs activités de services à la personne ;
- exercer l'activité au domicile de vos clients ;
- disposer des moyens humains, matériels et financiers suffisants pour exercer l'activité dans de bonnes conditions ;
- établir, chaque année, un bilan annuel d'activité ;
- transmettre chaque mois à la DIRECCTE un état statistique.

Le site : www.entreprises.gouv.fr/services-a-la-personne vous permettra de trouver des informations pratiques sur ce métier.

› Courtier en vins

Conditions d'installation

Vous devez détenir une carte professionnelle de courtier en vins et spiritueux. Pour l'obtenir, il faut la demander par lettre recommandée avec avis de réception au président de la chambre régionale de commerce et d'industrie de la région dans laquelle vous souhaitez exercer cette profession. Cette carte vous coûtera 80 €.
Et vous devez :
- être de nationalité française ou vous trouver en situation régulière sur le territoire national ;
- jouir de vos droits civils ;
- ne pas être frappé d'une peine d'interdiction d'exercer une profession commerciale ou industrielle ;

- ne pas exercer une profession incompatible avec celle de courtier en vins (par exemple : fonctionnaires et agents de l'État, employés des négociants en vins, débitants de boissons, restaurateurs et hôteliers, etc.).

Démarches préalables

Pour obtenir votre carte professionnelle, vous devez :
- suivre un stage (6 mois) auprès d'un courtier ;
- réussir un examen devant un jury (se renseigner auprès de la chambre régionale de commerce et d'industrie concernée). Cet examen consiste en un exposé oral sur le stage et sur les connaissances.

Réglementation à respecter

Les règles à suivre :
- vous ne devez pas effectuer d'achat ou de vente de vins à votre compte, sauf pour vos besoins personnels ;
- vous devez établir des confirmations de vente entre acheteur et vendeur.

› Maison de retraite

Conditions d'installation

Vous devez obtenir :
- une autorisation délivrée par un arrêté, *via* le comité régional de l'organisation sociale et médico-sociale (CROSMS) ;
- une convention tripartite avec le président du conseil général et le préfet du département concerné.

Démarches préalables

Il vous faut obtenir l'autorisation et signer la convention tripartite.

Réglementation à respecter

Vous devez :
- établir des contrats de séjour ;
- rédiger des dossiers individuels pour chaque résident ;
- mettre en place un conseil d'établissement ;
- respecter les normes de sécurité ;
- produire un livret d'accueil à destination des résidents, des familles et du personnel ;
- tenir un registre des entrées et sorties des résidents ;
- organiser une procédure de dépôt des objets personnels des résidents ;
- embaucher un médecin coordonnateur et des infirmiers diplômés d'État.

Prenez le temps de « maturation »

On appelle le temps de « maturation » la durée que prendra la création de votre entreprise.
Cette durée débute quand naissent l'envie et une vague idée de projet, et elle se termine par l'immatriculation et le commencement de l'activité.
Le temps de « maturation » est une question que vous vous posez souvent : il n'y a pas de durée imposée, ni de durée idéale. Elle dépend de votre rythme.
Pour avoir un ordre d'idée, cette période peut aller de 6 mois (pour une création pure) à 18 mois (pour une reprise).
Chaque porteur de projet a son propre rythme de réflexion, son propre chemin à poursuivre, ses propres « blocages » et interrogations. Ainsi, la durée dépend du porteur de projet, bref, de vous. Ayez confiance, vous saurez quand ce sera le moment de vous lancer.
À partir du moment où vous vous lancez réellement (vous avez arrêté de vous poser des questions comme : « j'y vais, j'y vais pas... »), vous allez accélérer le mouvement de façon naturelle, et vous allez gagner en confiance.

En conclusion, faites-vous confiance, et le temps que vous prenez pour réfléchir, mettre en place votre projet, n'est pas du temps perdu, bien au contraire, il vous permettra de démarrer sereinement et à votre rythme et d'anticiper de nombreux éléments.
Ne vous laissez pas influencer par votre entourage : « Alors, tu en es où dans ta création ? Cela fait déjà 1 an que tu travailles sur ton projet ? »
Cela « met la pression » pour rien... Vous n'empêcherez pas certaines personnes de votre entourage de vous poser ces questions désagréables et culpabilisantes. Ces questions vous mettront mal à l'aise, car vous allez aussi vous demander ce que vous avez fait pendant tout ce temps, et vous trouverez que vous n'avancez pas assez vite.
Alors, ne vous laissez pas envahir par le doute, faites votre propre chemin, à votre rythme. Vous créerez votre entreprise lorsque vous et votre projet serez prêts.

MON CONSEIL

Prendre sa décision en toute connaissance de cause Pendant toute cette période de « pré-création », donnez-vous les moyens, posez-vous des questions pratiques et pragmatiques, faites des recherches, prenez des contacts, formez-vous, construisez votre réseau, cherchez une structure d'accompagnement, etc.
Une fois toutes ces informations réunies, vous arrivez à la période charnière de décision, et vous pourrez répondre à la question : « Est-ce que je veux créer mon entreprise, ou est-ce que j'abandonne mon projet ? »
Vous pourrez répondre à cette question car vous avez entre les mains toutes les informations nécessaires. Si vous décidez d'abandonner, vous allez chercher une autre solution : rechercher un emploi par exemple.
Si vous décidez de créer votre entreprise, vous allez accélérer votre processus de création de façon naturelle, car vous ne serez plus freiné et retenu par vos doutes.

Vous évaluez votre idée

Votre idée doit être cohérente et réaliste. Pour cela, vous devez vérifier l'adéquation entre votre idée et votre personnalité. Cela vous permettra d'être à l'aise dans votre projet, dans votre activité et dans votre entreprise. Il vous faudra également réaliser vos premières confrontations.

Les premières « confrontations »

Réaliser les premières confrontations, c'est :
- soumettre votre idée à votre entourage ;
- tester votre idée auprès de professionnels : chambre de commerce et d'industrie (CCI), cité des métiers, chambre des métiers (CM), etc.

Pendant la phase de formulation de votre idée, vous êtes surtout resté avec vos futurs associés, avec l'équipe projet pour échanger et faire évoluer votre idée, pour la rendre plus concrète. Maintenant, vous allez présenter votre projet, en parler, l'expliquer à ceux qui ne font pas partie de « l'équipe projet ».

Vous avez déjà échangé sur votre projet avec votre conjoint(e), vos enfants, votre famille, vos amis.Vous allez maintenant vous confronter à des professionnels : CCI, CM, des entreprises qui sont sur le même marché, votre future chambre syndicale, les salons professionnels, etc.

N'écoutez pas uniquement votre idée…, ni l'idée que vous vous en faites… Écoutez également les différents experts qui sont qualifiés pour apporter un regard neutre et avisé sur votre projet.

Même si vous n'êtes pas d'accord avec leur point de vue, cela vous permettra de vous poser des questions, de vous remettre en question et cela vous fera obligatoirement évoluer dans votre façon d'aborder votre projet et ses différentes facettes. Ces confrontations vont vous « exercer » à la remise en question, à l'argumentaire commercial : c'est un très bon exercice.

MON CONSEIL

Trouver les bons arguments Il est normal, qu'au début, votre discours ne soit pas forcément clair, percutant, persuasif. En effet, vous êtes au stade du projet, vous n'avez pas encore de présentation commerciale, et vous improvisez. C'est souvent pendant cette période que vous faites preuve de créativité et de persuasion. Vous allez trouver les bons arguments pour convaincre, et vous pourrez vous les approprier.

Peu à peu votre discours va s'étoffer (grâce aux questions, aux commentaires et aux remarques de vos interlocuteurs), et vous allez gagner en confiance.

De plus, cela vous aidera à élaborer vos outils de communication, car vous aurez déjà construit vos arguments de vente et votre discours persuasif.

Lors de ces échanges, ayez le « réflexe prix » : recherchez des informations sur les prix de vente, les coefficients de marge, les ratios du métier.
Cela vous permettra de gagner du temps par la suite (pour la construction de votre business plan financier).

L'étude de marché

Vous avez réalisé vos premières « confrontations ». Vous allez maintenant utiliser un outil objectif d'évaluation : l'étude de marché. L'étude de marché va vous permettre de définir ce que vous allez vendre, à qui et comment. Ceci afin de valider les paramètres de votre projet et de le positionner correctement sur le marché.

› À quoi vous servira votre étude de marché ?

L'étude de marché est une démarche pragmatique, pratique, concrète, qui vous permettra de déterminer si une demande existe pour votre projet, de connaître votre marché, c'est-à-dire vos clients et vos concurrents, de définir votre cible et d'analyser la faisabilité commerciale de votre projet.

MON CONSEIL

Comment évaluer la concurrence ?

- Si votre projet est l'ouverture d'un commerce : le lieu d'implantation est primordial. Allez donc sur place (le lieu de votre futur local, le quartier où vous souhaitez vous implanter) et comptez le nombre de personnes qui passent, analysez la typologie des personnes qui habitent le quartier, regardez s'il y a des touristes, des bureaux, analysez et interrogez les commerçants aux alentours. Si vous avez parmi eux des concurrents, analysez leurs offres et leurs prix.
- Si votre projet concerne la mise en place d'une offre de services : rapprochez-vous de votre future concurrence pour évaluer son offre et la comparer à la vôtre de façon objective.

Cette étude de marché vous permettra de :
- quantifier les moyens à mettre en œuvre ;
- vous faciliter l'accès à votre marché ;
- mesurer le potentiel du marché ;
- connaître les acteurs de votre marché ;
- vérifier l'opportunité de vous lancer ;
- définir votre stratégie commerciale (fixer vos prix, choisir vos circuits de distribution et vos outils de communication) ;
- établir une première estimation de chiffre d'affaires (étape essentielle du business plan financier).

Ne passez donc pas à côté de cette étape essentielle, car elle vous permettra de démarrer votre business plan, de prendre en compte des paramètres que vous n'aviez pas ou mal identifiés, et de rassurer vos interlocuteurs (les proches, la banque, les fournisseurs, etc.), et cela même si vous êtes un professionnel de ce secteur d'activité.

› Le pas-à-pas pour votre étude de marché

Pour réaliser votre étude de marché, vous devez franchir les étapes une à une, et construire une étude claire, synthétique, précise et concrète.
Vous devrez traiter trois parties : l'environnement, la demande et l'offre.
Pour cela, vous allez :

Réaliser votre recherche documentaire

Vous rechercherez des informations auprès de nombreux organismes : CCI, CM, syndicats professionnels, Institut national de la statistique et des études économiques (INSEE), Centre de recherche pour l'étude et l'observation des conditions de vie (Credoc), grandes bibliothèques, sites Internet spécialisés, salons professionnels, presse spécialisée, l'Union professionnelle artisanale (UPA), le Centre d'information et de documentation jeunesse (CIDJ), l'Office national d'information sur les enseignements et les professions (ONISEP), etc.
L'AFE (Agence France Entrepreneur, anciennement APCE) a édité 150 fiches professionnelles par métier qui vous permettront d'obtenir des informations réglementaires, juridiques et financières sur votre secteur d'activité et votre métier (www.afecreation.fr).
De plus, le Pôle de ressources et d'informations sur le monde de l'entreprise (Prisme) de la Bibliothèque nationale de France (BNF) vous permettra d'accéder à de nombreuses informations utiles : annuaires, revues professionnelles, informations sur les sociétés, études de marché.
Lorsque vous réalisez votre étude documentaire, utilisez des sources d'informations à jour et pas trop généralistes par rapport à votre projet.
Cette recherche « théorique » vous permettra d'obtenir des informations chiffrées sur le potentiel du marché que vous visez. Ne vous limitez pas à cette approche, mais allez aussi au-devant de vos prospects et de vos concurrents : rencontrez-les.

Analyser votre marché afin de l'« attaquer » de façon pertinente et efficace

C'est la recherche d'informations qui vous permettra de répondre aux questions relatives à votre marché : quel est le marché ? Est-ce un marché local, régional, national, international ? Est-ce un marché permanent ou saisonnier ? Existe-t-il des barrières à l'entrée (par exemple, l'obtention d'un agrément) ? Quelles sont ses tendances ? Quelles évolutions sont à prévoir ? Quelles sont les évolutions technologiques de votre marché ? Quel est son cadre réglementaire et législatif ? Quelles sont ses contraintes ? Quelles sont les opportunités et les menaces éventuelles ?
Après cette analyse, vous intégrerez votre projet dans son marché : quelles sont les caractéristiques de votre produit, de votre offre ? Votre projet a-t-il une place sur le marché ? Va-t-il apporter un « plus » par rapport à la concurrence ? Va-t-il répondre à un besoin non encore couvert par la concurrence ?

Analyser vos clients pour mieux les connaître

C'est la recherche d'informations grâce à des entretiens, des questionnaires. Cette recherche vous permettra de répondre aux questions relatives à vos clients : qui sont-ils ? Où et comment vivent-ils ? Comment se comportent-ils ? Quels sont leurs besoins ? Comment achètent-ils ? Où achètent-ils ?
Ainsi, vous connaîtrez mieux vos clients potentiels et vous pourrez mieux répondre à leurs attentes et les convaincre. Pour cela allez à la CCI ou à la CM pour obtenir des données sur vos clients potentiels, interrogez directement vos clients potentiels, identifiés dans votre réseau de connaissances par exemple, commencez à contacter des prospects.

À NOTER
Bien définir sa cible Cela vous aidera à définir plus précisément votre cible (par exemple : les couples avec enfants) et à choisir votre implantation, votre circuit et votre réseau de distribution, car vous connaîtrez le processus d'achat de vos clients potentiels.
Une fois votre cible définie, vérifiez qu'elle est accessible et solvable.

Analyser vos concurrents pour bien vous positionner

C'est la recherche d'informations sur vos concurrents. Vous analyserez et observerez vos concurrents directs et indirects : combien sont-ils ? Où sont-ils ? Que proposent-ils ? À quels prix ?
Quels sont leurs circuits de distribution ? Quelles sont leurs techniques commerciales ?
D'autre part :
- avoir étudié la grille des prix proposés par vos concurrents vous permettra de définir le meilleur prix pour votre produit/service : un prix juste et compétitif ;
- avoir analysé le positionnement de vos concurrents sur le marché vous permettra de vous démarquer et de conquérir de nouveaux clients : vous aurez tous les éléments pour construire une argumentation solide et convaincante en faveur de votre produit/service.

Grâce à ce travail, vous pourrez défendre votre projet et convaincre (un investisseur, un banquier, un associé, etc.) que votre produit/service a tout pour réussir à s'imposer sur le marché.
En connaissant vos concurrents, vous pourrez reproduire ce qui fonctionne pour eux en l'améliorant, et vous pourrez vous démarquer et trouver votre place sur le marché.

Analyser votre offre pour définir votre stratégie commerciale

C'est en quelque sorte la synthèse des différentes informations obtenues précédemment qui positionnera votre offre sur le marché et déterminera le choix de votre stratégie.

La stratégie, c'est le fil conducteur qui va permettre à votre entreprise de réaliser son chiffre d'affaires, de se développer. C'est le positionnement optimal de votre offre, car il prend en compte vos concurrents, vos clients et les spécificités de votre produit et de votre projet.
C'est une étape délicate car elle nécessite réflexion, logique, créativité et instinct. Vous devez aussi définir les moyens que vous devez mettre en place si vous souhaitez suivre cette stratégie : quels sont vos produits ? Quels sont vos prix de vente ? Quels sont vos circuits de distribution, vos réseaux de distribution ? Comment allez-vous vendre ? Comment allez-vous communiquer sur votre offre ? Avez-vous besoin d'une force de vente ? Quel marché allez-vous attaquer en premier ? Avec quels outils marketing et de communication ?

Établir un prévisionnel de chiffre d'affaires (CA)

Pour construire vos hypothèses de chiffre d'affaires, vous pourrez utiliser plusieurs méthodologies :
- réaliser une enquête avec un questionnaire très ciblé auprès de vos prospects potentiels. Grâce à l'analyse des réponses à ce questionnaire, vous pourrez alors évaluer votre chiffre d'affaires. Dans ce cas, soyez tout de même prudent, car les résultats obtenus *via* un questionnaire sont souvent trop optimistes ;
- si vous avez déjà des commandes conditionnelles et/ou des négociations commerciales en cours, vous pourrez partir de ces premiers éléments pour extrapoler votre chiffre d'affaires ;
- vous pouvez aussi utiliser les ratios de votre métier : chiffres d'affaires par m^2, chiffres d'affaires par vendeur. Dans ce cas, soyez aussi très prudent sur le chiffre d'affaires obtenu ;
- n'hésitez pas à interroger des entreprises implantées depuis peu dans votre secteur d'activité, afin de connaître quelles ont été les conditions de développement de leur chiffre d'affaires. Vous pourrez ainsi vous inspirer de leur démarrage d'activité ;
- si vous ouvrez un commerce, vous pourrez alors compter le nombre de personnes qui passent devant votre futur commerce, observer la zone dans laquelle vous souhaitez vous implanter, calculer le taux de fréquentation. Puis, en utilisant des données statistiques de consommation telles que l'INSEE, les syndicats professionnels, vous pourrez alors calculer votre chiffre d'affaires.

Après avoir réalisé cette première approche de votre chiffre d'affaires, prenez du recul et abordez-le de manière différente : partez de votre chiffre d'affaires et calculez le nombre de clients par jour (en fonction du panier moyen ou du ticket moyen), le nombre de produits vendus par jour, le nombre d'heures travaillées par jour, etc. Cela vous permettra de savoir si le prévisionnel de chiffre d'affaires que vous avez obtenu est réaliste.
La définition de votre stratégie commerciale va vous permettre de chiffrer le coût des moyens que vous utiliserez, des actions que vous envisagez de mettre en œuvre : quel est le coût de fabrication ou de production du produit ? Quels sont les coûts de commercialisation ? Quels sont les coûts de promotion et de communication ?

Lorsque vous déciderez de vous lancer, vous évaluerez les moyens financiers, matériels et humains à mettre en place. Ces éléments chiffrés seront intégrés dans votre business plan financier.

MON CONSEIL

Prévoir votre CA Si c'est une reprise : vous vous inspirerez du bilan de votre prédécesseur en intégrant une baisse de CA pour l'année de la reprise.

Si c'est une création, vous avez deux actions à mener :

- vous évaluerez, dans le cadre d'une enquête de terrain, les intentions d'achat des clients potentiels ;
- vous prospecterez pour tester votre projet en grandeur nature.

Une fois votre étude de marché complète, prenez rendez-vous avec des professionnels de la création d'entreprise (chambre consulaire, boutique de gestion) pour avoir leur avis sur votre étude de marché.

À NOTER

Les Juniors-Entreprises Vous pouvez aussi faire appel aux Juniors-Entreprises pour construire votre étude de marché. C'est risqué, car vous devez connaître parfaitement votre marché, vous devez être allé sur le terrain, vous être approprié votre marché. C'est essentiel pour « sentir » un marché et lancer une activité.

Vous construisez votre réseau autour de votre idée

Lorsque vous allez commencer la prise de contact avec les différents intervenants, surtout ne vous découragez pas. En effet, il est parfois difficile de trouver la bonne information, le bon interlocuteur, d'autant plus qu'au début, vous ne saurez peut-être pas très bien ce que vous cherchez. Soyez tenace, car on y arrive toujours, et de toute façon, chaque rencontre, chaque entretien vous apportera des informations et de nouvelles « pistes » à explorer.

Les interlocuteurs qui composent votre réseau

Pour réaliser votre étude de marché, vous avez contacté un nombre important de personnes, d'organismes. Ces contacts sont donc intégrés naturellement à votre réseau.
Vous êtes aussi certainement déjà inscrit sur un site de communauté virtuelle : Facebook, Viadeo, LinkedIn, Xing. Viadeo vous permet de participer à des groupes : les « hubs » qui augmentent votre notoriété.
Utilisez ces espaces pour informer et communiquer sur votre projet de création.

› Les professionnels de la création d'entreprise

Ne restez pas chez vous, à faire des recherches sur Internet, à construire votre plaquette. Préférez aller au-devant des contacts, des professionnels pour construire votre propre réseau à l'aide des premiers contacts pris. Par ailleurs, n'hésitez pas à parler de votre projet à des professionnels de la création d'entreprise.
Ces professionnels sont tenus au secret professionnel, ils vous apporteront un regard extérieur, avisé et neutre, indispensable pour avancer dans vos recherches et vous éviter des erreurs.

Vous trouverez ces professionnels de la création d'entreprise :
- à la CCI et à la CM, vous obtiendrez auprès de conseillers vos premières informations (réseaux d'accompagnement locaux qui pourront vous aider, aides financières que vous pourrez solliciter, fiches sectorielles à consulter, formations existantes...) ;
- dans les réseaux d'accompagnement (boutiques de gestion, Ateliers de Paris, Initiative France, réseau Entreprendre, etc.) ;
- dans les associations de bénévoles (Égée, Écti, groupement de créateurs...).

À NOTER
Recueillez des informations Lisez et inscrivez-vous aux newsletters des sites suivants :
- www.afecreation.fr
- www.placedesreseaux.com
- www.planete-auto-entrepreneur.com

Allez dans les salons généralistes de la création d'entreprise (salon des entrepreneurs, salon de la micro-entreprise, etc.).

› Vos futurs clients

Pour tester votre offre, vous avez pris contact avec des clients potentiels et vous avez échangé avec eux sur celle-ci, son prix, leurs besoins et leurs attentes. Positionnez-vous en « vendeur », en « commercial », à chaque fois que vous rencontrez un client potentiel, même si votre projet n'est pas totalement finalisé : c'est une très bonne technique d'entraînement.
Il est aussi très intéressant d'aller dans les salons fréquentés par vos clients. Cela vous permettra de les rencontrer, de prendre des premiers contacts et d'échanger avec eux sur leurs attentes et leurs besoins.

› Les professionnels de votre secteur d'activité

Ce sont les professionnels de votre secteur d'activité, de votre métier, qui sont en mesure de vous fournir des informations pertinentes sur votre projet car ils ont la compétence professionnelle et l'expérience : syndicat professionnel, fournisseurs, sous-traitants, revendeurs, concurrents, etc.
En premier lieu, préparez vos questions avant de les rencontrer : votre rendez-vous sera alors plus efficace, vous ne ferez pas perdre de temps à votre interlocuteur, il appréciera, et si vous avez à nouveau besoin de le rencontrer, il acceptera facilement.
En effet, il est essentiel de bien préparer votre rendez-vous, car vous allez échanger avec une personne qui est un professionnel de votre secteur, et vous devez aussi vous comporter en professionnel.
Allez dans les salons spécialisés dans votre métier et votre secteur.

› D'autres porteurs de projet

Lors de vos recherches, démarches et formations, vous allez rencontrer d'autres porteurs de projet qui sont aussi en phase de recherche sur leur projet. Échangez avec eux les bons tuyaux, les contacts que vous avez.
C'est essentiel, car vous intégrez ainsi la communauté des entrepreneurs et son mode de fonctionnement.

Ce que vous apportera votre réseau

À ce stade, les différents interlocuteurs de votre réseau vous permettront d'identifier et parfois de résoudre des contraintes liées à votre projet. Ils vous conseilleront et vous feront partager leur expérience sur votre futur domaine d'activité.
En effet, vous serez confronté à de nombreuses difficultés liées aux contraintes de votre projet, et les interlocuteurs que vous rencontrerez vous permettront de les identifier plus facilement, et donc de les anticiper.

MON CONSEIL

Ne négligez pas les avis des autres ! Les professionnels de la création d'entreprise vous donneront des informations concernant les autorisations, agréments et diplômes à obtenir avant de vous lancer.
Vos futurs clients vous aideront à identifier les difficultés de distribution de votre produit (si vous souhaitez traiter avec les grandes surfaces, vous devrez alors produire en grande quantité).
Vos sous-traitants vous alerteront sur les difficultés de réalisation, de stockage, etc.

Après avoir testé votre idée et l'avoir fait évoluer au fur et à mesure des échanges, vous allez devenir peu à peu entrepreneur en montant votre projet de façon plus concrète.

Devenir peu à peu un entrepreneur : apprendre en faisant

➢ Vous avez votre idée, votre concept.

➢ Vous avez envie de vous lancer dans la création d'entreprise pour exploiter cette idée, ce concept.

➢ Vous allez maintenant vous confronter au monde du concret pour savoir si cette envie et votre vie sont compatibles.

Vous faites le point sur votre statut

Vous allez vérifier la compatibilité entre votre idée de création et votre statut personnel. Soyez réaliste, objectif. Ceci vous aidera et vous permettra de poser le « décor » de votre création d'entreprise. Plusieurs aspects de votre statut et de votre situation doivent être envisagés : la vie personnelle et l'aspect économique.

Quelle est votre situation personnelle ?

Faites le point sur le soutien dont vous disposez pour mener à bien votre projet. Lorsque vous vous lancez dans l'aventure de la création d'entreprise, vous « emportez » aussi avec vous votre conjoint, votre entourage, et il est essentiel que vos proches vous soutiennent et adhèrent à votre projet, en connaissance de cause. Pour cela, vous discutez, échangez avec vos proches sur votre future vie d'entrepreneur. Cela vous aidera aussi à vous mettre « dans la peau » d'un entrepreneur.

› Vous et votre conjoint(e)

Votre parcours de porteur de projet puis de créateur d'entreprise vous demandera énormément d'énergie, de dynamisme, de temps. Vous serez absorbé par votre nouvelle activité, et devrez souvent faire face à des impondérables : travailler pendant le week-end pour tenir vos délais, dîner avec des clients, et parfois même annuler un week-end ou une partie de vos vacances.
Vous devez discuter avec votre conjoint(e) au sujet de ces nouvelles contraintes, de ce changement de rythme et de vie.
Mais heureusement, dans votre nouvelle vie, il n'y a pas que des inconvénients et des contraintes. En effet, vous pouvez profiter de ce nouveau rythme de vie pour organiser votre vie personnelle de façon plus souple : aller chercher vos enfants à l'école, consacrer plus de temps à faire du sport, à voir vos amis, etc.
L'avantage des horaires d'un entrepreneur est qu'il peut s'organiser comme il le souhaite : il n'est plus soumis aux horaires d'un salarié, et au fameux « métro, boulot, dodo ». Vous pourrez donc vous organiser différemment. Ce qui compte est de trouver votre rythme et votre méthode de travail.
Vos proches, et surtout votre conjoint(e) et vos enfants (si vous en avez), ont un rôle primordial d'accompagnement et de soutien. Ils doivent croire en votre projet, sinon, c'est beaucoup trop difficile, et soyons lucides, vous n'y arriverez pas, ou à quel prix ? (divorce, disputes incessantes, etc.). L'une de vos premières missions est donc de convaincre vos proches, et cela même lorsqu'ils doutent :

comme vous croyez en votre projet/concept/idée, vous pourrez les convaincre, et ce seront vos premiers clients…
Pensez à les protéger de votre nouvelle situation. Si vous assurez leur protection, ils seront moins anxieux et ils vous soutiendront plus facilement dans votre projet.
Lorsque l'on crée une entreprise, on prend des risques financiers, et en cas de problème, les créanciers peuvent se tourner vers votre patrimoine personnel. Une structure juridique peut limiter ce risque (SARL, SA, SAS), mais votre régime matrimonial détermine néanmoins l'étendue de votre patrimoine personnel. C'est donc le moment de faire le point sur votre régime matrimonial et de rédiger un contrat de mariage si vous n'en avez pas. En effet, si vous n'avez pas de contrat, c'est le régime de la communauté réduite aux acquêts qui s'applique. Dans ce cas, votre entreprise rentre dans les biens communs et cela implique que vos biens et ceux de votre conjoint(e) (y compris son salaire) peuvent être saisis par les créanciers. Ce régime est à déconseiller fortement : vous devez en changer pour protéger votre famille et vous protéger en cas de divorce (en effet, si l'entreprise appartient aux biens communs, elle est à partager en cas de divorce). Le régime de séparation de biens se révèle plus adéquat.

MON CONSEIL

Faire appel à un notaire Prenez contact avec votre notaire pour qu'il vous conseille un régime adapté à votre situation. Et n'oubliez pas de lui demander le coût total de l'opération !

Par ailleurs, pensez à analyser les conséquences pour votre conjoint(e), une fois que votre structure sera créée (voir *La protection de votre conjoint(e)*, p. 224).

› Vous et votre entourage

Les membres de votre entourage (amis, famille) sont les premiers à vous confronter à votre projet, à vous faire des commentaires, des remarques.
Il est essentiel de les convaincre, surtout votre famille.
En effet, votre famille a un rôle à jouer dans votre création d'entreprise, elle y sera partie prenante. C'est pourquoi il est essentiel qu'elle vous soutienne dans votre projet, elle est aussi concernée par votre changement de vie.
Très souvent, vos proches tiennent des propos extrêmement pertinents, car ils vous connaissent bien et sont bienveillants. N'hésitez pas à échanger avec eux, à les mettre à contribution, à leur demander de l'aide, des conseils, des contacts.
N'oubliez pas que vous êtes aussi entouré par des compétences : faites donc travailler « gratuitement » les personnes de votre entourage et utilisez leurs compétences.
Apprenez à demander de l'aide et des conseils. Vous allez être étonné par les retours que vous aurez : votre entourage va vous aider très naturellement, il va mettre son réseau à votre disposition, en un mot, il va vous accompagner dans votre création d'entreprise avec plaisir si vous le lui demandez.

> **Cas pratique**
> Mme X souhaite ouvrir un restaurant. Elle a mis au point sa carte, et a testé ses recettes sur ses proches lors de dîners entre amis, qu'elle organisait chez elle. Ils lui donnaient leurs avis, lui apportaient des recettes et commençaient à mettre en route le *buzz* sur les bons petits plats que l'on pourrait bientôt déguster dans le restaurant de Mme X.
> Au démarrage de son activité, Mme X n'avait pas beaucoup de moyens, et pour faire les travaux de décoration de son restaurant, elle a fait appel à ses amis qui sont venus lui donner un « coup de main » : peinture, nettoyage, montage des meubles, etc.
> À l'ouverture, sa clientèle était composée de ses amis, puis des amis de ses amis, etc. et, aujourd'hui, son restaurant est une réussite pérenne.

Par ailleurs, dans votre parcours d'entrepreneur, vous rencontrerez obligatoirement des moments de doute, des remises en question, des échecs. Dans ces moments, il est essentiel de pouvoir compter sur vos proches, vos amis, votre conjoint(e). N'hésitez pas à leur faire part de vos doutes, des hésitations que vous pouvez avoir sur une orientation stratégique à prendre, etc. Naturellement, ils vous transmettront l'énergie et la confiance qui pourraient vous manquer, ils vous donneront des conseils et vous permettront de repartir.

Quelle est votre situation économique ?

C'est l'argent et le temps dont vous disposez pour mener à bien votre projet. L'argent est une contrainte importante lorsque l'on crée une entreprise, car vous allez devoir « tenir » pendant votre phase de porteur de projet (6 mois), et pendant le démarrage de votre entreprise (il se passe parfois 1 année avant que votre entreprise ne vous permette de toucher une rémunération).
Aussi, vous devez prévoir bien en amont la façon dont vous allez vous organiser financièrement, et cela aura bien entendu des conséquences sur votre création d'entreprise.

> **MON CONSEIL**
> **N'oubliez pas de vous poser les bonnes questions** Faites aussi le point sur votre situation économique familiale : avez-vous un ou des emprunts à rembourser ? Sur combien de temps ? Pour quel montant ? Avez-vous des charges familiales (enfants, parents) ? Quelles sont vos charges mensuelles ?

À NOTER

Créer une société à responsabilité limitée (SARL) avec sa famille Si vous envisagez de créer une SARL avec votre famille et d'être le gérant de cette SARL, les parts qui seront prises en compte pour apprécier si vous êtes gérant minoritaire ou majoritaire sont les parts détenues par votre conjoint ou votre partenaire « pacsé » et vos enfants mineurs. Vous êtes minoritaire quand vous détenez un pourcentage égal ou inférieur à 50 % du capital social alors que vous êtes majoritaire quand vous détenez plus de 50 % du capital social.

› Vous êtes salarié

Être auto-entrepreneur

Bien que salarié, vous pouvez opter pour le dispositif d'auto-entrepreneur (voir *Le dispositif d'auto-entrepreneur*, p. 64).

Vous prendrez alors sur votre temps libre pour lancer votre activité d'auto-entrepreneur (tout votre temps et toute votre énergie ne seront donc pas consacrés à cette activité).

L'avantage est que vous toucherez votre salaire de votre employeur.

Votre création d'entreprise démarrera alors très lentement, mais avec une sécurité financière.

Prendre un congé spécifique

Vous souhaitez garder votre statut de salarié et vous lancer dans la création d'entreprise à plein temps ou à temps partiel : dans ce cas, vous demandez à votre employeur un congé pour création d'entreprise, un temps partiel pour création d'entreprise ou un congé sabbatique. Ces congés permettent à un salarié souhaitant créer ou reprendre une entreprise de se consacrer à son projet :

- soit en s'absentant de chez son employeur pour une période prolongée ;
- soit en conservant une activité salariée réduite.

Durant ces congés, le contrat de travail est suspendu mais il n'est pas rompu.

Vous ne toucherez donc pas votre salaire. En revanche, en cas de travail à temps partiel, le versement du salaire est maintenu au prorata du nombre d'heures de travail effectuées. Afin de financer ces congés, vous pouvez débloquer votre participation de façon anticipée si les sommes épargnées sont affectées à la création ou à la reprise d'une entreprise. En revanche, si votre entreprise n'a pas mis en place de participation pour ses salariés, vous pouvez faire appel à votre conjoint/vos parents, et débloquer la participation de votre conjoint marié (ou uni par un PACS) ou de vos parents. Vous pouvez aussi utiliser votre compte épargne-temps.

Si votre entreprise compte moins de 200 salariés, votre employeur a la possibilité de refuser votre demande (après avis du comité d'entreprise ou des délégués du personnel), s'il estime que le congé aura des conséquences préjudiciables pour l'entreprise ou si vous envisagez de créer une activité directement concurrente à la sienne.

À NOTER
Votre employeur peut-il refuser votre congé ? Votre employeur ne peut pas refuser votre congé au motif que le recrutement nécessaire pour vous remplacer est « particulièrement difficile faute de temps ». Pour que l'on puisse considérer que l'absence d'un salarié ait un effet préjudiciable pour l'entreprise, il ne faut pas qu'un autre salarié soit en mesure de le remplacer (décision de la Cour de cassation, Chambre sociale du 11 mars 2009, n° 07-44 414).

À l'issue de son congé, le salarié retrouvera, s'il le souhaite, une activité ou un emploi dans son entreprise, avec un salaire au moins équivalent : cela vous sécurise économiquement en cas d'abandon du projet.

Le temps partiel pour création

- But : créer ou reprendre une entreprise, ou diriger une JEI (jeune entreprise innovante).
- Conditions : salarié avec une ancienneté de 24 mois qui n'a pas bénéficié du congé au cours des 3 dernières années.
- Durée : 1 an renouvelable 1 fois.
- Modalités : informer votre employeur 2 mois avant par lettre recommandée avec avis de réception en indiquant le motif. Le silence de l'employeur vaut acceptation dans un délai de 30 jours. Puis signature d'un avenant au contrat de travail.
- Protection sociale : celle des salariés au titre de son contrat de travail à temps partiel.

Le congé pour création d'entreprise

- But : créer ou reprendre une entreprise, ou diriger une JEI (jeune entreprise innovante).
- Conditions : salarié avec une ancienneté de 24 mois qui n'a pas bénéficié du congé au cours des 3 dernières années.
- Durée : 1 an renouvelable 1 fois.
- Modalités : informer votre employeur 2 mois avant par lettre recommandée avec avis de réception en indiquant le motif. Le silence de l'employeur vaut acceptation dans un délai de 30 jours.
- Protection sociale : celle des salariés pendant 12 mois sauf pour l'assurance vieillesse (la retraite).

Le congé sabbatique

- Conditions : salarié avec une ancienneté minimum de 36 mois, justifiant d'une activité professionnelle d'au moins 6 ans et qui n'a pas bénéficié d'un des trois congés au cours des 6 dernières années.
- Durée : de 6 à 11 mois.
- Modalités : informer votre employeur 3 mois avant par lettre recommandée avec avis de réception sans indiquer le motif.
- Protection sociale : celle des salariés pendant 12 mois sauf pour l'assurance vieillesse (la retraite).

À NOTER

Peut-on cumuler plusieurs congés ? Le congé ou temps partiel pour création d'entreprise peut succéder à un congé sabbatique : cela permet d'optimiser la durée de ces congés. Mais attention, vous ne pourrez pas faire l'inverse : démarrer par un congé ou temps partiel pour création d'entreprise, puis prendre un congé sabbatique, car pour bénéficier d'un congé sabbatique vous ne devez pas avoir bénéficié d'un des trois congés au cours des 6 dernières années.

ATTENTION

Vérifiez qu'aucune clause de non-concurrence ne vous empêche de vous lancer.

À NOTER

Exonération de charges sociales supprimée La mesure qui permettait aux salariés en poste de bénéficier d'une exonération de charges sociales lors de la création de leur entreprise a été supprimée par la loi de finances pour 2013. Cette exonération d'une durée de 12 mois concernait les charges relatives à l'assurance maladie-maternité, l'assurance vieillesse de base et l'invalidité-décès, les allocations familiales, tant que les revenus du créateur restaient inférieurs à 120 % du SMIC brut.

› Vous êtes sans emploi

● Les allocations chômage

La convention d'assurance chômage du 14 mai 2014 reprend les dispositifs existants en faveur des demandeurs d'emploi créateurs ou repreneurs d'entreprise :

- l'aide à la reprise ou à la création d'entreprise (ARCE) versée sous forme de capital pour les allocataires qui justifient notamment de l'obtention de l'ACCRE ;
- la possibilité de cumuler l'allocation de retour à l'emploi (ARE) avec les revenus d'une activité salariée ou non salariée lorsque ces revenus sont inférieurs à 70 % de la précédente rémunération.

À NOTER

La convention d'assurance chômage du 14 mai 2014 et son règlement annexe devait s'appliquer jusqu'au 30 juin 2016. Elle va être prolongée par décret et demeure applicable en attendant la nouvelle, sachant que les discussions des partenaires sociaux reprennent en septembre 2016.

Les informations ci-dessous restent applicables jusqu'à la mise en place de la nouvelle convention. Informez-vous auprès de votre Pôle emploi pour connaître le nouveau régime d'assurance chômage qui sera alors mis en place.

Lorsque vous êtes au chômage et que vous êtes indemnisé, votre situation vis-à-vis de Pôle emploi va évoluer en fonction de l'avancée de votre projet. Informez-vous auprès de votre Pôle emploi en fonction de votre situation.
Dans la phase de lancement de votre projet, vous continuez à percevoir votre ARE si vous êtes inscrit sur la liste des demandeurs d'emploi : le Pôle emploi considère que vous êtes en démarche active de recherche d'emploi.

ATTENTION
Si vous souhaitez toucher mensuellement vos indemnités chômage, déclarez à Pôle emploi que vous recherchez toujours un emploi bien que vous soyez porteur d'un projet de création.

Les allocations chômage mensuelles que vous percevrez vous permettront de « tenir » pendant la phase de projet et pendant la phase de lancement de votre activité. N'oubliez pas que votre activité peut mettre un certain temps avant de vous rapporter de l'argent et de vous permettre de vous rémunérer. Ceci d'autant plus, que très souvent, le dirigeant a tendance à se payer en dernier, c'est-à-dire après ses fournisseurs et ses salariés (en tant que dirigeant, vous ressentirez une véritable « responsabilité morale » envers vos différents partenaires et collaborateurs).

MON CONSEIL
Mesurer vos besoins financiers Faites le point sur vos besoins financiers mensuels de façon très détaillée : loyer, téléphone, nourriture, etc., et rencontrez votre conseiller Pôle emploi.
Informez-le de votre projet et calculez avec lui le montant de vos allocations chômage : avant création et après création.
Cela vous permettra de connaître la somme exacte dont vous disposerez chaque mois.
Une fois votre entreprise créée, vous pourrez alors choisir entre le versement mensuel ou le versement en deux fois de 45 % du montant total de vos allocations chômage (voir *Choisir une structure adaptée à votre entreprise*, p. 53).

Le RSA (revenu de solidarité active)

Vous pouvez bénéficier du RSA si :
- vous relevez du régime social des indépendants (chef d'entreprise individuelle, travailleur indépendant, auto-entrepreneur) ;
- vous n'employez pas de salariés ;
- votre dernier CA respecte les limites de CA du régime fiscal des micro-entreprises (82 200 € ou 32 900 € selon votre activité).

Le montant du RSA est lié à la composition du foyer et au nombre d'enfants à charge et est calculé suivant la formule suivante : RSA = montant forfaitaire + 62 % des revenus d'activité du foyer - ressources du foyer - forfait d'aide au logement ;
Montant forfaitaire pour 1 personne sans enfant : 524,68 € en 2016.

Pour en bénéficier, vous devez remplir un formulaire (Cerfa n° 15481*01) que vous pouvez télécharger sur le site suivant : www.formulaires.modernisation.gouv.fr en indiquant son numéro ou sur le site rsa-revenu-de-solidarite-active.com

Vous devez ensuite le transmettre à votre CAF (caisse d'allocations familiales) qui analysera votre dossier. Le site de la CAF, www.caf.fr, vous permet de faire en ligne une simulation de vos droits au RSA et vous donnera toutes les informations complémentaires.

À NOTER

Depuis le 1er janvier 2016, la prime d'activité a remplacé le RSA activité et la prime pour l'emploi (PPE).

Vous pouvez en bénéficier si :

- vous relevez du régime social des indépendants ;
- votre dernier CA respecte les limites de CA du régime fiscal des micro-entreprises (82 200 € ou 32 900 € selon votre activité).

Vous devez faire votre demande de prime d'activité auprès de la CAF dont vous dépendez.

Vous faites le point sur votre personnalité

Un entrepreneur est un homme à multiples facettes, doté d'une énergie débordante et d'une très bonne santé. Il pourra consacrer cette énergie au développement de son activité s'il croit en lui et dans les produits et services qu'il propose.
Apres avoir analysé votre marché et bien défini votre offre, il est plus facile d'avoir confiance en vous. Cela vous aidera aussi à être convaincant.

Quels sont les traits de caractère d'un entrepreneur ?

Un entrepreneur a le goût de la liberté, il est indépendant, autonome, organisé, rigoureux, c'est un gestionnaire.
Il est déterminé, solide, tenace, persévérant, résistant, motivé, exigeant.
Il sait prendre des risques, des décisions, il est débrouillard, bon négociateur, convaincant, communicant.
Il est réaliste, lucide, visionnaire.
Il possède une certaine liberté de pensée, une capacité d'adaptation et fait preuve de créativité.
Il sait se remettre en question, anticiper, rebondir, s'adapter, improviser, prendre du recul, manager, déléguer.
Il a du talent, du potentiel, de la résistance physique et psychologique.
Il prend soin de sa santé pour faire face aux surcharges de travail et aux besoins de son activité.
Pour résumer, c'est un « surhomme » : il est à la fois un gestionnaire, un commercial, un homme de communication et de marketing, un expert dans son métier, un manager…
Chacun d'entre nous détient une partie de ces compétences, de ces traits de caractère, mais certainement pas la totalité… Il est donc souvent nécessaire de se former, et de bien s'entourer.
En effet, le profil type de l'entrepreneur n'existe pas : chacun d'entre nous peut devenir entrepreneur. Le seul élément qui fera qu'une personne décide ou non de monter sa structure et donc de devenir un entrepreneur est l'envie de le devenir.
Ensuite vous utiliserez vos traits de caractère et vos compétences de façon instinctive :
- pour la facette commerciale et marketing, vous utiliserez votre capacité d'écoute et d'empathie, ce qui vous permettra de savoir comment votre interlocuteur (votre client) réagit à ce que vous lui proposez. Ainsi, vous développerez une relation de confiance et un échange constructif et collaboratif avec lui ;

- pour trouver des solutions aux problématiques que vous rencontrerez, vous ferez appel à votre ténacité et à votre persévérance ;
- pour répondre à votre marché et l'anticiper, vous aurez recours à votre capacité à vous remettre en question, à votre créativité et à votre intuition ;
- pour prendre vos décisions, vous ferez une analyse « théorique » de la situation, mais vous n'aurez pas tous les éléments en main, et devrez décider un peu au hasard. Vous devrez alors vous fier à votre instinct, à votre vision de l'avenir, à votre connaissance du marché. Faites-vous confiance, et restez à l'écoute.

N'oubliez pas que si au bout de quelque temps vous vous apercevez que vous avez pris la mauvaise décision, vous pourrez toujours « corriger le tir ». Il n'y a aucune honte à avouer son erreur, bien au contraire, cela prouve votre capacité à rebondir et à décider, et, à chaque fois, vous apprendrez sur votre marché, sur votre entreprise et sur vous-même.

Vous devez enfin et surtout être à l'aise dans votre entreprise, adhérer à ses valeurs et son éthique.

Pour cela, vous devez être clair sur vos valeurs personnelles car ce sont ces valeurs qui seront celles de votre entreprise : votre projet doit donc être en adéquation avec vous.

Votre projet doit être en adéquation avec votre personnalité

Il est essentiel de connaître vos motivations personnelles pour créer votre entreprise :

- Quel est votre moteur ? Souvent, le moteur principal est l'envie, le désir.
- Pour quelles raisons avez-vous envie de monter une structure ? Répondez à cette question de façon lucide, objective, ne vous mentez pas à vous-même. Très souvent, l'entrepreneur souhaite être libre, indépendant.
- Votre caractère est-il compatible avec les exigences du projet ?
- Quelles sont vos forces et surtout vos faiblesses au regard de votre projet ?
- Quels sont les éléments de votre personnalité qui vont vous aider et quels sont ceux qui vont vous freiner dans votre entreprise ? Un grand timide ne sera pas très à l'aise avec les démarches commerciales, il aura du mal à vendre ses produits.
- Quelles sont les expertises indispensables au projet ? Est-ce que vous les avez, ou bien allez-vous faire appel à des expertises externes ? Lesquelles ? Sous quelle forme ?

Si vous souhaitez créer à plusieurs, il est primordial de comprendre les motivations et les objectifs personnels de chacun avant de vous engager avec des associés et de vous assurer qu'ils sont compatibles avec les objectifs de votre future entreprise. C'est une des conditions pour que votre fonctionnement entre associés soit harmonieux et durable.

En effet, entre futurs associés, la transparence totale et préalable est essentielle.

Si votre personnalité n'est pas en adéquation avec votre projet, faites évoluer votre projet, adaptez-le à votre mode de fonctionnement, à votre personnalité.

Vous devez être très à l'aise avec votre projet pour l'être plus tard dans votre entreprise. N'oubliez pas que vous allez passer beaucoup de temps et consacrer beaucoup d'énergie à votre création d'entreprise puis à votre entreprise. Vous devez pour cela être extrêmement motivé. Et si vous aimez ce que vous faites chaque jour, vous ne vous rendrez plus compte que vous travaillez…
Votre entourage, vos amis vont aussi vous aider à définir et à identifier vos « lacunes » face aux expertises indispensables à votre projet. Ils vous connaissent bien et seront aptes à identifier vos traits de caractère qui risquent de poser problème dans votre projet de création. Écoutez-les, même si cela n'est pas toujours facile et agréable. Écoutez-les, d'autant plus que vous pouvez encore faire évoluer votre projet : à cette étape, rien n'est figé dans le marbre et vous pouvez modifier certaines spécificités et hypothèses de votre projet.
Vous pouvez aussi réaliser un bilan de compétences qui vous aidera à y voir plus clair. Si vous êtes salarié, ce bilan de compétences peut être financé au titre du plan de formation ou du congé de bilan de compétences.
Pour en bénéficier, vous devez être en CDI depuis 1 an ou en CDD (vous devez justifier de 4 mois d'activité au cours des 12 derniers mois) (voir *Mettre en place votre projet tout en étant salarié*, p. 36).
Une fois vos « lacunes » et vos besoins identifiés, vous trouverez des solutions : utiliser une expertise externe qui vous manque et/ou vous former. Pour cela, de nombreux dispositifs d'aide à la pré-création existent, et vous pouvez mettre en place différentes solutions.
Cette étape vous permet d'anticiper votre création d'entreprise et de vous organiser pour la réaliser dans des conditions optimales.
Vous trouverez ci-dessous un petit test de personnalité :

		OUI	NON	NE SAIT PAS
1	Vous rêvez de liberté.			
2	Vous avez une attitude positive.			
3	Vous êtes autonome.			
4	Vous êtes lucide.			
5	Vous êtes curieux.			
6	Vous êtes exigeant.			
7	Vous êtes tenace.			
8	Vous avez une forte capacité d'adaptation.			
9	Vous savez rebondir.			
10	Vous aimez persuader vos interlocuteurs.			

		OUI	NON	NE SAIT PAS
11	Vous aimez vous surpasser.			
12	Vous ne craignez pas les contacts et les démarches commerciales.			
13	Vous aimez décider.			
14	Vous savez écouter.			
15	Vous prenez des risques calculés.			
16	Vous avez une compétence dans un domaine particulier.			
17	Votre projet est lié à votre domaine d'expérience.			
18	Vous aimez le travail bien fait.			
19	Vous n'avez pas peur de travailler beaucoup.			
20	Vous pouvez facilement réaliser des tâches qui n'entrent pas dans votre compétence première.			
21	Vous aimez ce que vous faites.			
22	Vous avez mis de l'argent de côté pour votre projet.			
23	Vous parlez de votre projet à votre entourage.			
24	Vous avez déjà contacté votre banquier.			
25	Vous avez déjà contacté vos futurs fournisseurs.			
26	Vous avez commencé à contacter des prospects potentiels.			
27	Imaginer votre vie future d'entrepreneur ne vous fait pas peur.			

Comptez maintenant le nombre de « OUI », de « NON » et de « NE SAIT PAS ».
Si vous obtenez une majorité de « OUI » : vous êtes prêt pour vous lancer dans votre projet de création, et vous avancerez plus vite que vous ne le pensez.
Si vous obtenez une majorité de « NE SAIT PAS » : vous devez définir les raisons qui font que vous n'avancez pas et vous devez donc encore finaliser votre projet avant de vous lancer.
Si vous obtenez une majorité de « NON » : il est encore trop tôt pour vous lancer dans un projet de création d'entreprise.

Vous organisez votre création d'entreprise

Maintenant que vous avez fait le point sur vos « lacunes » et donc sur vos besoins à combler, vous pouvez choisir de vous faire accompagner et de vous former alors que vous êtes encore salarié.

Mettre en place votre projet tout en étant salarié

› Les formations pour le créateur salarié

Vous pouvez vous former dans de nombreux domaines, et pour financer ces formations, vous pouvez utiliser les dispositifs suivants : le CPF (compte personnel de formation : anciennement DIF, droit individuel à la formation) ou le CIF.

Le CPF (compte personnel de formation)

Le CPF a été mis en place depuis le 1er janvier 2015. Il remplace le DIF. Les heures non consommées au titre du DIF pourront être mobilisées pendant 5 ans dans le cadre du CPF.

Les conditions pour en bénéficier

Le CPF est ouvert à toute personne âgée d'au moins 16 ans, qu'elle soit salariée ou sans emploi (inscrite ou non à Pôle emploi), ou accompagnée dans un projet d'orientation et d'insertion professionnelle : il concerne toutes les personnes dans la vie active.
Par dérogation, un CPF est ouvert dès l'âge de 15 ans pour le jeune qui signe un contrat d'apprentissage.

Quelles sont les modalités pour en bénéficier ?

- Si votre formation se déroule en dehors du temps de travail, ou si elle vise l'acquisition du socle de connaissances et de compétences, vous n'avez pas besoin de l'autorisation de votre employeur.
- Si votre formation se déroule pendant le temps de travail, vous devez obtenir l'accord préalable de votre employeur.

Si la durée de la formation est inférieure à 6 mois, vous devez faire votre demande au moins 60 jours avant le début de la formation.
Si la durée de la formation est supérieure à 6 mois, vous devez faire votre demande au moins 120 jours avant le début de la formation.

À NOTER
Si vous utilisez votre CPF sur votre temps de travail, l'employeur maintient votre salaire. Si vous utilisez votre CPF en dehors de votre temps de travail, vous ne percevrez pas de rémunération.

Faites une demande écrite à votre employeur par lettre recommandée avec avis de réception.
Indiquez l'intitulé et les informations relatives à la formation demandée : nom de l'organisme de formation, lieu de la formation, dates et horaires, le programme détaillé de la formation, etc.
Votre employeur doit vous notifier sa réponse dans un délai de 30 jours. Si au bout des 30 jours, il n'a pas répondu à votre courrier, son silence vaut acceptation.

À NOTER
Les droits acquis au titre du CPF sont attachés à la personne. Les heures de formation du CPF restent donc acquises en cas de changement de situation professionnelle ou de perte d'emploi.

Quelle est la durée possible ?

Chaque année, chaque salarié acquiert un CPF de 24 heures jusqu'à 120 heures, puis de 12 heures dans la limite de 150 heures au total.
Ainsi, le salarié pourra acquérir 120 heures en 5 ans, puis 30 heures en 2 ans et demi.
Pour les salariés employés en CDI à temps partiel ou en CDD, les heures de CPF sont calculées au prorata du temps de travail.

Quelles sont les formations possibles ?

Entrent dans le cadre du CPF des formations en vue de :
- l'acquisition, l'entretien, le perfectionnement des connaissances ;
- l'accompagnement à la VAE (validation des acquis de l'expérience).

Ces formations permettent d'accéder à un diplôme, un titre professionnel, une certification, un certificat de qualification professionnelle (CQP), des habilitations, etc. Le décret n° 2014-119 du 2 octobre 2014 définit la liste des formations éligibles.

À NOTER
Un demandeur d'emploi qui a suffisamment d'heures sur son CPF pour suivre une formation devra faire valider son projet par Pôle emploi au titre du projet personnalisé d'accès à l'emploi (PPAE).

Le CIF (congé individuel de formation)

Les conditions pour en bénéficier sont :

- être salarié en CDI avec 2 ans d'activité salariée dont 1 an d'ancienneté dans l'entreprise ; la condition d'ancienneté est ramenée à 1 an dans l'entreprise pour bénéficier d'une action de formation se déroulant intégralement en dehors du temps de travail ;
- ou être salarié en CDD et avoir travaillé 24 mois au cours des 5 dernières années dont 4 mois au cours des 12 derniers mois.

Quelles sont les modalités pour en bénéficier ?

Vous recherchez votre organisme de formation et vous montez vous-même votre dossier de prise en charge directement auprès de l'Opacif ou du Fongecif dont dépend l'entreprise.
Ce dossier comprend une autorisation d'absence pendant votre formation, qui doit être signée par votre employeur. L'idéal est d'informer votre employeur assez rapidement.
L'employeur ne peut pas refuser votre demande si vous répondez aux conditions requises et si vous avez formulé votre demande dans les délais impartis.
Si la demande est acceptée par l'organisme gestionnaire des fonds du CIF (Fongecif, Opacif), ce dernier prend en charge tout ou partie du coût de la formation, et, sous certaines conditions, les frais annexes (déplacements, hébergement). Quant au salaire, votre employeur doit continuer à le verser, en attendant d'être remboursé par l'Opacif ou le Fongecif.
Pendant votre formation, vous conservez vos droits de salarié (Sécurité sociale, ancienneté, congés payés).

Quelle est la durée possible ?

La durée maximale est de 1 607 heures.

Quelles sont les formations possibles ?

Entrent dans le cadre du CIF les formations en vue :
- d'obtenir un diplôme ou une qualification plus élevée ;
- d'acquérir de nouvelles connaissances pour changer de métier.

Les formations correspondent à un projet d'évolution personnelle, sans lien direct avec l'entreprise dans laquelle vous êtes actuellement salarié.

À NOTER

Formation professionnelle et temps de travail Depuis la réforme de la formation professionnelle, la formation choisie peut, à la demande du salarié, être réalisée en totalité en dehors du temps de travail sous deux conditions :
- une ancienneté d'au moins un an dans l'entreprise ;
- la formation suivie doit avoir une durée minimale de 120 heures (décret n° 2010-65 du 18 janvier 2010, *JO* du 19).

› L'essaimage

Vous pouvez aussi mettre en place avec votre employeur l'essaimage : votre employeur vous soutient dans la création de votre entreprise et vous aide à créer votre propre structure.

Pour cela, l'employeur met à la disposition de son salarié :

- une aide financière sous forme de prime, de support financier sur l'emprunt ;
- des expertises (mise à disposition d'un cabinet de conseil et de compétences au sein de l'entreprise) ;
- des informations ;
- un réseau et des mises en relation avec les acteurs principaux de votre secteur d'activité ;
- un accord de partenariat, etc.

Cet essaimage est couplé avec un congé (de 12 mois, renouvelable une fois) pour création ou reprise d'entreprise, et il est formalisé par une convention d'essaimage que vous signerez avec votre employeur.

Les entreprises qui mettent en place l'essaimage sont souvent de grosses structures. Pour d'autres entreprises, plus généralement les PME/PMI, cette pratique est souvent méconnue, mais n'hésitez pas à en discuter. Vous pouvez proposer sa mise en place, car votre projet peut intéresser la direction.

Vous trouverez des informations pratiques sur l'essaimage dans les sites et organismes suivants :

- le guide de l'essaimage de l'AFE à consulter sur www.afecreation.com ;
- l'association DIESE (Association pour le développement de l'initiative et de l'entrepreneuriat chez les salariés des entreprises) a été créée par des grandes entreprises ayant développé des pratiques d'essaimage : le groupe Air France, KLM, EADS, EDF, France Télécom, La Poste, Renault, Sanofi-Aventis, Schneider Electric, Total, Veolia Environnement ;
- Essaime (Association des créateurs d'entreprises par essaimage) : www.essaime.org.

> **MON CONSEIL**
> **Échanger sur le projet d'essaimage** Rencontrez un dirigeant d'entreprise ayant bénéficié de ce dispositif d'essaimage afin d'échanger avec lui sur la façon de présenter votre dossier à votre direction et sur les avantages qu'il en a tiré.

Mettre en place votre projet sans être salarié

Vous n'êtes pas salarié mais vous pouvez aussi bénéficier d'une aide et d'un accompagnement pour votre création d'entreprise dans la phase projet. Il est souvent plus facile de travailler son projet lorsque l'on n'est pas salarié : en effet, vous aurez plus de temps à y consacrer.

Les différentes aides dont vous pourrez bénéficier sont le NACRE, les incubateurs, les couveuses.
Ces formations et accompagnements doivent s'inscrire dans l'organisation de votre projet.

› Le dispositif NACRE (nouvel accompagnement pour la création et la reprise d'entreprise)

Il vous permet d'être accompagné pendant la mise en place de votre projet, d'obtenir un prêt à taux 0 au moment de la mise en place de votre financement et d'être suivi post-création pour la partie développement de votre activité.
Pour plus de détails, voir *Le dispositif NACRE (Nouvel accompagnement pour la création et la reprise d'entreprise)*, p. 102.

› L'incubateur

C'est une structure d'appui à la création d'entreprise, avant la création d'entreprise. Cette structure vous permettra de vous former, d'avoir accès à des experts, des conseils, d'être hébergé. Le but est d'amener à maturation votre projet et de vous accompagner jusqu'à la création de votre entreprise. C'est un « accélérateur » de création d'entreprise (pour plus de détails, voir *L'incubateur*, p. 54).

› L'accélérateur

C'est une structure qui propose des formations, l'organisation d'événements et de levée de fond, un espace de travail pour des projets liés au numérique et à l'innovation (pour plus de détails, voir *L'accélérateur*, p. 56).

› La couveuse

C'est un hébergement juridique de votre activité. Elle vous propose un accompagnement personnalisé et vous permet de tester l'activité sans création effective (immatriculation) (pour plus de détails, voir *La couveuse*, p. 60).

Organiser votre projet

Il est utile et nécessaire de formaliser votre projet, de le poser « noir sur blanc », bref de l'écrire.
Même si vous avez tout dans votre tête, le fait d'écrire votre projet, d'indiquer les paliers déjà atteints, ceux qui vous restent à franchir, vous permettra de repositionner certaines étapes, de combler des oublis, et surtout de démarrer la partie qualitative, descriptive, de votre business plan.
Pour cela, vous pouvez vous aider du site www.afecreation.fr qui a un rôle de conseil et d'information, vous rapprocher de votre CCI, CM, des syndicats professionnels et visiter des salons professionnels.
Poser noir sur blanc son projet, c'est :
- préciser et expliciter son idée, sa motivation, son parcours, le lien entre son expérience professionnelle et son projet, son offre, son marché…

- préparer un planning d'avancement de projet :
• Quelles sont les différentes tâches à réaliser, dans quels délais ? Quels sont les prérequis ? Faites un planning des différentes étapes.
• Quelles sont les formations à envisager, quand les démarrer, avec quel organisme, pour quel coût ?
• Quels sont les contacts à prendre ? Pour obtenir quelles informations ? Listez les organismes et entreprises à contacter.
• Quelles sont les informations à obtenir, auprès de qui ?
- organiser son projet en interne si vous avez un ou plusieurs associés : qui fait quoi, quand ?
Attention, ne vous laissez pas « piéger » par cette phase où vous avez tendance à rester chez vous, à faire des recherches sur Internet et à rester très « théorique ». En effet, pendant cette phase de votre projet, vous devez surtout et avant tout prendre des contacts, aller chercher des informations. C'est un moment idéal pour cela, car les différents échanges que vous allez avoir vont vous permettre de faire évoluer votre projet, de le rendre plus concret et plus réaliste.
Pensez pour cela à :
- tester votre offre auprès de différents contacts professionnels :
• contacter des prospects éventuels, et cela même si vous n'avez pas encore votre « plaquette commerciale ». Ne vous inquiétez pas, ce n'est pas parce que vous allez tester votre offre auprès de clients potentiels que vous allez « griller vos cartouches », bien au contraire. Cela vous permettra d'avoir un premier contact, un interlocuteur identifié, et d'ajuster votre offre afin de l'adapter à la demande. Lorsque vous serez prêt, vous pourrez contacter à nouveau ces différents prospects et vous leur proposerez ainsi une offre adaptée, puisque vous connaissez déjà leurs besoins,
• sonder les concurrents afin d'analyser leur offre et leur prix (début de l'étude de marché). Cela vous permettra d'affiner et de mettre en forme votre idée de création d'entreprise pour faire la différence ;
- contacter votre banquier pour l'informer de votre projet de création d'entreprise et pour lui transmettre un montant approximatif de financement nécessaire à votre démarrage. Vous le contacterez ultérieurement pour lui présenter votre business plan une fois qu'il sera réalisé. Ainsi, vous aurez un premier retour de votre banquier et certainement quelques conseils pour la présentation de votre business plan. Lors de ce rendez-vous, n'hésitez pas à lui demander quels sont ses critères de financement, quels sont les projets qu'il finance, ce qu'il pense du vôtre, quels sont les points qui joueront en votre faveur ou en votre défaveur pour l'obtention du financement. Vous commencerez ainsi à construire avec lui une communication et une relation de confiance ;
- enfin, contactez votre centre des impôts, car il peut vous donner des conseils d'ordre fiscal, si vous hésitez par exemple sur le choix de votre structure juridique, et rencontrez votre centre URSSAF pour connaître les montants précis des charges sociales que vous aurez à payer.

MON CONSEIL

Bien s'organiser Pendant cette phase, vous allez rencontrer un nombre important de personnes. Mettez en place votre organisation : prenez des notes, distribuez vos cartes de visite (les premières sont très simples : vos nom, adresse e-mail, coordonnées postales personnelles et téléphoniques, éventuellement le nom de votre entreprise si vous l'avez déjà protégé), soyez ponctuel et professionnel lors de vos rendez-vous. Vous devez vous positionner comme un professionnel, comme l'entrepreneur que vous êtes en train de devenir.

Vous protégez votre création d'entreprise

Lorsque vous commencez à communiquer sur votre projet, vous êtes souvent freiné par la crainte que l'on vous vole votre idée de création, votre nom, votre marque. Pour éviter cela, vous allez protéger les signes distinctifs de votre projet.

Que pouvez-vous protéger ?

› Une idée

La protection d'une idée est impossible

Pour rendre votre idée « protégeable », vous devez la préciser, donner des détails, la rendre concrète, créer une « touche personnelle » qui peut se matérialiser sous la forme d'un nom, d'une marque, d'une invention, etc.
Il est en effet impossible de protéger une idée, mais vous pouvez protéger sa forme : invention, marque, création artistique, etc.
La protection de la forme de l'idée s'exprime à travers :
- le droit d'auteur : il protège les œuvres de l'esprit (œuvres littéraires, œuvres d'art, logiciels, etc.). Pour protéger votre œuvre, vous devez garder les preuves de votre paternité avant de rendre votre œuvre publique : vous pourrez ainsi faire valoir vos droits en cas de besoin ;
- le droit de propriété industrielle : il protège les inventions et les signes distinctifs (marques, etc.).

Pour les protéger, vous devez accomplir certaines démarches auprès de l'INPI (Institut national de la propriété industrielle) : brevet, dépôt d'une marque, dépôt d'un dessin ou d'un modèle…
Nous verrons par la suite ces différentes protections.
Vous avez la possibilité d'utiliser, l'enveloppe Soleau ou un acte notarié.

L'enveloppe Soleau

Vous trouverez cette enveloppe à l'INPI et elle vous coûtera 15 € pour une protection pendant 5 ans renouvelable. Cette protection est loin d'être efficace, mais c'est mieux que rien…
Elle prouvera la date de la création (qui sera la date de votre dépôt à l'INPI) et précisera que vous en êtes bien l'auteur.
Vous indiquerez dans l'enveloppe Soleau les grandes lignes de votre projet, de votre idée. Elle est composée de deux compartiments (un pour vous et un pour l'INPI) dans lesquels vous devez déposer les mêmes éléments : la description de ce que vous souhaitez protéger sous forme de texte, des dessins, des schémas, des photos, etc.

(7 feuilles A4 maximum par compartiment). Puis vous envoyez cette enveloppe à l'INPI. Après enregistrement et perforation de l'enveloppe, l'INPI vous retourne l'un des deux compartiments et conserve l'autre pendant 5 ans. En cas de nécessité, c'est la comparaison des deux contenus qui authentifie le document.

Un acte notarié

Cet acte a une durée de protection illimitée et son coût varie en fonction du notaire.

L'accord de confidentialité

La protection de votre idée est inexistante. Cependant, il ne faut pas que cela vous empêche d'avancer sur votre projet, de conclure des contrats de partenariat. Par prudence, vous pourrez conclure un « accord de confidentialité » ou un « accord préliminaire de secret » avec vos divers partenaires (industriels, scientifiques, financiers, commerciaux) qui vont collaborer à l'élaboration de votre projet. En cas de non-respect de l'obligation de non-divulgation, vous pourrez porter le litige devant les tribunaux.

› Une invention

Déposer un brevet

Pour protéger une invention, vous déposez un brevet, et vous serez protégé pendant 20 ans.
Les critères nécessaires : caractère nouveau, technique, inventif et d'application industrielle. Si votre idée remplit ces critères, elle est brevetable, et vous pouvez la déposer à l'INPI. Vous devrez alors payer une taxe annuelle qui vous conférera les droits exclusifs d'exploitation.
Ce dépôt à l'INPI vous protège uniquement en France. Si vous souhaitez déposer votre invention à l'international, vous devrez aussi la déposer dans les organismes compétents de chaque pays où vous souhaitez être protégé. Vous trouverez la liste de ces pays auprès de l'OMPI (Organisation mondiale de la propriété intellectuelle).

À NOTER

La loi n° 2014-315 du 11 mars 2014 est entrée en vigueur et elle renforce la protection des brevets en France :
- la durée de la prescription permettant à une personne titulaire d'un brevet d'agir judiciairement en contrefaçon a été allongée de 3 à 5 ans ;
- aux termes de l'article L. 615-7 du Code de la propriété intellectuelle modifié par cette loi, les tribunaux doivent prendre en compte plusieurs critères : le manque à gagner et la perte subie par la personne titulaire du brevet, le préjudice moral subi par la personne titulaire du brevet et les bénéfices réalisés par le contrefacteur. Ainsi, le législateur accroît le montant des indemnités qui sont encourues en cas de contrefaçon.

Donc, nous vous conseillons de réaliser une analyse poussée des brevets que vous souhaitez déposer afin d'éviter une condamnation lourde pour contrefaçon.

Démarches

Déposer un brevet est plutôt compliqué et coûteux.
Pour le dossier, le guide mis en ligne par l'INPI est relativement bien construit : www.inpi.fr.
Votre dossier devra être composé :
- d'un formulaire officiel de dépôt ;
- de la description précise sur papier libre de votre invention : c'est un point essentiel du dépôt, qui doit mentionner le domaine technique, « l'état de la technique antérieure » (les problèmes techniques résolus par l'invention qui seront développés dans les « revendications »), une présentation des figures constituant les dessins, un exposé détaillé d'au moins un mode de réalisation de l'invention, et enfin, en quoi l'invention est « susceptible d'application industrielle » ;
- des revendications sur papier libre qui définissent précisément les aspects techniques de l'invention que vous souhaitez protéger ;
- d'un abrégé sur papier libre : résumé de l'invention ;
- des dessins sur papier libre qui illustrent votre invention ;
- d'un formulaire de désignation de l'inventeur ;
- d'un bordereau de paiement (facultatif) ;
- d'un pouvoir (si une autre personne que vous dépose le brevet en votre nom).

Vous pouvez aussi vous faire aider par des cabinets spécialisés.

Combien ça coûte ?

Le dépôt d'une demande internationale de brevet est de l'ordre de 3 000 €. Le montant variera en fonction du type de dépôt (papier, électronique, etc.) ; le dépôt d'une demande de brevet européen coûte environ de 5 000 €. En moyenne, le coût d'obtention d'un brevet européen se situe entre 27 000 € et 41 000 €, et il faut ensuite ajouter à cela les coûts de maintien qui s'ensuivent et augmentent par palier en fonction de l'âge du brevet…
Vous obtiendrez les coûts détaillés sur le site de l'INPI. Vous pouvez aller sur place pour détailler ces différents éléments avec un conseiller.
Pour protéger votre invention, vous aurez certainement besoin de financements.
Certains organismes financent les brevets :
- Bpifrance ;
- CRITT.

Une fois votre entreprise constituée, vous pourrez aussi utiliser le crédit d'impôt recherche (pour plus de détails, voir *Les aides pour l'innovation*, p. 142).

À NOTER

Le certificat d'utilité Vous pouvez aussi déposer un certificat d'utilité, qui vous coûtera moins cher, mais vous ne serez protégé que pendant 6 ans. Il est intéressant pour protéger des inventions à durée de vie courte.
Mais attention, réfléchissez bien au moment où vous choisissez entre brevet et certificat d'utilité : une demande de brevet peut être transformée en certificat d'utilité, mais l'inverse n'est pas possible.

› Un nom

Vous serez protégé pendant 10 ans.
Il est important de déposer votre nom s'il représente votre marque, si vous allez communiquer à travers lui. Dans ce cas, la protection de votre nom se fera de la même façon que celle d'une marque (voir page suivante).

• La dénomination sociale : le nom de votre entreprise

Ce nom apparaît dans les statuts de votre société.
La propriété sur la dénomination sociale de votre entreprise est effective au moment de son immatriculation. La protection est nationale.

• Le nom sous lequel votre entreprise exploite son fonds de commerce

Le nom commercial ou l'enseigne est un élément du fonds de commerce lié à l'image des produits que vous vendez. Si vous prenez un nom commercial différent de votre dénomination sociale, vous devez le spécifier au moment de votre immatriculation.
La protection de votre nom commercial naît de son utilisation.
La protection est locale car elle est liée à votre clientèle : ville, département, région, pays.

• Le nom de domaine : utiliser le nom de votre entreprise pour votre site Internet

Le nom de domaine est le nom de votre site www.nomdedomaine.fr ou .com ou .net, etc.
Vous pouvez déposer vos noms de domaine sur le site www.gandi.net ou sur le site www.ovh.com.
Pour déposer un nom de domaine, c'est la règle du « premier arrivé, premier servi » qui s'applique.
Le nom de domaine n'est pas un titre de propriété industrielle. Si vous déposez uniquement un nom de domaine, vous n'êtes pas protégé.
Attention, même si vous achetez des noms de domaine, cela ne suffit pas, vous devez aussi déposer votre nom, votre marque, auprès de l'INPI.
Donc, si vous achetez un nom de domaine, il faut aussi le déposer sous forme de marque.

› Une marque

Vous serez protégé pendant 10 ans.
La marque est le « signe » qui permet de distinguer précisément vos produits ou services de ceux de vos concurrents.
Elle vous permet de protéger le nom de vos produits ou de vos services qui portent le nom de votre entreprise.

Elle peut prendre des formes variées telles qu'un mot, un nom, un slogan, des chiffres, des lettres, un dessin, un logo ou une combinaison de ces différents éléments.
Avant de déposer votre marque, assurez-vous qu'elle est valable et qu'elle est disponible auprès de l'INPI. La recherche de disponibilité est la recherche du droit antérieur (marque déjà déposée ou une marque déjà connue et utilisée). Cette recherche relève de votre responsabilité : c'est à vous de faire les recherches grâce aux outils de recherche fournis par l'INPI.

Comment faire des recherches et déposer une marque ou un nom à l'INPI ?

Nous vous conseillons d'aller sur place, car vous pourrez bénéficier de conseils tout au long de votre démarche.

La recherche d'antériorité

Sur place, vous serez assisté pour réaliser vos recherches d'antériorité de façon gratuite sur les outils de l'INPI.
Les recherches se font par classes, et les différentes classes regroupent des domaines d'activité (par exemple, l'activité de formation appartient à la classe 41). Pour choisir les classes où vous souhaitez déposer une marque, projetez votre entreprise dans le futur, imaginez les développements possibles.

> **Cas pratique**
> Un créateur de collection de prêt-à-porter féminin va déposer le nom de sa marque en classe 25, mais ce créateur souhaite plus tard développer une ligne de bougies : il déposera aussi en classe 14.

La recherche de similarité

Une fois cette recherche d'antériorité réalisée dans chacune des classes où vous souhaitez déposer, et que votre nom/marque n'est pas utilisé(e) dans les classes identifiées, alors vous pouvez faire une « recherche de similarité » dans ces mêmes classes. Cette seconde recherche est réalisée sur place par l'INPI et est payante.
Gardez précieusement les documents émis lors de cette recherche.

L'enregistrement

Puis vous pouvez enregistrer votre nom/marque dans les classes choisies et vous paierez le prix en fonction du nombre de classes.
Vous avez le choix de déposer en votre nom ou au nom de votre société.
Sur place, l'ensemble de ces démarches vous demandera tout au plus 2 heures.

Combien ça coûte ?

Tout dépend du nombre de classes où vous souhaitez déposer.
Par exemple, pour un dépôt papier, jusqu'à 3 classes : 225 € + 40 € par classe supplémentaire = 345 €.

À NOTER
Protéger les éléments graphiques d'une marque Les éléments graphiques de votre marque (logos, formes…) peuvent éventuellement être protégés par le dépôt de dessin ou de modèle.

› Un dessin, un modèle

Vous serez protégé pendant 5 ans.
Les dessins sont représentés en 2 dimensions alors que les modèles sont représentés en 3 dimensions.
Vous pouvez aussi utiliser l'enveloppe Soleau (voir p. 43) qui vous coûtera 15 €.
Le dépôt de modèles et dessins vous coûtera approximativement 70 € par modèle/dessin.

MON CONSEIL
Prouver l'antériorité de ses modèles ou dessins Une solution supplémentaire et économique est de vous envoyer à vous-même vos modèles/dessins en lettre recommandée avec avis de réception sans ouvrir l'enveloppe lorsque vous la recevrez.
Si un jour vous avez besoin de prouver votre antériorité, vous pourrez faire ouvrir ces enveloppes par un avocat : cela pourra vous aider à le démontrer.

› Un logiciel

Si vous créez un logiciel, votre protection relève de la propriété littéraire et artistique, des droits d'auteur, et vous serez protégé pendant 70 ans.
Plusieurs solutions :
- l'enveloppe Soleau, où vous déposerez le code source (ce dispositif vous garantit la date de création) ;
- le dépôt « complet » comprendra l'ensemble de la documentation de conception et de développement (présomption forte de « paternité du déposant »).
Ce dépôt se fait à l'APP (Agence pour la protection des programmes).

Auprès de quels organismes s'adresser ?

› L'INPI (Institut national de la propriété industrielle)

Vous pouvez vous adresser à l'INPI pour :
- une idée ;
- une invention ;
- un nom ;
- une marque ;

- un dessin, un modèle.

L'INPI met en accès libre et gratuit sa base de données sur les marques, avec la possibilité de faire des recherches simples et rapides sur les données (brevets, marques, dessins et modèles, et jurisprudence).

N'hésitez pas à consulter leur site : www.inpi.fr. Vous y trouverez les tarifs des différentes procédures, la liste des classes ainsi que les procédures détaillées.

MON CONSEIL

Consulter un avocat spécialisé À l'INPI, vous avez la possibilité d'obtenir un rendez-vous gratuit avec un avocat spécialisé dans la protection des marques, des noms... Le délai est long, mais vous rencontrerez un spécialiste compétent, qui travaille dans un cabinet spécialisé. Préparez bien votre entretien, listez vos questions, faites les recherches nécessaires, apportez des données : votre entretien sera extrêmement efficace et apportera des réponses à vos questions. Par ailleurs, vous aurez un premier contact avec un cabinet qui pourra éventuellement vous suivre par la suite.

› Les autres organismes

L'APP (Agence pour la protection des programmes)

Cet organisme protège les auteurs de logiciels et les concepteurs en technologie de l'information.

Il donne un numéro d'inscription au répertoire IDDN (*InterDeposit Digital Number*), le répertoire international des œuvres numériques.

Vous pouvez consulter les sites :

- www.legalis.net
- www.iddn.org

Déposer en ligne

Le site www.copyrightfrance.com vous permet d'effectuer un dépôt auprès d'un huissier de justice. Son coût : à partir de 5 € par dépôt.

Le site www.copyrightdepot.com. Coût : 10 €.

Le site www.depot-concept.com. Coût : 6,50 €. Vous pourrez y protéger votre idée par un copyright dans 163 pays.

Voici d'autres sites que vous pouvez consulter :

- www.primao.com
- www.cleo-sgdl.org
- www.e-coffrefort.fr
- www.cyberprotec.com
- www.fidealis.com
- www.eauteur.com

Pendant la phase de création

Choisir une structure adaptée à votre entreprise

➤ Maintenant, vous savez précisément ce que vous souhaitez faire et comment.

➤ Vous connaissez parfaitement votre cadre opérationnel. C'est le moment de faire entrer votre activité dans un cadre juridique précis.

➤ En fonction de votre projet et de votre personnalité, vous pouvez tester et facturer à travers une structure tierce, ou bien directement créer votre structure qui vous permettra de facturer.

➤ Dans les deux cas, cela vous permettra de facturer vos clients en toute légalité, d'ouvrir des comptes auprès de vos fournisseurs, etc., et surtout de démarrer votre activité avec un cadre juridique adapté.

Testez et exercez votre activité sans vous immatriculer

Ce choix vous conviendra si vous souhaitez tester votre activité grandeur nature, sans forcément créer un cadre légal en propre.
Il vous permet de démarrer de façon confortable votre activité.
Il n'est pas définitif, et vous pouvez toujours faire évoluer ce cadre en créant ultérieurement votre propre structure.

L'incubateur

Dans cette structure d'appui à la création d'entreprise, avant la création d'entreprise, le porteur de projet peut construire sa future activité avant de s'immatriculer et de facturer. Cela signifie que vous démarrez votre activité « en format test » : vous testez votre activité grandeur nature avant de vous lancer et de créer votre propre structure.
C'est un véritable accompagnement et une « boîte à outils » pour le porteur de projet.

› Les missions des incubateurs

Accompagner, conseiller, mettre en relation, documenter et héberger les porteurs de projet jusqu'à ce que leur entreprise soit créée et opérationnelle : chaque incubateur propose des services et un accompagnement différents.
Les incubateurs peuvent aussi se « spécialiser » dans l'accompagnement de projets technologiques, innovants, ou rester plus généralistes dans le choix des projets.
Dans le cas d'accompagnement de projets technologiques, les incubateurs sont généralement localisés au sein même des établissements universitaires et de recherche : les entreprises hébergées ont ainsi accès aux équipements scientifiques et profitent des compétences disponibles.

› Comment se fait la sélection des projets ?

Le mode d'admission est propre à chaque incubateur, mais la plupart du temps la sélection se fait sur dossier.
Pour être sélectionné, le projet doit correspondre aux critères établis par l'incubateur et présenter un fort potentiel de croissance.

› Quelle est la durée de cet accompagnement ?

L'« incubation » dure généralement 6 mois.

› Combien ça coûte ?

En général, le coût est faible compte tenu des prestations et de l'accompagnement proposé. Il varie en fonction des incubateurs.

› Pourquoi choisir l'accompagnement par incubateur ?

Le porteur de projet est placé au sein d'une véritable dynamique entrepreneuriale durant toute la durée de son incubation.
Il est hébergé au sein de l'incubateur : c'est un lieu d'échange.
Il est coaché par un entrepreneur qui connaît bien les problématiques liées à la création d'entreprise, qui a le recul, l'expérience d'entrepreneur et le réseau.
L'incubateur permet au porteur de projet d'acquérir des compétences (par des formations) et de rencontrer des experts dans des domaines qui lui sont souvent inconnus : droit, finance, marketing, commercial, management, protection, etc.
Il apprend en faisant, et donc se comporte tout de suite comme un entrepreneur.
Puis, le porteur de projet peut décider ou non de se lancer, de créer sa structure et de démarrer son activité. Il sera aussi accompagné et conseillé lors de ses démarches de création.

MON CONSEIL

Choisir un incubateur N'hésitez pas à contacter plusieurs incubateurs, à les rencontrer, car ils ont chacun leur mode de fonctionnement, et vous devez choisir celui qui vous correspond le mieux.
Pour obtenir la liste des incubateurs de votre région, rapprochez-vous de votre CCI, et pour une recherche sur Internet, tapez « liste des incubateurs » suivie du nom de votre région.

Voici la liste des principaux incubateurs à Paris :

Incuba'School (CCIP)
Le seul incubateur dont les intervenants sont des entrepreneurs (coachs et formateurs).
Secteur : des profils et des projets variés
Le site : www.incubaschool.fr
8, avenue de la Porte de Champerret
75017 Paris
Tél. : 01 55 65 50 50

L'incubateur des Ateliers de Paris
Secteur : les métiers d'art, de la mode et du design
Le site : www.ateliersdeparis.com
30, rue du Faubourg-Saint-Antoine
75012 Paris
Tél. : 01 44 73 83 50

Les Ateliers Paris Design
Secteur : métiers d'art, mode et design
28, rue Faidherbe
75011 Paris
Tél. : 01 44 73 83 50

Le Labo de l'édition
Secteur : l'édition et le numérique
Le site : www.labodeledition.com
2, rue Saint-Médard
75005 Paris
Tél. : 01 83 64 89 00

Paris Pionnières
Secteur : les femmes créatrices de sociétés de services innovants
Le site : www.pionnieres.paris
35, rue du Sentier
75002 Paris
Tél. : 01 44 88 57 70

Agoranov
Secteur : les technologies de l'ingénieur
Le site : www.agoranov.com
96 bis, boulevard Raspail
75006 Paris
Tél. : 01 44 18 07 15

Paris Biotech Santé
Secteur : les biotechnologies
Le site : www.parisbiotechsante.org
Faculté de médecine Paris Descartes
29, rue du Faubourg-Saint-Jacques
75014 Paris
Tél. : 01 53 10 53 10

ParisTech Entrepreneurs
Secteur : les technologies des télécommunications
Le site : www.entrepreneurs.telecom-paristech.fr
9, rue Dareau
75014 Paris
Tél. : 01 45 81 71 36

L'accélérateur

Que vous soyez porteur de projet ou que vous ayez déjà créé votre entreprise, vous pouvez rejoindre un accélérateur. Le seul point commun des entrepreneurs est le besoin d'accélérer le développement, quelque soit la phase dans laquelle vous êtes.
Dans cette structure d'appui au développement du projet ou de l'entreprise, le porteur de projet ou le dirigeant pourra apprendre à *pitcher* (c'est-à-dire savoir

faire une synthèse orale très courte de son projet entrepreneurial), à se développer rapidement et à lever des fonds.

› Les missions de l'accélérateur

Chaque accélérateur propose du mentorat et des sessions de formation pour apprendre les techniques de pitch et pour accélérer la phase de croissance.

› Comment se fait la sélection ?

La sélection se fait sur dossier de candidature soumis à un comité de sélection.

Pour être sélectionné, le projet doit avoir un fort potentiel de développement avec un modèle disruptif (c'est-à-dire être le premier à proposer une innovation qui finira par remplacer une technologie existante) ou différent dans les domaines du digital, des objets connectés, du numérique, etc.

› Quelle est la durée de cet accompagnement ?

L'« accélération » dure de quelques semaines à quelques mois.

› Combien ça coûte ?

Le coût est variable en fonction de la région et de l'accélérateur. En général, le coût est gratuit mais en échange, l'accélérateur prend une part dans le capital : entre 8 et 15 %.

À NOTER

Pour plus d'informations sur les accélérateurs Pour avoir des informations et la liste des accélérateurs, consultez : www.alloweb.org

Et voici quelques exemples d'accélérateurs :

- L'accélérateur : laccelerateur.fr
- Paris Factory : www.paris-factory.eu
- Numa : paris.numa.co
- The Family : www.thefamily.co/
- Silicon B : www.siliconb.fr

Les structures tierces : portage salarial, couveuse, coopérative d'activités

Il existe des structures qui permettent de facturer vos clients sans vous immatriculer. Ces structures offrent aux porteurs de projet un hébergement juridique ainsi qu'un certain nombre de services leur permettant de démarrer leur activité en toute légalité.

Si vous souhaitez mettre en place ce mode de fonctionnement pour votre démarrage d'activité, plusieurs possibilités et structures s'offrent à vous.

› Le portage salarial

L'ordonnance n° 2015-380 du 2 avril 2015 et le décret n° 2015-1886 du 30 décembre 2015 renforcent et sécurisent les entreprises de portage salarial et les entrepreneurs qui ont recours au portage.

Avec ces textes, le portage salarial ne peut concerner que des salariés d'un haut niveau de qualification ou d'expertise, exerçant en grande autonomie.

Le salarié porté bénéficie d'une rémunération minimale fixée par accord de branche étendue et, à défaut, à 75 % du plafond annuel de la Sécurité sociale.

Le texte prévoit que l'activité de portage peut donner lieu à un contrat à durée déterminée ou à un contrat à durée indéterminée, et garantit la rémunération du salarié porté pour la réalisation de sa prestation chez le client.

C'est un hébergement juridique de votre activité. Vous avez le statut de salarié.

La société de portage :

- facture vos clients ;
- calcule et paie vos cotisations ;
- émet votre bulletin de salaire ;
- peut proposer des formations.

• Comment ça marche ?

Vous recherchez vos clients, avec votre propre réseau, votre propre démarche commerciale.

Vous signez un contrat de travail avec la société de portage.

Lorsque vous avez trouvé un client et fixé avec lui les conditions de réalisation de la mission, la société de portage signe avec votre client et avec vous le contrat de prestation de service. Vous signez un contrat de travail avec la société de portage.

Selon le calendrier de facturation contractuel, la société de portage facture votre client (avec son numéro de Siret) et vous verse votre rémunération sous forme de salaire (= le montant du contrat client – le montant des frais de gestion – le montant des charges sociales).

La société de portage sera payée par votre client du montant qu'elle aura facturé.

• Quelles sont les obligations pour les sociétés de portage ?

Les sociétés de portage doivent :

- avoir une activité exclusivement dédiée au portage salarial. Cela exclut *de facto* les agences d'intérim ;
- établir un CDD ou un CDI au salarié porté, et accomplir les formalités et les déclarations sociales nécessaires. À noter : la durée totale du CDD ne peut excéder 18 mois ;
- réaliser un accompagnement du porté pour lui permettre de développer ses prestations ;
- mettre en place et gérer, pour chaque salarié porté, un compte d'activité et l'informer mensuellement des éléments imputés sur ce compte ;
- souscrire pour le compte du salarié porté une assurance responsabilité civile professionnelle ;

- souscrire une garantie financière auprès d'un établissement habilité afin de garantir le paiement des sommes dues au salarié porté, ainsi que le versement des cotisations sociales en cas de défaillance de l'entreprise de portage.

Quels sont les droits et les obligations pour le porté ?

Les portés doivent :
- justifier d'une expertise, d'une qualification et d'une autonomie qui leur permettent de rechercher eux-mêmes leurs clients et de définir avec eux les conditions d'exécution et du prix ;
- fournir à la société de portage tous les éléments permettant d'établir les contrats de prestation de service, le bulletin de paie et les comptes rendus d'activité qui permettent d'alimenter le compte d'activité (géré par la société de portage) ;
- ne pas réaliser de mission excédant 36 mois chez un client.

Les portés bénéficient :
- d'une rémunération minimale définie par accord de branche étendu. À défaut, le montant de la rémunération mensuelle minimale est fixé à 75 % de la valeur mensuelle du plafond de la Sécurité sociale pour une activité équivalant à un temps plein (soit environ 2 380 euros mensuels) ;
- d'une indemnité d'apport d'affaire fixée à 5 % de leur rémunération ;
- d'un statut « sous le régime du salariat » vis-à-vis de la société de portage. Dans une circulaire du 22 décembre 2014, l'Unédic les dispense d'apporter la preuve de l'existence d'un contrat de travail.

Pour quel secteur ?

Le portage concerne en majeure partie les consultants, les formateurs, les services aux particuliers, etc. Les activités de négoce et de fabrication sont exclues des activités possibles en portage.
Les services à la personne sont exclus du dispositif.

Comment se fait la sélection ?

Le portage salarial sera réservé aux personnes qui justifient « d'un niveau d'expertise, de qualification et d'autonomie qui [leur] permette de rechercher [leurs] clients et négocier avec eux [leur] prestation ». En clair, le portage salarial est réservé aux cadres.

Combien ça coûte ?

Le coût varie de 5 à 15 % du montant du CA HT et correspond à des frais de gestion.

Quels en sont les avantages ?

Vous gardez vos avantages de salariés (chômage, retraite, régime général de la Sécurité sociale, mutuelle) et vous êtes assuré en responsabilité civile professionnelle.
Vos frais professionnels sont déductibles de votre chiffre d'affaires.

Vous n'avez aucune comptabilité à tenir et très peu d'administratif (puisque l'émission de factures et le recouvrement des créances sont assurés par la société de portage).
Cela vous permet de tester votre activité sans avoir à créer votre propre structure juridique.

● Quels en sont les inconvénients ?

C'est la société de portage qui facture votre client et c'est à vous de chercher vos missions.

MON CONSEIL

Prendre le temps avant de décider Rencontrez plusieurs sociétés de portage afin de connaître leur mode de fonctionnement et d'obtenir le montant de votre rémunération nette en fonction du montant de la facturation. N'hésitez pas à leur demander des simulations.
Pour le choix de votre société de portage, vous pouvez aussi vous rapprocher des organismes suivants :
- CICF – PEPS (Chambre d'ingénierie et du conseil de France - Professionnels de l'emploi en portage salarial) : www.peps-syndicat.fr ;
- Uneps (Union nationale des entreprises de portage spécialisées) : www.uneps.org

Vous trouverez l'ensemble des informations pratiques du portage, ainsi qu'une liste des sociétés de portage par région sur le site www.guideduportage.com

› La couveuse

C'est un hébergement juridique de votre activité.
La couveuse regroupe des porteurs de projet qui souhaitent tester leur activité.
Elle vous propose un accompagnement personnalisé et vous permet de tester l'activité sans création effective donc sans immatriculation.
La couveuse vous apporte :
- une assistance juridique, en gestion et en comptabilité ;
- un suivi administratif ;
- les déclarations aux organismes sociaux ;
- des formations dans les domaines marketing, commercial, comptabilité, juridique, gestion, création d'entreprise ;
- un coaching mensuel et individuel ;
- la facturation de vos clients (grâce au numéro de Siret de la couveuse).

La durée possible en couveuse est la durée légale du contrat CAPE (contrat d'appui au projet d'entreprise) : 12 mois renouvelable deux fois. Vous sortez du dispositif lorsque vous créez ou reprenez une entreprise ou lorsque vous retrouvez un emploi salarié.

● Comment ça marche ?

Pour intégrer une couveuse, vous devez assister à une réunion d'information (inscription sur le site de la couveuse) et vous devez transmettre un dossier sur votre projet (dans ses aspects qualitatifs et quantitatifs : un business plan).

Une fois votre projet accepté par le comité d'admission, vous entrez dans la couveuse et vous signez un CAPE (contrat d'appui au projet d'entreprise).
Vous conservez votre statut antérieur et vos revenus sociaux.
Vous facturerez vos clients à travers la couveuse.
Si votre CA est suffisant vous cotisez au régime général des salariés.

● Pour quel secteur ?

Tous les secteurs d'activité, sauf les activités réglementées (carte professionnelle, assurance obligatoire, etc.).
Rapprochez-vous des couveuses que vous avez présélectionnées afin de vérifier que votre activité rentre bien dans les secteurs couverts par les couveuses en question.

● Comment se fait la sélection ?

Le projet présenté doit avoir franchi certaines étapes (étude de marché, produit finalisé, clients et fournisseurs identifiés, outils de communication…) : il est formalisé et prêt à être testé.

● Combien ça coûte ?

Le coût est de 5 % du CA HT (pour participation aux frais).

● Quels en sont les avantages ?

Vous bénéficiez d'un accompagnement personnalisé et vous pouvez adapter votre projet en fonction du marché, en le testant grandeur nature.

● Quels en sont les inconvénients ?

Si vous avez besoin d'un local commercial (bail commercial), ou si vous avez besoin d'embaucher, vous ne pourrez pas intégrer une couveuse.

MON CONSEIL

Bien choisir en fonction de son activité Certaines couveuses sont spécialisées dans des domaines d'activité, des secteurs : sélectionnez votre couveuse sur ce critère et assistez à des réunions d'information de plusieurs couveuses afin de faire votre choix.
Posez des questions sur le mode de fonctionnement de la couveuse et sur la gestion de la trésorerie. En effet, certaines couveuses gèrent totalement votre compte bancaire, et vous devez décider en toute connaissance de cause.
Vous trouverez l'ensemble des informations pratiques ainsi qu'une liste des couveuses par région sur le site www.uniondescouveuses.com

› La coopérative d'activités

C'est un hébergement juridique de votre activité qui propose une autre conception de l'économie, un nouveau modèle d'entreprise.
La coopérative d'activités et d'emploi (CAE) est constituée sous forme de SCOP (société coopérative de production).
En moyenne, 45 % des bénéfices des SCOP sont redistribués et 98 % des SCOP ont un accord de participation.

La coopérative d'activité accompagne et soutient les créateurs et leur offre un statut d'entrepreneur salarié, c'est-à-dire le salaire et la couverture sociale d'un salarié « classique » (il peut bénéficier, par exemple, des indemnités chômage).
Elle accompagne et soutient les créateurs en termes de gestion :
- établissement des fiches de salaire ;
- facturation clients ;
- tenue de la comptabilité ;
- calcul et paiement des cotisations sociales ;
- formations adaptées aux besoins de l'entrepreneur dans le domaine de la gestion d'entreprise ;
- mise en relation avec les autres entrepreneurs salariés.

À NOTER
Que paye la SCOP ? La SCOP est une société commerciale. Elle paie donc l'IS et la TVA, mais elle n'est pas soumise à la CET (sauf si plus de 50 % du capital est détenu par des associés non coopérateurs).

Comment ça marche ?

Pour intégrer une coopérative, vous devez vous inscrire à une réunion d'information collective, puis demander un rendez-vous individuel.
Si votre projet rentre dans les critères de la coopérative, vous signez une convention d'accompagnement avec la coopérative.
Certaines coopératives utilisent le contrat CAPE pour valider une phase de test. Vous testez alors votre produit, votre service avec votre statut (par exemple, demandeur d'emploi).
Lorsque vous intégrez une coopérative d'activités, vous signez un contrat de travail à durée indéterminée (CDI) avec la coopérative. Vous obtenez alors le statut d'« entrepreneur salarié » avec maintien des allocations chômage. Vous déclarerez à Pôle emploi les salaires perçus en tant qu'entrepreneur salarié et vous pourrez cumuler l'allocation d'aide au retour à l'emploi (ARE), dans la limite de la législation en cours.
Le montant de votre rémunération évolue en fonction de votre CA : il est formalisé par un/des avenant(s) au contrat initial. Ce montant sera décidé conjointement avec votre accompagnateur.
Lorsque vous intégrez une coopérative, vous devrez assister chaque mois à une réunion sur la gestion de la coopérative.
En pratique, vous recherchez votre client, vous négociez et fixez avec lui les termes du contrat. Lorsque vous avez réalisé votre prestation, vous le facturez en indiquant les coordonnées de la coopérative. Vous percevez un salaire mensuel : montant facturé – frais de la coopérative – cotisations sociales.
La durée n'est pas limitée. On peut rester en coopérative en tant qu'entrepreneur salarié. La sortie a lieu lorsque vous créez ou reprenez une entreprise, lorsque vous retournez à un emploi salarié ou devenez associé de la coopérative.

Pour quel secteur ?

Tous les secteurs d'activité : l'art et l'artisanat d'art, les services aux particuliers, les services aux entreprises, le commerce et le négoce, à l'exception de certaines activités réglementées et si votre activité nécessite un bail commercial.

Comment se fait la sélection ?

Le projet sera sélectionné dès le stade de l'idée.

Combien ça coûte ?

En général, 10 % calculés sur le montant du chiffre d'affaires HT, quel que soit le montant de votre chiffre d'affaires.

Quels en sont les avantages ?

Les indemnités liées au statut créateur sont maintenues. Vous bénéficiez aussi d'une formation et d'un accompagnement.

Quels en sont les inconvénients ?

Vous n'êtes pas totalement indépendant et le mode de fonctionnement en SCOP limite les possibilités de financement et de développement.

MON CONSEIL

Comment choisir une coopérative ? Rencontrez plusieurs coopératives et faites-vous bien préciser leur mode de fonctionnement pour décider si cela vous convient. Rencontrez des entrepreneurs salariés et échangez avec eux.

Pour vous renseigner, vous pouvez consulter le site de Coopérer pour entreprendre, www.cooperer.coop. C'est un réseau des coopératives à Paris et en province. Il vous permettra de trouver une liste des coopératives de votre région.

Le réseau CG Scop (Confédération générale des Scop) vous permettra d'obtenir de nombreuses informations sur l'entrepreneuriat social.

Le site : www.les-scop.coop
37, rue Jean-Leclaire
75017 Paris
Tél. : 01 44 85 47 00

Quelques exemples de structures sur Paris :
- Coopaname : coopérative d'activités et d'emploi de Paris
Le site : www.coopaname.coop
- Port parallèle : spécialisé dans les NTIC
Le site : www.portparallele.com
- Clara : spécialisé dans le domaine artistique
Le site : www.cae-clara.fr
- Alter bâtir : spécialisé dans le domaine de l'écoconstruction.
Le site : www.alterbatir.fr

› Quelles sont les différences entre société de portage et coopérative d'activités ?

Le mode de fonctionnement est approximativement identique, mais il existe des différences qui peuvent influencer votre choix :

● La structure juridique

- La coopérative : c'est une SCOP avec un mode de fonctionnement coopératif (les membres sont associés et salariés).
- La société de portage : c'est une SARL, ou une SA, avec un mode de fonctionnement commercial (pas de lien entre les associés et les portés).

● Le but

- La coopérative : son but est d'accompagner durablement les porteurs de projet, créant ainsi les bases d'une entreprise solide. L'entrepreneur salarié est accompagné, puis invité à intégrer de façon durable la coopérative. Celle-ci suit le principe de « responsabilité sociale ».
- La société de portage : son but est de fournir au travailleur indépendant un cadre juridique et social en échange d'un pourcentage des ventes obtenues par ce travailleur indépendant. Elle joue un rôle d'intermédiaire.

● Les partenariats

- La coopérative : son comité de pilotage comprend des représentants des pouvoirs publics (services de l'État, DIRECCTE pour les régions), des collectivités locales et des organismes sociaux (Pôle emploi), ainsi que des partenaires financiers.
- La société de portage : elles se sont regroupées en syndicat, le SNEPS (Syndicat national des entreprises de portage salarial).

● Les secteurs concernés

- La coopérative : tous les secteurs dès lors que l'activité se situe sur le territoire et que le besoin de l'activité concernée est vérifié, notamment dans son caractère durable.
- La société de portage : uniquement les prestations de services « externalisables » telles que audit, conseil, expertise, formation, etc.

● L'accompagnement

- La coopérative : l'accompagnement est individuel et collectif.
- La société de portage : il est à l'inverse pratiquement inexistant. Le porté est totalement autonome.

■ Le dispositif d'auto-entrepreneur

Si vous souhaitez créer une structure qui vous permette de facturer vos clients, mais sans créer une entreprise, vous pouvez utiliser le dispositif de l'auto-entrepreneur. C'est une véritable évolution de la structure entrepreneuriale.

En effet, les spécificités de ce dispositif sont très avantageuses pour le mode de fonctionnement et la fiscalité :
- simplification des formalités administratives ;
- paiement des charges sociales en fonction du CA ;
- statut d'entreprise individuelle (obtention d'un numéro de Siren et d'un code NAF qui permet la facturation des clients) ;
- affiliation obligatoire au régime fiscal des micro-entreprises (et donc non assujetti à TVA).

En 2015, le régime de l'auto-entrepreneur a évolué. Entre autres, la loi Pinel a créé de nouvelles obligations pour l'auto-entrepreneur.

Vous trouverez ci-dessous les principales évolutions de ce dispositif :
- obligation d'immatriculation au Registre du commerce et des sociétés (pour les activités commerciales) et au Répertoire des métiers (pour les activités artisanales) ;
- exonération des frais d'immatriculation ;
- réalisation d'un stage de préparation à l'installation (SPI) pour les entrepreneurs exerçant une activité artisanale ;
- obligation d'avoir une assurance responsabilité civile professionnelle et une assurance décennale pour les activités du bâtiment ;
- paiement de la taxe pour frais de chambre consulaire, en même temps que les cotisations sociales, selon un pourcentage du chiffre d'affaires. La taxe pour frais de chambre de commerce et de chambre de métiers sera payée en 2017 par les commerçants ainsi que par les artisans inscrits en 2016 et qui ont réalisé un CA en 2016 ;
- paiement de la cotisation foncière des entreprises (CFE) pour tous les auto-entrepreneurs (sauf exonération temporaire l'année de création de l'activité) ;
- ouverture d'un compte bancaire dédié à l'activité de l'auto-entreprise ;

L'appellation « auto-entrepreneur » sera remplacée par celle de « micro-entrepreneur » en 2020.

Certains organismes publics, en particulier l'INSEE, ou le site Internet www.service-public.fr ont commencé à utiliser cette appellation dès 2015 (suite à la loi Pinel).

À NOTER
Le projet de loi Sapin 2 a été présenté au Conseil des ministres le 30 mars 2016.
Ces Nouvelles Opportunités Économique (NOE) portées par Emmanuel Macron seront présentées le 30 octobre 2016 au conseil des ministres par Michel Sapin.
Sous réserve d'acceptation du texte, cette loi Sapin 2 prévoit pour l'auto-entrepreneur :
- 2 ans de sursis en cas de franchissement du seuil de CA. L'auto-entrepreneur pourra donc dépasser son chiffre d'affaires sans crainte de basculer au régime de droit commun ;
- en cas de passage au régime réel, l'auto-entrepreneur aura la possibilité de repasser au régime de la micro-entreprise chaque année ;
- la suppression de l'obligation d'ouvrir un compte bancaire dédié à son activité professionnelle ;
- la suppression du stage pour les artisans comme préalable à leur immatriculation en auto-entrepreneur : l'auto-entrepreneur pourra suivre ce stage ultérieurement.
De plus, des dispenses de ce stage sont prévues pour les « créateurs d'entreprise artisanale ayant bénéficié d'un accompagnement à la création d'entreprise délivré par un réseau d'aide à la création d'entreprises certainement labellisé par l'État ou ayant déjà bénéficié de formations à la gestion suffisantes » (extrait de loi).

ATTENTION
Il existe des restrictions à l'activité d'auto-entrepreneur :
- si vous êtes déjà en entreprise individuelle ou en société, vous ne pourrez pas exercer simultanément une nouvelle activité comme auto-entrepreneur ;
- certaines activités ne peuvent pas être exercées comme auto-entrepreneur : loueur de matériel et de biens de consommation durable, agent immobilier, marchand de biens, loueur d'immeubles nus à usage professionnel.

› Qui peut devenir auto-entrepreneur ?

Tout le monde : que vous soyez salarié, étudiant majeur, chômeur, fonctionnaire, retraité, etc.

À NOTER
Votre inscription en tant qu'auto-entrepreneur ne vous coûtera rien.

Dans certains cas, il existe des conditions spécifiques pour bénéficier de ce dispositif d'auto-entrepreneur :

À NOTER
L'Union des auto-entrepreneurs est une association qui regroupe les auto-entrepreneurs. Elle a défini une charte de déontologie que vous devrez signer si vous souhaitez devenir membre (www.union-auto-entrepreneurs.com).

Si vous êtes fonctionnaire, agent public

Il existe 2 catégories d'agent public :

• Les agents à temps plein :

Le cumul est possible pour une durée de deux ans, renouvelable un an (soit trois ans maximum), à condition de demander l'autorisation à son administration et d'obtenir l'accord de la commission de déontologie.

L'agent peut aussi cumuler ses deux activités sans limitation de durée s'il opte pour une activité dite « accessoire ».

Depuis 2007, un agent à temps plein peut également demander à travailler à temps partiel pour création d'entreprise pour une durée de deux ans maximum. L'agent doit alors demander l'autorisation de son administration et obtenir l'accord de la commission de déontologie.

À l'issue des deux ou trois ans de cumul, l'agent doit choisir entre son activité privée et son travail au sein de la fonction publique.

• Les agents à temps partiel :

Si la durée de travail de l'agent dans la fonction publique ne dépasse pas 70 % d'un temps complet, alors l'agent peut créer une entreprise sans limitation de durée.

Dans ce cas, l'agent doit informer son administration, sans pour autant obtenir l'avis de la commission de déontologie.

À NOTER

Il est prévu un élargissement des activités éligibles pouvant être accomplies par un fonctionnaire en auto-entrepreneur, dès lors qu'il s'agit d'activités accessoires.

Un décret fixera la liste détaillée des nouvelles activités éligibles au régime auto-entrepreneur. Nous ne savons pas encore quand sera publié ce décret, tenez-vous informé.

Si vous êtes agent commercial

Vous devez vous inscrire au registre spécial des agents commerciaux auprès du tribunal de commerce dont vous dépendez.

Si vous êtes un professionnel du spectacle

Une circulaire du ministère de la Culture parue le 28 janvier 2010 prévoit pour les professions du spectacle :

- si vous êtes intermittent, vous devez exercer une activité d'auto-entrepreneur autre que celle exercée en tant qu'intermittent ;
- pour devenir entrepreneur du spectacle, vous devez respecter les obligations liées à cette profession réglementée (autrement dit obtenir une licence d'entrepreneur du spectacle) ;
- pour créer une activité de création de spectacles vivants, vous devez vous immatriculer au registre du commerce et des sociétés (RCS) ou au répertoire des métiers.

Si vous êtes un artiste auteur

Vous ne pouvez pas bénéficier du régime de l'auto-entrepreneur pour vos activités d'artiste auteur car vous bénéficiez déjà d'un régime particulier (*via* MDA ou Agessa).

Si vous êtes artisan

Depuis le 1er avril 2010, vous devez obligatoirement vous immatriculer au répertoire des métiers.

Vous serez dispensé des frais d'immatriculation et du stage de préparation à l'installation, auquel sont soumis les artisans « classiques ».

Le décret du 11 mars 2010 indique que si vous exercez une activité artisanale réglementée, vous devez fournir l'attestation de votre qualification professionnelle au moment de votre inscription.

L'attestation doit mentionner l'intitulé du diplôme ou du titre dont la personne est titulaire, son expérience professionnelle, ou son engagement à recruter un salarié qualifié professionnellement, qui contrôlera l'activité.

Les activités artisanales réglementées sont les suivantes :

- réparation de véhicules et carrosserie ;
- métiers de gros œuvre, de second œuvre et de finition du bâtiment ;
- plomberie, chauffagiste, électricité, climatisation, installation de réseaux d'eau, de gaz ou d'électricité ;
- ramonage ;
- esthétique ;
- prothèse dentaire ;
- boulangerie, pâtisserie, boucherie, charcuterie, poissonnerie ;
- coiffure.

Le 8 juin 2014, la loi Pinel relative à l'artisanat, au commerce et aux TPE a été définitivement adoptée par le Sénat. Cette loi impose plus de formalités pour les artisans auto-entrepreneurs :

- ils doivent s'immatriculer au répertoire des métiers alors qu'ils en étaient exonérés en cas d'exercice accessoire ;
- depuis janvier 2015, ils doivent payer la taxe pour frais de chambres consulaires ;
- ils devront suivre un stage préalable à l'installation comme tous les autres artisans.

ATTENTION

Pensez à bien vérifier les conditions d'exercice de votre profession auprès de l'Union des auto-entrepreneurs.

› Le dispositif d'auto-entrepreneur

Régime juridique

C'est celui de l'entreprise individuelle.
Pour devenir auto-entrepreneur, il vous suffit de vous inscrire à votre CFE ou sur le site officiel de l'auto-entrepreneur : www.lautoentrepreneur.fr, ou sur le site www.guichet-entreprises.fr
L'inscription est une simple déclaration au CFE. Ce n'est pas une immatriculation. Vous obtenez un numéro de Siren pour facturer ainsi qu'un code Naf (voir *Après l'immatriculation*, p. 152).
Le Sénat a voté la réforme des micro-entreprises : la réunion des actuels micro-entrepreneurs de droit commun et des auto-entrepreneurs.
Nous verrons ce point plus en détail lorsque nous aborderons l'entreprise individuelle.

Régime fiscal

Il est d'office celui de la micro-entreprise.
Nous vous conseillons de vous reporter à *L'entreprise individuelle*, p. 80.
Les conséquences et les obligations de ce régime sont les suivantes.
Vous êtes limité en CA :
- 32 900 € HT pour les prestations de services (BIC : bénéfices industriels et commerciaux et BNC : bénéfices non commerciaux) ;
- 82 200 € HT pour « la vente des marchandises, objets, fournitures et denrées à emporter ou à consommer sur place ou la fourniture du logement », c'est-à-dire les activités d'achat/vente.

> **À NOTER**
> **Réactualisation des seuils de CA des auto-entrepreneurs** Les seuils de CA sont réactualisés tous les trois ans. Les seuils actuels ont été fixés en 2014, ils seront donc modifiés en 2017.

Vous bénéficiez d'un régime de franchise de TVA. Autrement dit, la TVA ne s'applique pas, vous ne devez pas la faire apparaître sur vos factures de ventes et vous ne la récupérez pas sur vos achats.
Vous serez imposé sur les revenus (IR). Le montant de vos revenus (votre CA) sera imposé avec 2 possibilités : soit imposition sur CA – abattement pour frais professionnels, soit option pour microfiscal appelé également « versement libératoire de l'impôt sur le revenu » ou « prélèvement fiscal libératoire ».

Imposition CA

Dans le cadre de l'imposition à l'IR avec base imposable = CA encaissé – abattement pour frais professionnels :
- pour les prestations de services (CA limité à 32 900 € HT), l'abattement pour frais professionnels s'élève à :
• 34 % pour les BNC (par exemple consultant),

• 50 % pour les BIC (par exemple plombier, peintre, etc.) ;
- pour la vente de marchandises, etc. (CA limité à 82 200 € HT), l'abattement pour frais professionnels s'élève à 71 %.
Attention ! Ces pourcentages et ces montants sont revus chaque fin d'année. Rapprochez-vous de votre centre des impôts pour obtenir les nouveaux pourcentages.

Option pour le microfiscal ou « versement libératoire » ou « prélèvement fiscal libératoire »

L'option est faite sur simple demande auprès de votre centre des impôts.
Les conditions pour en bénéficier sont :
- le revenu de référence de votre foyer fiscal n'excède pas la limite de 26 764 € par part de quotient familial. Attention ! Ces montants sont revus tous les ans, en fin d'année. Rapprochez-vous de votre centre des impôts pour obtenir les nouveaux montants ;
- être soumis au régime micro-social (voir pages suivantes).
Le paiement de l'IR est calculé mensuellement ou trimestriellement sur les recettes encaissées :
- 1,7 % pour prestataires de services BIC (les artisans et commerçants ayant une activité de fourniture de services) ;
- 1 % pour les activités d'achat/vente (pour les artisans et commerçants ayant une activité de vente ou de fourniture de logements) ;
- 2,2 % pour les professions libérales BNC (pour les travailleurs indépendants dont l'activité relève fiscalement des BNC).
Vous déclarez et acquittez votre impôt de manière forfaitaire en même temps que vos cotisations et contributions sociales dans le cadre du régime micro-social simplifié (voir ci-dessous).

• Régime social

Votre caisse de référence est le régime social des indépendants (RSI).
La déclaration d'activité d'auto-entrepreneur entraîne automatiquement l'option pour le régime micro-social simplifié.
L'ensemble des cotisations et contributions sociales est calculé trimestriellement en appliquant au montant de votre CA un taux variable selon l'activité. Le montant trimestriel des cotisations et contributions sociales est définitif et ne fera pas l'objet de régularisation ultérieure. Pour cela, vous envoyez trimestriellement un formulaire mentionnant le montant de votre chiffre d'affaires réel encaissé au cours de la période écoulée ainsi que le montant des cotisations et contributions sociales correspondantes, que vous calculerez vous-même en appliquant le taux de cotisations à votre CA.
Cette déclaration, accompagnée du paiement des sommes dues, doit être adressée les 30 avril, 31 juillet, 31 octobre et 31 janvier. Depuis le 1er juillet 2009, est également ouverte la possibilité de déclarer et de payer tous les mois.

ATTENTION

Depuis 2013, si vous ne déclarez pas votre CA dans les délais, vous encourez 47 € de pénalités En effet, si vous n'avez pas effectué votre déclaration de CA à la dernière date d'exigibilité de l'année civile, vos cotisations seront calculées à compter de 2013 par les organismes sociaux. Le montant sera calculé sur la base du CA maximum réalisable sous le régime fiscal de la micro-entreprise, ramené au trimestre ou au mois en fonction de votre périodicité de déclaration.

Pour sanctionner ce manquement, les cotisations seront aussi majorées de 15 % ou de 5 % (selon la périodicité).

Vous serez informé par lettre recommandée avec accusé de réception des cotisations sociales à payer au titre des déclarations manquantes. Vous aurez 3 mois pour déclarer votre CA réel afin de régulariser votre situation.

À NOTER

Déclarer son chiffre d'affaires La déclaration de son chiffre d'affaires peut être réalisée sur papier mais également en ligne sur la page « déclarez et payez en ligne » du site Internet www.lautoentrepreneur.fr.

Dans ce cas, l'auto-entrepreneur doit préalablement s'inscrire au système de télédéclaration.

Si votre chiffre d'affaires est nul, vous devez tout de même effectuer une déclaration à zéro euro.

Le taux de calcul des cotisations et contributions sociales est fixé à compter du 1er janvier 2016 à :

- 23,1 % pour les prestataires de services BIC (les artisans et commerçants ayant une activité de fourniture de services) ;
- 13,4 % pour les activités d'achat/vente (artisans et commerçants ayant une activité de vente ou de fourniture de logements) ;
- 22,9 % pour les professions libérales BNC (les travailleurs indépendants dont l'activité relève fiscalement des BNC et qui relèvent du régime de retraite du RSI).

Attention ! Si vous bénéficiez de l'exonération ACCRE, le régime micro-social ne s'appliquera qu'à l'issue de la période d'exonération.

ATTENTION

Le paiement des charges sociales Si vous n'avez pas de facturation, vous ne payez pas de charges sociales. Autrement dit, si le RSI ou la CIPAV vous envoie des charges sociales à payer alors que vous ne facturez rien, rapprochez-vous d'eux pour rétablir la situation.

Vous pourrez connaître à l'avance, et au fur et à mesure, le montant de vos prélèvements obligatoires, puisqu'ils sont calculés sur le montant de votre CA.
Si vous optez pour le prélèvement libératoire de l'IR :
- prestataires de services BIC : 23,1 % + 1,7 % = 24,8 % du CA ;
- activité achat/vente : 13,4 % + 1 % = 14,4 % du CA ;
- professions libérales BNC : 22,9 % + 2,2 % = 25,1 % du CA.
Si vous n'optez pas pour le prélèvement libératoire de l'IR :
- prestataires de services BIC : 23,1 % du CA ;
- activité achat/vente : 13,4 % du CA ;
- professions libérales BNC : 22,9 % du CA.
Et en fin d'année, vous ferez votre déclaration de revenus en déclarant comme base imposable : le CA encaissé – abattement pour frais professionnels.

La cotisation économique territoriale (CET) remplace la taxe professionnelle

Depuis le 1er janvier 2010, la taxe professionnelle n'existe plus. Elle est remplacée par la CET qui se décompose en :
- contribution foncière des entreprises (CFE), dont les auto-entrepreneurs sont redevables ;
- cotisation sur la valeur ajoutée (CVAE) : les auto-entrepreneurs ne sont pas redevables car cette taxe ne concerne que les entreprises réalisant plus de 152 500 € de CA.
Jusqu'en 2013, les auto-entrepreneurs pouvaient être exonérés de CFE l'année de la création de l'entreprise et les 2 années suivantes sous condition d'être soumis au régime micro-social et d'avoir opté pour le versement libératoire de l'impôt sur le revenu.
La loi de finances pour 2014 a supprimé cette possibilité.
Aussi, les auto-entrepreneurs qui remplissaient au préalable les conditions d'exonération n'ont pas eu à payer de cotisation en 2014 :
- en cas de création entre 2009 et 2011, ils ont été assujettis à la CFE due au titre de l'année 2014 (payable en 2015) ;
- en cas de création en 2011, ils ont bénéficié encore d'une année d'exonération ;
- en cas de création en 2012, ils ont bénéficié de 2 années d'exonération ;
- en cas de création en 2013, ils ont bénéficié exceptionnellement d'une exonération de CFE au titre de l'année 2014 ;
- en cas de création en 2014, ils auront réglé cette taxe dès 2015.

La contribution à la formation professionnelle : CFP

Depuis le 1er janvier 2011, les personnes ayant opté pour le régime micro-social (donc les auto-entrepreneurs) doivent cotiser à la formation professionnelle.
Cette contribution s'ajoute aux cotisations sociales et est égale à un pourcentage du chiffre d'affaires annuel :
- 0,3 % pour les entrepreneurs exerçant une activité artisanale ;
- 0,1 % pour ceux exerçant une activité commerciale ;
- 0,2 % pour ceux exerçant une activité de prestation de service ;

- 0,2 % pour les professions libérales.

Ainsi, les auto-entrepreneurs bénéficient d'un droit à la formation professionnelle.

Cette contribution est payée chaque mois ou chaque trimestre.

À NOTER

L'auto-entrepreneur qui n'a pas déclaré de chiffre d'affaires pendant les 12 mois qui précèdent la demande de prise en charge de sa formation ne peut plus bénéficier du droit à la formation.

● L'auto-entrepreneur demandeur d'emploi et ses allocations chômage

Pendant la phase de projet (avant votre inscription), Pôle emploi continue à vous verser vos indemnités.

À NOTER

Se faire licencier et être auto-entrepreneur Vous êtes salarié et vous avez une activité d'auto-entrepreneur. Puis vous êtes licencié : vous pouvez donc bénéficier de l'allocation d'aide au retour à l'emploi (ARE) tout en continuant à exercer votre activité non salariée sous réserve que les revenus bruts perçus dans le cadre de votre activité non salariée conservée (auto-entrepreneur) ne dépassent pas 70 % de l'ensemble des revenus perçus au titre des activités que vous exerciez avant de perdre votre emploi.

Lorsque vous vous déclarez en auto-entrepreneur (inscription), votre situation au Pôle emploi change. Vous devenez un créateur d'entreprise et vous avez 2 possibilités et 2 traitements possibles :

- **Si vous indiquez à Pôle emploi que votre activité d'auto-entrepreneur est votre projet principal**, et que vous obtenez l'ACCRE, vous pouvez choisir d'obtenir un capital au départ, et dans ce cas, vous ne toucherez pas d'allocations chômage mensuelles. Pôle emploi vous versera alors 45 % (taux en application depuis le 1er avril 2015) du total de vos droits aux allocations chômage : pour moitié à la date de votre inscription et pour moitié au bout de 6 mois. Vous cessez alors d'être inscrit sur la liste des demandeurs d'emploi. Vous ne toucherez pas d'autre indemnisation chômage mensuelle. Par ailleurs, vous pouvez bénéficier de l'ACCRE (aide aux demandeurs d'emploi créant ou reprenant une entreprise) et du NACRE (nouvel accompagnement pour la création et la reprise d'entreprise) (voir p. 102 pour plus d'informations).

MON CONSEIL

À quel moment s'inscrire comme auto-entrepreneur ? Avant de vous inscrire comme auto-entrepreneur, préparez bien votre projet, et ne vous inscrivez que lorsque vous avez besoin de facturer un client.

Prenez rendez-vous et demandez à votre conseiller Pôle emploi de faire une simulation adaptée à votre propre situation.

Depuis 2011, le plafond annuel de CA est proratisé en fonction de la date de création de l'activité, c'est-à-dire de votre date d'inscription.

Exemple : vous vous immatriculez pour une activité de consultant le 1er octobre 2014.

Le seuil du régime fiscal des micro-entreprises est de 32 900 € HT.

Entre le 1er octobre et le 31 décembre, on compte 92 jours.

Donc, la limite de chiffre d'affaires pour 2014 sera de 32 900 € x 92 jours/365 jours = 8 293 €.

À titre dérogatoire, les entrepreneurs individuels ayant opté pour le régime micro-social et ayant débuté leur activité en 2009 et 2010 ne sont pas soumis à la règle de proratisation de leur chiffre d'affaires.

En revanche, les auto-entrepreneurs qui créent leur activité à compter du 1er janvier 2011 se verront appliquer la règle du *prorata temporis* de leur chiffre d'affaires.

Cas pratique

Vous êtes au chômage et souhaitez devenir auto-entrepreneur.

Vos allocations journalières : 50 €.

Durée de vos droits : 700 jours.

Prise en charge : 1er septembre.

Indemnisation touchée du 1er au 30 septembre : 30 jours.

Le 1er octobre, vous vous inscrivez en tant qu'auto-entrepreneur : à cette date, il vous reste 700 – 30 = 670 jours de droits.

Si vous indiquez à Pôle emploi que votre activité d'auto-entrepreneur est votre projet principal, vous toucherez au total : 45 % x 50 € x 670 jours = 15 075 €.

Au démarrage, en octobre, vous recevrez 15 075 € x 50 % = 7 537,50 €.

Puis, 6 mois plus tard, en avril, vous recevrez 15 075 € x 50 % = 7 537,50 €.

- **Si vous indiquez à Pôle emploi que votre activité d'auto-entrepreneur est une activité annexe** et que vous continuez à chercher un emploi, vous obtiendrez le maintien partiel de vos allocations chômage. Pôle emploi vous verse alors partiellement vos allocations (montant mensuel de vos allocations réduit du nombre de jours non indemnisables en fonction des revenus de votre activité d'auto-entrepreneur). En revanche, pour bénéficier du maintien partiel de vos allocations, vos nouvelles rémunérations mensuelles (tirées de votre activité d'auto-entrepreneur), ne doivent pas dépasser 70 % du salaire que vous perceviez avant d'être au chômage (il s'agit du salaire sur la base duquel ont été calculées vos allocations).

Cas pratique

Vous avez une activité de prestataire de services BIC : l'abattement pour frais professionnels forfaitaire s'élève à 50 % (régime fiscal micro-entreprise).

Votre CA du mois de septembre = 2 000 €.

Votre revenu après abattement = 2 000 € – 50 % x 2 000 € = 1 000 €.

Salaire journalier de référence = 50 €.

Ainsi, 1 000 €/ 50 € = 20 jours non indemnisables.

Votre indemnisation de septembre = (30 jours – 20 jours) x 50 € = 500 €.

Si vous ne connaissez pas votre CA, Pôle emploi applique dans ce cas un forfait en 2015 : 602,30 €/mois en 1re année et 855,90 €/mois pour la deuxième année. La régularisation aura lieu à la fin de l'année.

MON CONSEIL

Il est plus avantageux et réaliste de déclarer votre CA encaissé à Pôle emploi qui déduira le nombre de jours calculé à partir de ce CA encaissé.

L'auto-entrepreneur et l'ACCRE

Depuis le 1er mai 2009, l'auto-entrepreneur peut bénéficier du dispositif d'aide ACCRE (aide aux demandeurs d'emploi créant ou reprenant une entreprise). Pour être adapté au régime de l'auto-entrepreneur, celui-ci a été modifié. Jusqu'à présent, les bénéficiaires de l'ACCRE profitaient d'une exonération partielle de cotisations sociales (les cotisations au régime complémentaire d'assurance vieillesse et à la CSG-CRDS restant dues). En tant qu'auto-entrepreneur, vous bénéficiez d'un taux de cotisations sociales réduit pendant 3 ans.

ATTENTION

Si vous cessez votre activité en auto-entrepreneur alors que vous aviez bénéficié du dispositif ACCRE, vous ne pourrez plus en profiter pour relancer votre activité quelques mois plus tard. Un délai de 3 ans minimum est imposé pour effectuer une seconde demande d'ACCRE.

Récapitulatif des principaux éléments chiffrés du dispositif d'auto-entrepreneur

Activité	Prestataire services BIC (RSI)*(1)	Achat / vente BIC (RSI)*(2)	Profession libérale BNC (CIPAV)**(3)	Prestataire services BNC (RSI par décret)*(4)
Limite de CA (en €)	32 900	82 200	32 900	32 900
Taux d'abattement frais professionnels calculé sur CA encaissé	50 %	71 %	34 %	34 %
Base imposable IR	CA – 50 % CA	CA – 71 % CA	CA – 34 % CA	CA – 34 % CA
Option prélèvement libératoire calculé sur CA encaissé	1,7 %	1,0 %	2,2 %	2,2 %
Taux cotisation sociale : micro-social calculé sur CA encaissé	23,1 %	13,4 %	22,9 %	23,1 %
Taux cotisation sociale : avec ACCRE	An 1 : 5,8 % An 2 : 11,6 % An 3 : 17,4 % An 4 : 23,1 %	An 1 : 3,4 % An 2 : 6,7 % An 3 : 10,1 % An 4 : 13,4 %	An 1 : 5,8 % An 2 : 11,5 % An 3 : 17,2 % An 4 : 22,9 %	An 1 : 5,8 % An 2 : 11,6 % An 3 : 17,4 % An 4 : 23,1 %
Formation professionnelle (calculé sur CA encaissé)	0,3 % (Alsace : 0,17 %)	0,1 %	0,2 %	0,2 %
Taxe CCI ou CM (calculé sur CA encaissé)	0,48 %	0,015 % pour artisan = 0,22 %	0,044 %	0,044 %
Taxe CCI ou CM Alsace (calculé sur CA encaissé)	0,65 %	0,015 % pour artisan = 0,29 %	0,044 %	0,044 %
Taxe CCI ou CM Moselle (calculé sur CA encaissé)	0,83 %	0,015 % pour artisan = 0,37 %	0,044 %	0,044 %

* : liste des métiers concernés sur : www.auto-entrepreneur.fr/affiliation-RSI.php ; www.le-rsi.fr/affiliation_cotisations/affiliation/qui_est_affilie_au_rsi.php.
** : liste des métiers concernés sur : www.auto-entrepreneur.fr/affiliation-CIPAV.php ; www.cipav-retraite.fr/cipav/article-198-les-professions-affiliees-liste-alphabetique.htm.
An 1 : jusqu'à la fin du 3e trimestre civil suivant celui de la date d'affiliation. An 2 : au cours des 4 trimestres civils suivant la première période (an 1). An 3 : au cours des 4 trimestres civils suivant la seconde période (an 2).

(1) BTP - Coiffeurs - Plombiers.
(2) Vente de marchandises - Vente d'objets - Fabrication et vente - Création et vente - Restaurateurs.
(3) Consultants - Conseils.
(4) Astrologue - Agents commerciaux - Dessinateurs et créateurs publicitaires.

Vous pouvez aussi simuler vos cotisations sociales sur le site de l'AFE (Agence France Entreprise) : www.afecreation.fr

La sortie du dispositif

Il existe 2 façons de sortir du dispositif d'auto-entrepreneur :

De façon volontaire : vous décidez d'arrêter votre activité

Vous devez alors envoyer le formulaire de radiation en RAR (pour preuve de la date) à votre CFE (centre de formalités des entreprises).

De façon involontaire : vous perdez automatiquement le bénéfice du régime de l'auto-entrepreneur dans les cas suivants :

• Au bout de 24 mois d'activité consécutifs sans déclaration de CA, votre activité est d'office requalifiée en micro-entreprise classique et vous devez payer un forfait de cotisations.

• En cas de dépassement de CA : depuis le 1er janvier 2011, vous perdez immédiatement le bénéfice du régime de l'auto-entrepreneur si votre CA dépasse les plafonds de CA, soit :

- 90 300 € (activités de vente) ;
- 34 900 € (activités de service).

En cas de dépassement de CA : CA > 82 200 € (commerce) ou 32 900 € (service)

• Si dépassement CA < 90 300 € ou 34 900 €, vous bénéficiez d'une période de transition de 2 ans : vous continuez à bénéficier du régime fiscal de la micro-entreprise :

- régime fiscal et social simplifié : calcul des cotisations sociales et IR d'après le CA encaissé et paiement des cotisations sociales par trimestre ;
- comptabilité simplifiée ;
- franchise de TVA.

> **ATTENTION**
> Cette période de tolérance n'est pas applicable la première année de votre activité. Concrètement, si vous créez votre activité en cours d'année et si vous dépassez les seuils de 82 200 € ou de 32 900 €, proratisés en fonction de la date de création de l'activité (c'est-à-dire de votre date d'inscription), le passage vers le régime fiscal de l'entreprise individuelle « classique » se fera immédiatement, dès dépassement de ces seuils.

• Si dépassement CA > 90 300 € ou 34 900 €, alors grâce à la loi Pinel, vous ne basculez plus dans un régime réel de façon rétroactive, mais ce basculement prendra effet au 1er janvier de l'année qui suit celle du franchissement de la limite. En revanche, la TVA sera appliquée à compter du 1er jour suivant le mois de dépassement des seuils.

ATTENTION

Lorsque vous quittez le champ d'application de la micro-entreprise, vous ne pouvez plus y retourner.

Cette sortie implique :

- pas de calcul simplifié de vos cotisations sociales et IR : vous passez au régime réel d'imposition ;
- comptabilité classique ;
- TVA : facturée aux clients, payée sur les ventes et récupérée sur les achats.

Un décret précise que vous serez informé de ce changement par lettre recommandée avec accusé de réception. Vous disposerez alors d'un délai d'un mois pour le contester (décret n° 2011-1973 du 26 décembre 2011, *JO* du 28 décembre 2011).

Quelques limites du dispositif

Au-delà de la limitation de CA, ce dispositif présente, malgré sa souplesse, quelques inconvénients :

- si les investissements sont élevés, vous ne pouvez pas récupérer la TVA sur les investissements, ce qui est préjudiciable à la trésorerie de votre activité ;
- si les frais de production sont élevés, pensez à vérifier que l'abattement pour frais professionnels (34 %, 50 %, 71 %) est favorable et pensez à votre optimisation fiscale (IR) ;
- l'auto-entrepreneur n'est pas protégé : le patrimoine professionnel et le patrimoine personnel sont juridiquement confondus. Ainsi, si votre activité professionnelle rencontre des difficultés, vos biens personnels peuvent être engagés pour le paiement de vos dettes professionnelles.

À NOTER

Protection de l'habitation principale de l'auto-entrepreneur Grâce à la loi Macron du 6 août 2015, les auto-entrepreneurs n'auront plus à craindre de perdre, en cas de faillite, la maison ou l'appartement dans lequel ils vivent : ils n'ont plus besoin de faire une déclaration d'insaisissabilité.

Cette protection n'est pas applicable en cas de fraude fiscale.

En revanche, l'auto-entrepreneur peut protéger ses autres biens bâtis ou non bâtis, non affectés à son activité professionnelle (résidence secondaire par exemple) par une déclaration d'insaisissabilité devant notaire.

La déclaration d'insaisissabilité se fait devant notaire et est publiée au bureau des hypothèques et dans un journal d'annonces légales du département où l'activité professionnelle est exercée par l'auto-entrepreneur ;

- si vous souhaitez vous associer, vous ne pouvez pas choisir le statut d'entrepreneur individuel. En tant qu'auto-entrepreneur, vous avez le statut d'entrepreneur individuel et vous devez donc changer de statut si vous ne comptez pas poursuivre seul le développement de votre activité.

Pour cela, vous devez créer une société (SARL, SA, etc.) ;

- si vous souhaitez embaucher, vous ne pouvez pas le faire avec un statut d'auto-entrepreneur. Dans ce cas, vous devrez aussi changer de statut.

À NOTER

L'auto-entrepreneur n'est pas protégé : son patrimoine professionnel et son patrimoine personnel sont juridiquement confondus.

Afin de protéger vos biens, vous pouvez choisir l'EIRL (entrepreneur individuel à responsabilités limitées).

Le régime fiscal de l'auto-entrepreneur est le micro-fiscal. Il ne peut donc pas opter pour l'IS (pour son EIRL).

La déclaration d'affectation peut se faire sur le site www.lautoentrepreneur.fr

L'auto-entrepreneur doit réaliser une déclaration d'affectation avec :

- la liste du patrimoine que l'entrepreneur affecte à son activité professionnelle ;
- l'objet de l'activité professionnelle.

Grâce à la séparation du patrimoine :

- le patrimoine affecté est le gage des créanciers professionnels ;
- le patrimoine non affecté est le gage des créanciers personnels de l'entrepreneur.

Les sites incontournables

- Pour s'inscrire : www.lautoentrepreneur.fr
- Pour obtenir des informations : www.planete-auto-entrepreneur.com et www.union-autoentrepreneur.com

Exercez votre activité en vous immatriculant

Vous créez votre entreprise. Qu'elle soit juridiquement personne physique ou morale, vous obtiendrez un numéro de Siret qui vous permettra de débuter votre activité.

L'entreprise individuelle

Ce statut est avantageux lorsque vous avez peu de risques et peu d'investissements liés à votre activité.
Lorsque vous créez une entreprise individuelle, vous obtenez un numéro de Siret, mais la séparation entre vous, personne physique, et votre activité professionnelle (c'est-à-dire votre entreprise individuelle) est très mince, voire inexistante.
Cette notion s'explique par le fait que l'entreprise individuelle n'a pas de capital : ce n'est pas une personne morale. Le patrimoine de l'entreprise est en fait *votre patrimoine*. Il est donc nécessaire de protéger votre patrimoine personnel.

› La protection de votre patrimoine personnel

Sous ce statut, votre patrimoine professionnel et votre patrimoine personnel sont juridiquement confondus. Par exemple, si votre activité professionnelle rencontre des difficultés, vos biens personnels peuvent être engagés pour le paiement de vos dettes professionnelles.

À NOTER

Protection de l'habitation principale de l'entrepreneur Grâce à la loi Macron du 6 août 2015, les auto-entrepreneurs n'auront plus à craindre de perdre, en cas de faillite, la maison ou l'appartement dans lequel ils vivent : ils n'ont plus besoin de faire une déclaration d'insaisissabilité.
Cette protection n'est pas applicable en cas de fraude fiscale.
En revanche, l'auto-entrepreneur peut protéger ses autres biens bâtis ou non bâtis, non affectés à son activité professionnelle (résidence secondaire par exemple) par une déclaration d'insaisissabilité devant notaire..

› Le régime fiscal de la micro-entreprise

Vous devez informer votre centre des impôts que vous choisissez ce régime fiscal. Le choix de ce régime fiscal entraîne de nombreuses conséquences.

À NOTER

Ce régime est appliqué d'office au dispositif d'auto-entrepreneur.

La limite de CA

Le CA annuel de votre entreprise individuelle ne doit pas dépasser :
- 82 200 € de CA facturé ou encaissé pour les exploitants dont le commerce principal est de vendre des marchandises, des objets, des fournitures et des denrées à emporter ou à consommer sur place, ou de fournir un logement (hôtels, chambres d'hôtes, gîtes ruraux, meublés de tourisme…) ;
- 32 900 € de CA facturé ou encaissé pour les autres prestataires de services relevant des BIC ;
- 32 900 € de CA encaissé pour les professionnels libéraux relevant des BNC.

Ces montants sont valables pour l'année 2016. Ils seront revus en 2017.

À NOTER
Régime fiscal et social simplifié pour les micro-entrepreneurs ? Le projet de Loi Sapin 2 présenté le 30 mars 2016 en conseil des ministres prévoit que les micro-entrepreneurs pourront continuer à bénéficier du régime fiscal et social simplifié pendant 2 ans après le franchissement du seuil de CA même s'ils réalisent le double du plafond de 82 200 € pour les activités de vente et 32 900 € pour les activités de service.
Cette loi n'est pas encore votée à ce jour mais est prévue pour l'automne 2016.

Si votre activité est mixte (les 2 activités sont liées)

Dans ce cas, le régime micro-entreprise n'est applicable que si votre CA global annuel n'excède pas 82 200 € et si le CA annuel afférent aux prestations de services ne dépasse pas 32 900 €.
Par exemple : les entreprises individuelles du BTP fournissent les matériaux (seuil de 82 200 €) et réalisent les travaux (seuil de 32 900 €). Les entreprises relevant du secteur du bâtiment et certains artisans entrent dans cette catégorie mixte lorsqu'ils fournissent les matériaux entrant à titre principal dans l'ouvrage à exécuter : maçons, menuisiers, peintres, ébénistes, etc. Par contre, lorsque l'entrepreneur ne fournit que des produits accessoires, le CA ne doit pas dépasser 32 900 € (cordonniers, teinturiers, blanchisseurs, imprimeurs ne fournissant pas le papier, etc.).

Si vos activités sont distinctes

Dans ce cas, le chiffre d'affaires à ne pas dépasser pour relever du régime micro-entreprise est différent selon la nature des activités exercées.
- Si l'entrepreneur exerce une activité de vente de marchandises, d'objets, de fournitures et de denrées à emporter ou à consommer sur place, ou fournit un logement ainsi qu'une activité de prestations de service ou une activité libérale : il exerce 2 activités distinctes ne relevant pas du même seuil. Dans ce cas, le régime de micro-entreprise s'applique si son CA global annuel n'excède pas 82 200 € et si ces 82 200 € comprennent les 32 900 € maximum du CA annuel lié aux prestations de services.

> **Cas pratique**
>
> Mme X crée et vend des bijoux : le CA de ses bénéfices industriels et commerciaux est limité à 82 200 €.
>
> En plus de cette activité, elle donne des conseils à d'autres créateurs sur leurs collections : le CA de ses bénéfices non commerciaux est limité à 32 900 €.
>
> Mme X, pour bénéficier du régime fiscal de la micro-entreprise, ne devra pas dépasser 82 200 € de CA, et dans les 82 200 € de CA, elle ne devra pas dépasser 32 900 € pour son activité de conseil.
>
> Donc :
>
> – limite de CA activité bijoux = 49 300 € ;
>
> – limite de CA activité conseil = 32 900 € ;
>
> – limite totale du CA = 82 200 €.

- Si l'entrepreneur exerce deux activités distinctes relevant du même seuil, le chiffre d'affaires global ne doit alors pas dépasser le seuil de :

• 82 200 €, si les deux activités consistent à vendre des marchandises, des objets, des fournitures et des denrées à emporter ou à consommer sur place, ou à fournir un logement ;

• 32 900 €, si l'entrepreneur exerce des activités de prestations de services ou une activité libérale.

> **Cas pratique**
>
> Mme X crée et vend des bijoux. Le CA de ses bénéfices industriels et commerciaux est limité à 82 200 €.
>
> En plus de cette activité, elle vend aussi des objets de décoration : le CA de ses bénéfices industriels et commerciaux est aussi limité à 82 200 €.
>
> Mme X, pour bénéficier du régime fiscal de la micro-entreprise, ne devra pas dépasser 82 200 € pour ces 2 activités.
>
> La limite de son CA activité bijoux + activité décoration = 82 200 €.

Si vous dépassez le seuil de CA en cours d'année

L'entreprise reste placée sous le régime de la micro-entreprise l'année en cours et l'année suivante si son chiffre d'affaires ne dépasse pas :

• 90 300 € pour les livraisons de biens, les ventes à emporter ou à consommer sur place ou les prestations d'hébergement ;

• 34 900 € pour les autres prestations de services. Pendant cette période de tolérance, l'abattement pour frais professionnels s'applique sur la totalité du chiffre d'affaires de l'entreprise, y compris sur la partie excédentaire.

Cette tolérance n'est pas applicable la 1re année d'activité.

En cas de dépassement des seuils de 90 300 € ou de 34 900 €, l'entreprise perd le bénéfice de la franchise en base de TVA, et donc du régime de la micro-entreprise.

Grâce à la loi Pinel, vous ne basculez plus dans un régime réel de façon rétroactive, mais ce basculement prendra effet au 1er janvier de l'année qui suit celle du franchissement de la limite.

En revanche, la TVA sera appliquée à compter du 1er jour suivant le mois de dépassement des seuils.

> **ATTENTION**
> Lorsque vous quittez le champ d'application de la micro-entreprise, vous ne pouvez plus y retourner. Afin de conserver ce statut, vous pouvez peut-être faire patienter certains de vos clients et facturer l'année suivante.

L'année suivante (celle du dépassement de 90 300 € ou 34 900 €), si le CA ne dépasse pas le seuil de 82 200 € ou 32 900 €, vous pouvez adopter le régime de la micro-entreprise. Si le CA dépasse le seuil de 82 200 € ou 32 900 €, vous serez soumis au régime réel d'imposition.

> **Cas pratique**
> Un consultant (seuil de 32 900 €) réalise un CA :
> – en 2016 : de 30 000 € (< 32 900 €) : il reste sous le régime de la micro-entreprise ;
> – en 2017 : de 33 000 € (> 32 900 € et < 34 900 €) : il reste sous le régime de la micro-entreprise ;
> – en 2018 : de 33 000 € (> 32 900 € et < 34 900 €) : il reste sous le régime de la micro-entreprise ;
> – en 2019 : quel que soit son CA, il quitte le régime de la micro-entreprise.

L'imposition de votre activité

Les revenus de votre activité sont intégrés dans vos revenus et soumis à l'IR. Cette imposition existe sous 2 formes : l'imposition « classique » du régime fiscal de la micro-entreprise et l'option pour le versement libératoire de l'IR.
Vous pouvez aussi choisir le régime réel, ce qui n'est pas forcément avantageux, surtout lorsque l'on démarre son activité.

Le régime « classique » de la micro-entreprise

Ce régime s'applique automatiquement lorsque vous vous déclarez auprès de votre centre des impôts au régime fiscal de la micro-entreprise.
La base d'imposition annuelle (le bénéfice imposable) = montant du CA annuel – un certain pourcentage de ce CA (correspondant à un abattement pour frais professionnels défini et imposé par l'administration).
(Montant CA annuel = CA annuel encaissé pour BNC ou facturé pour BIC.)
La base d'imposition annuelle est ensuite soumise, avec les autres revenus du foyer fiscal, au barème progressif par tranches de l'IR.
Le taux d'abattement varie en fonction de votre activité :
- 71 % du CA pour les activités d'achat/vente et les activités de fourniture de logement ;
- 50 % du CA pour les autres activités relevant des BIC ;
- 34 % du CA pour les BNC.
Ces taux sont valables en 2016 mais pourront être différents en 2017 : renseignez-vous auprès de votre centre des impôts ou sur le site www.lautoentrepreneur.fr

ATTENTION

Choisir le régime fiscal de micro-entreprise Ce régime est favorable aux activités de prestations intellectuelles (consultant), car très souvent les frais ne sont pas très importants et très inférieurs au montant calculé avec le taux d'abattement.

En revanche, si vous avez énormément d'investissements à réaliser ou une activité qui vous oblige à des achats d'un montant élevé, ce régime n'est pas favorable pour 2 raisons : vous ne pourrez pas récupérer la TVA sur vos achats et investissements, et les frais calculés avec le taux d'abattement peuvent être inférieurs à ce que vous avez réellement dépensé.

En effet, ce régime fiscal ne permet pas de déficit : l'exploitant individuel ne peut pas imputer de déficit sur son revenu global imposable.

Cas pratiques

- Un consultant réalise un CA annuel de 10 000 € (et respecte donc le seuil de 32 900 €).
Il a dépensé 2 500 € pendant l'année pour son activité professionnelle.
Donc le calcul de l'abattement pour frais professionnels = 10 000 € x 34 % = 3 400 €.
Le consultant déclarera donc un bénéfice imposable = 10 000 € – 3 400 € = 6 600 €.
S'il avait déclaré ses frais réels, son bénéfice imposable aurait été de :
10 000 € – 2 500 € = 7 500 €. Il aurait donc payé un IR supérieur à ce qu'il va payer avec le régime fiscal de la micro-entreprise.
- Un négociant en objet de décoration réalise un CA annuel = 50 000 € (et respecte donc le seuil de 82 200 €).
Il a dépensé pendant l'année pour son activité professionnelle 65 000 €.
Donc le calcul de l'abattement pour frais professionnels = 50 000 € x 71 % = 35 500 €.
Le négociant déclarera donc un bénéfice imposable = 50 000 € – 35 500 € = 14 500 €.
S'il avait déclaré ses frais réels, son bénéfice imposable serait négatif :
50 000 € – 65 000 € = – 15 000 €. Il n'aurait donc pas payé d'IR.
Le régime fiscal de la micro-entreprise ne lui est donc pas favorable.

MON CONSEIL

Choisir le régime le plus avantageux Avant de choisir ce régime, faites un calcul rapide (en utilisant le prévisionnel de votre business plan) et vérifiez tout au long de l'année que le régime vous est toujours favorable. S'il devient défavorable, vous pouvez décider de passer au régime fiscal réel.

Attention, si vous passez au régime fiscal réel, vous ne pouvez plus revenir au régime fiscal de la micro-entreprise.

L'option pour le versement libératoire de l'IR (= prélèvement fiscal libératoire = microfiscal)

Vous devez déclarer ce choix :
- auprès du RSI (régime social des indépendants) ;
- sur le site www.autoentrepreneur.fr si vous êtes auto-entrepreneur.

Le délai de déclaration de l'option est fixé au 31 décembre de l'année précédente ou le 3e mois suivant votre immatriculation.
Les conditions pour bénéficier de cette option :
- vous bénéficiez du régime micro-social ;
- votre revenu fiscal de référence de l'avant-dernière année est inférieur ou égal à une part de quotient familial, soit pour l'année 2016, à 26 764 €. Ce montant de 26 764 € est valable pour 2016 et changera fin 2016 pour l'année 2017 : renseignez-vous auprès de votre centre des impôts.
Fonctionnement : vous déclarez chaque mois ou chaque trimestre votre CA encaissé sur cette période.
Un taux de prélèvement de l'IR sera appliqué au CA déclaré. Ce taux varie en fonction de votre activité :
- 1 % du CA HT mensuel ou trimestriel pour les exploitants dont l'activité principale est de vendre des marchandises, des objets, des fournitures et des denrées à emporter ou à consommer sur place ou de fournir un logement (hôtels, chambres d'hôtes, gîtes ruraux, meublés de tourisme) ;
- 1,7 % du CA HT mensuel ou trimestriel pour les autres prestataires de services relevant des BIC ;
- 2,2 % du CA HT mensuel ou trimestriel pour les professionnels relevant des BNC.
Si vous ne réalisez pas de CA, vous n'avez ni déclaration, ni paiement à effectuer.
L'IR payé ainsi au fur et à mesure est définitif : il n'y a pas de régularisation en fin d'année. Les revenus ne sont pas soumis au barème progressif par tranches de l'IR (contrairement au régime « classique »).

L'option pour le régime réel d'imposition

Même si votre activité respecte les seuils de CA du régime fiscal de la micro-entreprise, vous pouvez opter pour le régime réel d'imposition.
L'option est valable pendant 2 ans et est renouvelable par période de 2 ans.
Vous devez déclarer ce choix auprès de votre centre des impôts avant :
- le 1er février pour les activités BIC ;
- le 30 avril pour les activités BNC.

La franchise en base de TVA

Cela signifie que votre activité n'est pas assujettie à la TVA (vous ne facturez pas vos clients avec de la TVA et vous ne récupérez pas la TVA sur vos achats et vos investissements) et vous êtes dans l'obligation de faire apparaître sur vos factures la mention suivante : « TVA non applicable, article 293B du Code général des impôts. »

À NOTER

L'entreprise individuelle au régime micro-entreprise bénéficie de la franchise en base de TVA : elle ne paie pas de TVA sur ses ventes (indiquez obligatoirement sur vos factures le montant net, sans faire apparaître la TVA) et elle ne récupère pas la TVA sur ses achats. Elle ne pourra donc pas bénéficier du crédit de TVA en cas d'achats, d'investissements, de travaux importants.

- Si vous créez votre entreprise individuelle en cours d'année : vous devez appliquer un *prorata temporis* pour définir le seuil de CA à ne pas dépasser.

> **Cas pratique**
> Vous vous immatriculez pour une activité de consultant le 1er octobre.
> Le seuil du régime fiscal des micro-entreprises s'élève à 32 900 € HT.
> Du 1er octobre au 31 décembre = 92 jours.
> La limite de votre CA est donc, pour 2016, 32 900 € x 92 jours/365 jours = 8 293 €.

• La contribution économique territoriale (CET)

Comme toutes les entreprises, l'entrepreneur individuel est exonéré de CET la 1re année civile.

> **ATTENTION**
> Si vous vous immatriculez le 15 novembre 2016, vous serez exonéré du 15 novembre 2016 au 31 décembre 2016.

• La contribution à la formation professionnelle : CFP

À compter du 1er janvier 2011, les personnes ayant opté pour le régime micro-social doivent cotiser à la formation professionnelle.
Cette contribution s'ajoute aux cotisations sociales et est égale à un pourcentage du chiffre d'affaires annuel :
- 0,3 % pour les entrepreneurs exerçant une activité artisanale ;
- 0,1 % pour ceux exerçant une activité commerciale ;
- 0,2 % pour ceux exerçant une activité de prestation de service ;
- 0,2 % pour les professions libérales.

• La taxe sur les salaires

La taxe sur les salaires est due par les employeurs qui ne sont pas soumis à la TVA sur la totalité de leur chiffre d'affaires. Elle est calculée sur les rémunérations versées au cours de l'année par application d'un barème progressif.
Le régime de la micro-entreprise vous exonère de la taxe sur les salaires pour les rémunérations versées.

• La comptabilité simplifiée

Votre comptabilité doit être tenue en encaissement/décaissement.
Vous devez mettre à jour et suivre sur un « livre journal » :
- vos recettes (les encaissements), en indiquant : la date de la facture, le nom du client, le numéro de la facture, le montant, la date de règlement et le mode de paiement ;
- vos achats liés à votre activité (les décaissements), en indiquant : la date de la facture, le nom du fournisseur, le numéro de la facture, le montant, la date de règlement et le mode de paiement.
Vous devez garder précieusement toutes les pièces comptables (factures clients, fournisseurs, etc.).

MON CONSEIL

Compte personnel ou compte professionnel ? Afin de faciliter la tenue de votre comptabilité, vous pouvez ouvrir un second compte bancaire personnel qui vous coûtera moins cher qu'un compte professionnel. Vous ferez passer toute votre activité professionnelle sur ce second compte personnel : encaissement des clients, paiement de vos fournisseurs, des charges sociales, etc. Les relevés bancaires seront la preuve de la tenue de votre comptabilité. Vous devrez tout de même garder précieusement toutes les pièces justificatives des entrées et sorties de ce compte bancaire.

Si vous avez besoin d'un terminal de Carte Bleue (pour accepter les paiements de vos clients par carte bancaire sur un salon par exemple), vous serez certainement amené à prendre un compte professionnel.

Certaines banques proposent aussi des comptes bancaires spécifiques pour les auto-entrepreneurs.

Contactez votre banque qui vous informera sur ce sujet et n'hésitez pas à lui demander le coût global pour votre activité.

L'avantage de l'entreprise individuelle est qu'elle offre la possibilité d'être soumis au régime fiscal de la micro-entreprise et au régime social du régime micro-social (comme l'auto-entrepreneur).

› Conclusion sur le choix de l'entreprise individuelle

Les avantages : constitution et fonctionnement simples et pratiques, l'entrepreneur individuel dispose des pleins pouvoirs sur son activité.

Les inconvénients : responsabilité de l'entrepreneur individuel, il est lui-même imposé à l'IR, et non l'entreprise (ce qui implique un développement commercial limité : compte tenu de votre imposition, vous ne chercherez plus à développer votre CA).

Cette structure convient parfaitement au démarrage d'une activité (surtout pour une activité BNC : consultant, profession libérale…).

Lorsque l'activité se développe, il faut rapidement faire évoluer la structure vers une personne morale : une société possédant un capital social et des statuts.

Exemple : vous avez démarré votre activité en entreprise individuelle, en régime fiscal de micro-entreprise, puis votre CA se développe, et pour des raisons fiscales, vous clôturez votre activité d'entreprise individuelle, et vous créez une structure SARL à associé unique (EURL).

Le Sénat a voté la réforme des micro-entreprises : la réunion des actuels micro-entrepreneurs de droit commun (en EI) et des auto-entrepreneurs :

- calcul des cotisations sociales en fonction du CA : tous les micro-entrepreneurs bénéficieront donc du micro-social. Le paiement aura lieu au fur et à mesure de l'encaissement du CA et non plus en fonction d'une assiette forfaitaire avec des acomptes provisionnels ;
- pas d'obligation de payer les cotisations sociales minimales : tous les micro-entrepreneurs ne seront pas soumis aux cotisations sociales minimales de droit

commun sauf s'ils en font expressément la demande. Ces nouvelles mesures sociales devaient s'appliquer à compter du 1er janvier 2016, elles ont été reportées au 1er janvier 2020.
En conclusion, les entrepreneurs individuels soumis au régime fiscal de la micro-entreprise (micro-entrepreneurs), même s'ils sont au régime fiscal de droit commun, seront transférés sur le même régime micro-social que l'auto-entrepreneur. Ces deux régimes, fiscal et social, deviendront donc indissociables.
Le projet de loi de financement de la Sécurité sociale pour 2016, présenté le 7 octobre 2015, prévoit un délai plus important pour cette migration initialement prévue au 1er janvier 2016.
Ainsi, les micro-entrepreneurs continueront donc de relever du régime de droit commun jusqu'au 31 décembre 2019, sauf demande contraire de leur part.
Afin de limiter les désavantages liés à la structure d'entreprise individuelle, une nouvelle structure juridique est apparue :

L'EIRL : entrepreneur individuel à responsabilité limitée (EIRL)

Le statut de l'EIRL est entré en vigueur le 1er janvier 2011.
Tous les entrepreneurs individuels, y compris les auto-entrepreneurs, peuvent opter pour l'EIRL, qu'ils soient commerçants, artisans ou professionnels libéraux.
La création de l'EIRL s'effectue par une déclaration d'affectation déposée, selon les cas, soit auprès du répertoire des métiers (artisans), soit auprès du registre du commerce et des sociétés (commerçants), soit auprès du greffe du tribunal de commerce du lieu d'implantation (libéraux et auto-entrepreneurs).
L'EIRL est dotée :
- d'un formalisme allégé : « Ce statut est accessible sur une simple déclaration au registre du commerce et des sociétés ou au répertoire des métiers » ;
- d'une étanchéité entre patrimoine professionnel et patrimoine personnel.
Pour cela, vous effectuerez une déclaration du patrimoine affecté à l'exercice de votre activité professionnelle. Vos patrimoines personnel et professionnel seront alors distincts. Ainsi, en cas de difficulté, les créanciers professionnels ne pourront saisir que le patrimoine affecté à l'activité professionnelle.
Les biens pouvant entrer dans le patrimoine affecté sont :
- les biens, droits, obligations ou sûretés nécessaires à l'exercice de l'activité professionnelle (par exemple : fonds de commerce, droit au bail, matériel et outillage spécifiques, etc.) ;
- les biens utilisés pour l'exercice de l'activité professionnelle et que vous décidez d'affecter.
Pour l'évaluation du patrimoine affecté :
- pour un immeuble, cette évaluation doit nécessairement être effectuée par un notaire et faire l'objet d'une publication au bureau des hypothèques ;

- pour tout bien meuble dont la valeur excède 30 000 €, l'évaluation doit être réalisée par un commissaire au compte, un expert-comptable ou une association de gestion.
Si vous ne respectez pas cette obligation, vous serez alors responsable sur l'ensemble des patrimoines pour la différence entre la valeur réelle et la valeur déclarée pour une période de 5 ans.
Votre nom devra être précédé ou suivi immédiatement des mots « entrepreneur individuel à responsabilité limitée » ou des initiales « EIRL ». Cette mention devra figurer sur tous les documents de l'entreprise.
Le risque est que les banques demandent systématiquement des sûretés personnelles aux entrepreneurs individuels à responsabilité limitée.
Afin d'éviter cet écueil, Bpifrance et la Siagi (organisme de cautionnement mutuel) ont signé une convention de garantie qui devrait améliorer l'accès aux crédits bancaires pour les entrepreneurs individuels à responsabilité limitée (EIRL). Ces nouvelles garanties peuvent aller jusqu'à 70 % (voire 80 % dans certains cas) du montant des crédits accordés par les banques.
Le dispositif concerne aussi bien les crédits accordés lors de la création d'une EIRL, que les opérations de développement.
- Un choix concernant la fiscalité : l'entrepreneur peut opter soit pour l'impôt sur le revenu (régime par défaut), soit pour l'impôt sur les sociétés (dans ce cas, ses cotisations sociales seront calculées sur sa rémunération et non sur le bénéfice de l'entreprise).
Vous ne pouvez opter pour l'IS qu'à la condition d'avoir adopté préalablement le régime d'imposition au réel. Donc cette option n'est pas accessible aux entrepreneurs relevant d'un régime micro-fiscal ou d'un forfait agricole.
De plus, cette option pour l'IS est irrévocable.
- Une transmission et/ou une cession rendue possible. Autrefois, le décès de l'entrepreneur individuel entraînait automatiquement la liquidation de l'activité.
Aves l'EIRL, le décès n'entraînera pas la liquidation du patrimoine affecté dans l'hypothèse où l'un de ses héritiers ou ayants droit voudra poursuivre l'activité professionnelle à laquelle le patrimoine était affecté.
Par ailleurs, la cession à titre onéreux ou la transmission à titre gratuit du patrimoine affecté sera rendue possible par une simple déclaration de transfert.
À titre indicatif, voici quelques coûts de constitution de l'EIRL :
- gratuit si création *ex nihilo*, sauf auto-entrepreneur et profession libérale : 56,16 € ;
- déclaration d'affectation ultérieure à la création : à partir de 42 € ;
- évaluation notariale d'un bien : 139,93 € ;
- acte notarié d'affectation du bien : 139,93 €.

À NOTER

Un site d'information sur l'EIRL existe : www.infoeirl.fr. Il a été lancé en partenariat avec le Conseil supérieur de l'ordre des experts-comptables.
Vous pouvez y trouver toutes les informations utiles concernant ce statut.

En conclusion, l'EIRL est intéressante car elle protège le patrimoine, mais la lourdeur du régime a impliqué la réticence des entrepreneurs pour ce régime.
L'Assemblée nationale prévoyait la création de 100 000 EIRL d'ici à la fin 2012, et selon la Direction générale de compétitivité, de l'industrie et des services (DGCIS), seules 17 437 EIRL ont été créées à fin juillet 2013. Ceci est lié à la complexité du système et à son coût.
En effet, la déclaration d'affectation peut impliquer une évaluation des biens source de coût et de démarches administratives. De plus, l'EIRL est tenue de produire une comptabilité et d'effectuer le dépôt des comptes annuels auprès du registre compétent (le coût induit : coût d'un expert-comptable).

À NOTER
Depuis le 1er janvier 2013, l'entrepreneur individuel peut exercer plusieurs activités sous le statut d'EIRL. Cela lui permet donc de constituer plusieurs patrimoines affectés.

Les sociétés : les personnes morales

Lorsque vous créez une société, vous créez une personne morale, totalement distincte juridiquement de vous et des associés.
Vous allez lui donner :
- un capital social ;
- des statuts qui vont définir :
• son nom (la « raison sociale » ou la « dénomination sociale »),
• son adresse (le « siège social »),
• le montant de son « capital social » et sa répartition entre les différents associés,
• le nom de la personne qui va la gérer (le « gérant »),
• son mode de fonctionnement.
Ces statuts seront signés par les associés.
Les associés devront aussi définir entre eux leur mode de fonctionnement : le pacte d'associés (SARL) ou pacte d'actionnaires (SA).
Vous pouvez consulter en annexe, à la fin de l'ouvrage, un modèle de statut de SARL : *Statuts d'une SARL créée par deux personnes*, p. 252.

À NOTER
Si vous êtes amené à accomplir des dépenses dans le cadre de votre projet de création d'entreprise, gardez précieusement les factures pour les annexer aux statuts de votre société. Ainsi, une fois constituée, votre société vous les remboursera.

› Le pacte d'associés ou le pacte d'actionnaires

Si vous créez une société avec plusieurs associés, pensez au pacte d'associés qui vous permettra de poser « noir sur blanc » votre mode de fonctionnement entre associés.
Cela permet d'anticiper les problèmes entre associés qui peuvent apparaître tout au long de la vie de l'entreprise. En effet, quand tout se passe bien dans l'activité

de l'entreprise, tout se passe bien aussi entre les associés. Mais dès que la conjoncture économique est plus tendue, et donc que l'activité de l'entreprise s'en ressent, l'association est mise à l'épreuve et les tensions entre associés apparaissent.
Très souvent, lorsque l'on s'associe pour la création d'une entreprise, on le fait avec des amis, des connaissances ou des personnes ayant des compétences complémentaires. Il est important qu'une relation de confiance s'instaure. Cette confiance, nécessaire à la réussite d'une association, va se développer, se renforcer au fil des années, à l'épreuve du vécu. Si vous avez confiance, vous n'aurez pas peur de perdre le pouvoir : votre ego ne vous dictera pas vos propos ou vos actions.
Le choix des associés, qu'ils soient des amis ou non, est un choix extrêmement difficile, car il est basé à la fois sur des critères objectifs (compétences, carnet d'adresses, financement, etc.) et subjectifs (confiance, complicité, vision de l'entreprise, valeurs, etc.).
Lorsque vous communiquez avec vos associés, faites-le simplement, directement : vous gagnerez du temps. Échangez librement avec vos associés sur ce que vous souhaitez faire au sein de la société, quelle sera votre rémunération, etc.
La nomination du gérant permet la nomination du « patron », de celui qui prendra les décisions finales (attention à la cogérance où vous pouvez rapidement vous trouver dans une situation de non-décision, et donc de blocage pour votre entreprise).
L'entrepreneur est aussi instinctif dans le choix de ses associés.
L'idéal est de consigner par écrit les décisions qui résulteront des échanges avec vos associés, au moment où vous mettez en place votre mode de fonctionnement, à travers le « pacte d'associés » (pour les SARL) ou le « pacte d'actionnaires » (pour les SA). Ce document complète les statuts de la société. C'est un contrat écrit, sous seing privé, signé entre les principaux actionnaires/associés, qui va définir les « règles du jeu » qui seront appliquées entre eux. Ces règles ont été passées en revue, discutées entre associés.
Il n'existe pas de modèle type de pacte, mais celui-ci doit envisager les 3 principales problématiques qui peuvent apparaître entre associés.

● L'organisation du pouvoir au sein de la société

En cas de cogérance, il faut définir quel est l'associé qui dirige l'entreprise et comment sont partagés le pouvoir et les prises de décision.
En cas d'introduction de fonds d'investissement dans le capital de la société, il faut définir une surveillance de la gestion et mettre en place des outils de contrôle.

● L'organisation financière liée à la détention des parts ou actions sociales

C'est le droit à quote-part des résultats (dividendes), c'est la répartition de l'actif en cas de cession pour chaque associé.
Il faut définir la politique de distribution des dividendes : la part des résultats annuels destinée à être distribuée aux associés.

La répartition du capital

C'est la définition des conditions de cession des parts d'un des associés : agrément des autres associés, définition d'un droit de préemption, interdiction de se séparer des parts pendant une période donnée, clause de sortie forcée, etc.

L'organisation entre associés

Pour les structures plus « légères », ne nécessitant pas l'introduction dans le capital de fonds d'investissements, les associés peuvent aussi intégrer dans leur pacte d'associés des informations très pratiques d'organisation. Par exemple, ce qui se passe si l'un des associés :
- part en vacances ;
- a besoin d'une rémunération plus élevée pendant une période de temps définie ;
- décide de revendre ses parts ;
- souhaite transmettre à son enfant une partie ou la totalité de ses parts ;
- tombe malade et ne peut plus travailler de façon opérationnelle, etc.

Le pacte d'associés ou d'actionnaires « réapparaît » en cas de désaccord ou de tension entre les associés. À la lecture du pacte, les associés retrouvent les termes sur lesquels ils s'étaient mis d'accord au moment de la constitution de la société. Ce document évite ainsi l'apparition de conflit entre les associés.

MON CONSEIL

Faire appel à un médiateur Si le désaccord persiste, vous pouvez aussi faire appel à un médiateur qui vous aidera à dénouer ce désaccord et évitera ainsi un conflit. Les médiateurs sont souvent des avocats qui ont suivi une formation complémentaire de médiateur. Vous pouvez obtenir la liste des médiateurs sur les sites suivants :
- www.cpmn.info (Chambre professionnelle de la médiation et de la négociation) ;
- http://cnb.avocat.fr (ce site vous fournit une liste des centres de médiation par département).

› Le choix de la société

Il existe de nombreuses sortes de sociétés dont le choix dépend souvent de l'activité, des besoins en financement initiaux, de l'analyse des éléments opérationnels du projet : c'est votre projet d'entreprise (ou l'activité envisagée) qui définit la structure juridique. Par exemple, un bureau de tabac est obligatoirement exploité en SNC (société en nom collectif).

Voici quelques exemples pour mieux vous guider :
- pour tout projet :
  - société à responsabilité limitée (SARL),
  - SARL à associé unique, anciennement EURL (entreprise unipersonnelle à responsabilité limitée),
  - société par actions simplifiée (SAS),
  - société par actions simplifiée unipersonnelle (SASU) ;
- pour les projets à capitaux importants :
  - société anonyme (SA) ;
- pour les professions libérales réglementées :

- société civile professionnelle (SCP),
- société d'exercice libéral (SEL).

Le choix de votre statut juridique aura des conséquences fiscales : les bénéfices seront soumis à l'impôt sur le revenu (IR) ou à l'impôt sur les sociétés (IS).

Bénéfices soumis à l'IR

Les entreprises concernées d'office sont :
- l'entreprise individuelle (voir *L'entreprise individuelle*, p. 80) ;
- la SARL à associé unique, anciennement EURL.

La SARL à associé unique peut cependant opter pour l'IS.
Il n'y a pas de distinction entre ce que vous avez touché comme rémunération et le bénéfice de l'entreprise. Le bénéfice de la société est intégré à vos revenus imposables à l'IR pour la quote-part de bénéfice qui vous revient.

Bénéfices soumis à l'IS

Les entreprises concernées d'office sont :
- la SARL. Pour la SARL de famille, il est possible d'opter pour l'IR. Dans ce cas, le bénéfice de la SARL sera intégré à vos revenus imposables à l'IR pour la quote-part de bénéfice qui vous revient ;

> **Cas pratique**
> Vous êtes associé dans une SARL de famille soumise à l'IR dans laquelle vous détenez 20 % du capital.
> Le bénéfice de la SARL est de 50 000 €.
> Votre revenu imposable à l'IR = 50 000 € x 20 % = 10 000 €, même si vous n'avez rien touché comme rémunération au cours de l'année.
> Si le bénéfice de votre activité est important (> 50 000 €), l'imposition à l'IR n'est pas forcément avantageuse.
> Faites votre calcul : ce critère est important, et il doit aussi être pris en compte au moment du choix de votre structure juridique.

- la SA ;
- la SAS.

Il y a une réelle distinction entre ce que vous avez touché comme rémunération et le bénéfice de l'entreprise.
Bénéfice = CA – charges réelles de l'entreprise.
Le bénéfice est imposé à l'IS selon un taux fixe : 33,33 % et 15 % jusqu'à 38 120 € de bénéfice.
Les conditions pour bénéficier du taux réduit à 15 % sont :
- un CA HT inférieur à 7 630 000 € ;
- un capital entièrement libéré et détenu pour 75 % au moins par des personnes physiques ou par une société elle-même détenue à 75 % au moins par des personnes physiques. Vous êtes imposé à l'IR avec comme base imposable votre rémunération + dividendes reçus.

> **Cas pratique**
> Une SARL réalise un bénéfice de 50 000 €.
> IS = 15 % x 38 120 € + 33,33 % x (50 000 – 38 120 €) = 9 677,60 €.
> Le bénéfice net distribué s'élève à : 50 000 – 9 677,60 = 40 322,40 €.
> Vous êtes associé à hauteur de 20 % et la société décide de distribuer 30 000 € aux associés. Votre revenu imposable sera donc constitué de votre salaire + des dividendes que vous avez perçu, soit 30 000 € x 20 %.

MON CONSEIL

Se faire conseiller N'hésitez pas à vous faire conseiller par votre futur expert-comptable, éventuellement par un avocat. Vous pouvez aussi contacter la CCI de votre région, la CM de votre région et les différentes structures d'accompagnement existantes. Cela vous permettra de rencontrer et de consulter des spécialistes : expert-comptable, avocat, spécialiste export, etc.

› Les apports en société

Lorsque vous créez une société, en tant qu'associé, vous apportez du capital à cette personne morale (la société).
En échange de cet apport, l'associé reçoit des parts sociales.
Il est possible de créer légalement une société avec 1 €. Ce capital minimum légal n'est souvent pas compatible avec les besoins économiques de l'activité, l'image de votre entreprise vis-à-vis de vos clients (le capital social apparaît dans vos devis, vos factures, etc.), de vos fournisseurs et de votre banquier.
De plus, lorsque vous avez besoin d'un financement bancaire, il sera très difficile, voire impossible, de trouver une banque qui vous prêtera de l'argent, alors que de votre côté, vous ne mettez que 1 € dans votre société : cela démontre le manque de confiance que vous accordez à celle-ci…
Il est donc souvent nécessaire de constituer un capital supérieur à 1 €.
Il existe 3 types d'apports en capital à une société : ces apports sont indiqués dans les statuts.

● L'apport en numéraire

Cet apport entre dans le capital social. C'est de l'apport d'argent.
Lorsque vous créez une société, vous ouvrez un compte bancaire au nom de la société. L'argent (l'associé fait un chèque prélevé de son compte personnel) est alors déposé sur ce compte ouvert au nom de la société et « bloqué » jusqu'à son immatriculation. La somme est débloquée et utilisable par la société sur présentation de l'extrait KBis au banquier.
Dans certaines sociétés, comme par exemple les SARL, SA, SAS, SNC, SARL à capital variable, il est possible de ne verser qu'une partie des apports en numéraire lors de la constitution de la société.
La partie non libérée figure à l'actif du bilan dans un compte intitulé « capital souscrit, non appelé ». Les modalités de libération des apports en numéraire doivent être précisées dans les statuts.

À NOTER

Bénéficier des mesures fiscales avantageuses Des personnes, ou vous-même si vous êtes associé, peuvent entrer dans le capital de votre société et bénéficier de mesures fiscales avantageuses : réduction d'IR ou d'ISF (cette personne devra garder les parts sociales au moins 5 ans) .

- Réduction d'IR : 18 % des sommes investies au capital, pour un montant d'investissement maximum de 50 000 € pour une personne ou 100 000 € pour un couple si la société a moins de 5 ans, moins de 50 salariés et un CA inférieur à 10 millions d'€.

Depuis la loi de finances pour 2013, cette réduction d'impôt est prorogée jusqu'au 31 décembre 2016 et entre dans le champ d'application des avantages fiscaux plafonnés à 10 000 €.

- Réduction d'ISF : 50 % des sommes investies au capital et la déduction est plafonnée à 45 000 €.

L'apport en nature

Cet apport entre dans le capital social. C'est un apport de nature autre que d'argent. Le capital peut être constitué en partie ou en totalité d'apports en nature.

Exemple : fonds de commerce, voiture, ordinateur, matériel, marque, brevet, etc.

Cet apport implique un transfert de propriété du bien de l'associé vers la société.

L'apport en nature est valorisé :

- dans le cas d'une SARL, par les associés : à leur valeur de revente justifiée par les factures d'achat TTC si :

• aucun apport en nature n'a une valeur supérieure à 30 000 €,

• la valeur totale des apports en nature est inférieure à 50 % du montant total du capital social ;

- sinon par le rapport d'un commissaire aux apports.

L'apport en industrie

Cet apport n'entre pas dans le capital social, mais donne lieu à l'attribution de parts sociales. C'est l'apport de connaissances techniques, de travail, par un associé.

Les apports en industrie sont interdits dans les SA.

Cas pratique

Une SARL est constituée.

X apporte 2 000 € en numéraire.

Y apporte du matériel pour 3 000 € et des connaissances techniques.

Le capital s'élève à 5 000 € et est divisé en 100 parts de 50 € chacune.

X a donc 40 parts.

Y a 60 parts + 20 parts de connaissances techniques.

La société compte 120 parts.

L'apport en compte courant d'associé

Cet apport est une autre forme d'apport à la société. Les associés prêtent de l'argent à leur société, avec ou sans intérêt. Cet apport ne rentre pas dans le capital et permet à la société de faire face à des besoins de trésorerie. La société doit rembourser les associés lorsqu'elle aura suffisamment de trésorerie sur son compte bancaire.

À NOTER
Si vous avez un apport personnel important à effectuer, il faut souvent arbitrer entre apport en capital et apport en compte courant d'associé.

Le banquier apprécie l'apport en capital important, car cela signifie que vous êtes prêt à « donner » de l'argent à votre entreprise et donc que vous vous impliquez aussi financièrement.
Votre intérêt est de ne pas mettre l'ensemble de votre apport uniquement en capital, mais de mettre une partie de cette somme en compte courant d'associé. En effet, lorsque votre activité générera de la trésorerie, vous vous rembourserez à partir de ce compte courant d'associé (et n'oubliez pas que, pour vous, ce remboursement que vous pourrez recevoir en plusieurs fois, représentera une rentrée d'argent défiscalisée et totalement exonérée de charges sociales).
Pour rassurer votre banquier, vous pouvez lui proposer de bloquer ce compte courant d'associé.
Fixez avec votre banquier les modalités et obtenez de sa part, et par écrit, la durée et les conditions de déblocage de ce compte courant d'associé.
En effet, le banquier aura tendance à vouloir garder le plus longtemps possible le compte courant d'associé bloqué, car cela représente une garantie pour lui.

Cas pratique

M. X et M. Y souhaitent créer une SARL avec des apports en numéraire.

M. X a 10 000 €.

M. Y a 2 000 €.

Ils souhaitent détenir chacun la moitié du capital.

M. X et M. Y apporteront donc chacun en capital 2 000 €. Le capital social s'élèvera donc à 4 000 €.

Et M. X apportera en compte courant d'associé 10 000 € (apport total) – 2 000 € (capital) = 8 000 € qui lui seront remboursés ultérieurement par la société.

› Les actes passés pour le compte de la société avant son immatriculation

Lorsque vous constituez une société, vous devez engager des dépenses, des frais pour le compte de cette société qui n'existe pas encore.
Gardez précieusement toutes les pièces (factures) justifiant ces dépenses.
Vous pourrez annexer aux statuts de la société la liste de ces dépenses sous l'appellation « État des actes accomplis pour le compte de la société en formation », afin de les comptabiliser dans votre comptabilité et les déduire de votre bénéfice imposable.
Une fois toutes les démarches de constitution réalisées, le compte bancaire de la société rendu opérationnel, vous pourrez vous faire rembourser ces frais par votre société.
Mais attention ! La durée entre les dépenses engagées et la constitution de la société ne doit pas être trop longue : en général, elle ne doit pas dépasser 6 mois, sinon la société ne pourra pas intégrer ces factures à sa comptabilité et elle ne pourra donc pas vous rembourser.

Les autres formes possibles

Vous pouvez lancer votre activité avec d'autres formes de structures dont voici 2 exemples : la franchise et l'association.

› La franchise

C'est un mode d'activité et non une structure juridique.
La franchise est un contrat entre deux entreprises : le franchiseur (détenteur de l'enseigne) et le franchisé qui souhaite ouvrir un commerce. Ce dernier reste donc un commerçant indépendant à qui il revient de gérer son magasin, tout en bénéficiant de l'appui du franchiseur.
Le franchisé reste une entreprise juridiquement indépendante, sauf en ce qui concerne ses obligations vis-à-vis du franchiseur.
Les obligations du franchisé vis-à-vis du franchiseur sont :
- payer le droit d'entrée qui peut être très élevé en fonction de la notoriété de l'enseigne ;
- appliquer la stratégie commerciale du franchiseur ;
- respecter les règles et les normes fixées par le franchiseur ;
- s'approvisionner auprès du franchiseur ou des fournisseurs référencés ;
- payer sa redevance et ses royalties.

Les avantages pour le franchisé sont :
- bénéficier de la réputation de l'enseigne ;
- utiliser un savoir-faire qui a fait ses preuves ;
- bénéficier des conseils, de la formation et de l'assistance apportée par le franchiseur.

Pour valider votre souhait de créer votre société sous forme de franchise, choisir votre enseigne et rencontrer des franchiseurs, n'hésitez pas à vous rendre sur des salons, par exemple Franchise Expo Paris (site : www.franchiseparis.com).

Vous trouverez ci-dessous quelques sites ou vous obtiendrez des informations utiles sur la franchise :
- www.ac-franchise.com
- www.franchise-fff.com
- www.observatoiredelafranchise.fr
- www.toute-la-franchise.com

MON CONSEIL
Avant de vous décider pour une enseigne, rencontrez des franchisés de cette enseigne et échangez avec eux sur les pratiques du franchiseur.

› L'association

L'association est une autre « forme » pour lancer votre activité.
L'association dispose de statuts qui seront déposés à la préfecture. Une association loi 1901 est « la convention par laquelle deux ou plusieurs personnes mettent en commun, d'une façon permanente, leurs connaissances ou leur activité dans un but autre que partager des bénéfices ».
Le but est donc autre que celui du profit : on s'éloigne des structures que nous avons vues précédemment (entreprise individuelle, société, etc.). L'association peut exercer une activité commerciale. Le choix se pose entre :
- une structure associative, très légère et peu onéreuse, mais qui ne vous permet pas de gagner de l'argent ;
- une structure commerciale, plus lourde, demandant un capital de départ, mais vous permettant de profiter des bénéfices de votre travail.
Le choix entre la création d'une association et la création d'une entreprise est donc avant tout une question « philosophique ».

• Quels sont les avantages d'une association en comparaison de ceux d'une entreprise ?

La gestion et les contraintes sociales et fiscales sont allégées.
Le président et les membres du bureau sont bénévoles. Si vous choisissez d'en faire partie, vous ne serez pas rémunéré. Si vous souhaitez être rémunéré, vous devrez choisir un président et les membres du bureau dans votre entourage.
Elle est non soumise à l'impôt sur les sociétés (IS), la CET et la TVA, sauf si l'association exerce une activité lucrative.
L'activité est non lucrative si :
- la gestion de l'association est désintéressée ;
- l'association n'exerce pas son activité en concurrence avec des entreprises du secteur lucratif ;
- les conditions d'exercice de l'activité ne sont pas similaires à celles d'une entreprise.
Elle peut obtenir des subventions.

Quels sont les inconvénients d'une association en comparaison de ceux d'une entreprise ?

Vous rencontrerez plus de difficultés pour contracter un emprunt.
Il est interdit de signer un bail commercial.
Vous ne pourrez pas partager les bénéfices.
La responsabilité est civile et pénale pour les dirigeants.

À NOTER
Le site www.associations.gouv.fr vous permettra de retrouver les informations et les actualités concernant les associations.

En conclusion, il est toujours possible de transformer votre structure juridique. Cela entraîne bien entendu un coût, mais qui est souvent moindre que celui lié à une mauvaise adaptation de la structure juridique à votre activité, notamment pour des raisons fiscales.
Par exemple, vous pouvez démarrer votre activité très simplement, en entreprise individuelle, au régime fiscal de la micro-entreprise et devant le développement croissant de votre activité, de votre CA, décider de vous transformer en SARL.
Pour cela, il suffit de vous radier auprès des URSSAF (votre CFE en tant qu'entreprise individuelle) et de vous immatriculer auprès de votre nouveau CFE en tant que SARL.
Pour être certain de prendre la bonne décision concernant votre changement de structure juridique, faites-vous conseiller par un expert-comptable.
Vous pouvez vous faire accompagner dans ces démarches par votre expert-comptable, ou bien lui demander de réaliser ces formalités pour vous.

Des accompagnements indispensables : les différentes aides

Lorsque votre projet a bien avancé, que vous êtes en train de choisir votre structure juridique, vous pouvez aussi rechercher les différentes aides publiques (nationales et locales) auxquelles vous avez droit.

Les aides publiques (ACCRE, NACRE)

› L'ACCRE (aide aux demandeurs d'emploi créant ou reprenant une entreprise)

Cette aide est très avantageuse pour le créateur d'entreprise. En effet, l'ACCRE vous permet une exonération totale de vos charges sociales pendant 1 an. Vous aurez juste à payer le montant de la CSG et de la CRDS (approximativement 150 €/trimestre).

• Les conditions pour bénéficier de l'ACCRE

Il faut être :
- demandeur d'emploi indemnisé ;
- demandeur d'emploi non indemnisé inscrit à Pôle emploi six mois au cours des dix-huit derniers mois ;
- bénéficiaire du RSA ou de l'allocation de solidarité spécifique (ASS), ou de l'allocation temporaire d'attente (ATA) ;
- jeune de 18 à 26 ans, remplissant les conditions pour bénéficier du contrat emploi jeune ;
- personne entre 26 et 30 ans n'ayant pas travaillé pendant une période suffisamment longue pour avoir des droits aux allocations chômage, ou reconnue handicapée ;
- salarié ou personne licenciée d'une entreprise en redressement ou en liquidation judiciaire qui reprend l'activité de l'entreprise. L'entreprise est soumise à l'une des procédures de sauvegarde, de redressement ou de liquidation judiciaires et le salarié ou la personne licenciée reprend tout ou partie de cette entreprise en s'engageant à investir en capital la totalité des aides et à réunir des apports complémentaires en capital au moins égaux à la moitié des aides accordées ;
- personne créant une entreprise implantée au sein d'une zone urbaine sensible ; bénéficiaire du complément de libre choix d'activité.

À NOTER

Un amendement au budget 2010 voté le 5 novembre 2009 prévoit que l'aide à la création d'entreprise est accessible dès le premier jour de chômage. Ainsi, même les demandeurs d'emploi les plus récemment inscrits (il n'est plus besoin de justifier de plus de 6 mois d'inscription au cours des 18 derniers mois) pourront bénéficier des aides publiques à la création ou à la reprise d'entreprise (ACCRE, NACRE).

Démarches

Pour avoir des informations complémentaires, vous pouvez aller sur le site www.afecreation.fr

Pour faire votre demande d'ACCRE, vous devez télécharger le formulaire Cerfa n° 13584*02 sur le site www.service-public.fr, onglet « Professionnels – Création – Modification – Cessation ».

Vous déposerez ce formulaire à votre CFE :

- lors du dépôt de votre déclaration de création ou de reprise de l'entreprise ;
- ou dans les 45 jours suivants.

N'oubliez pas d'accompagner votre demande des justificatifs de votre éligibilité, c'est-à-dire les photocopies des documents suivants :

- pour le demandeur d'emploi indemnisé, la notification d'ouverture de droit ou le justificatif de paiement ;
- pour le demandeur d'emploi non indemnisé inscrit à Pôle emploi six mois au cours des dix-huit derniers mois, l'historique de l'inscription à Pôle emploi ;
- pour le bénéficiaire du RSA, de l'allocation de solidarité spécifique, ou certaines catégories de bénéficiaires de l'allocation temporaire d'attente, l'attestation justifiant la qualité d'allocataire ou de bénéficiaire des aides mentionnées ;
- pour le jeune de 18 à 26 ans, la pièce d'identité attestant de la date de naissance suffit ;
- pour la personne de 26 à 30 ans non indemnisée, sans droit aux allocations chômage, l'attestation sur l'honneur de non-indemnisation par le régime d'assurance chômage ;
- pour une personne handicapée, le justificatif de reconnaissance de personne handicapée délivrée par la commission départementale des droits et de l'autonomie ;
- pour le salarié ou la personne licenciée d'une entreprise en redressement ou en liquidation judiciaire qui reprend l'activité de l'entreprise. L'entreprise est soumise à l'une des procédures de sauvegarde, de redressement ou de liquidation judiciaires et le salarié ou la personne licenciée reprend tout ou partie de cette entreprise en s'engageant à investir en capital la totalité des aides et à réunir des apports complémentaires en capital au moins égaux à la moitié des aides accordées : la copie du jugement d'ouverture de la procédure de liquidation judiciaire ou à défaut une attestation du liquidateur, de l'administrateur judiciaire ou du juge commissaire ;

- pour la personne créant une entreprise implantée au sein d'une zone urbaine sensible : justification de l'adresse de l'établissement où s'exerce l'activité dans la ZUS ;
- pour le bénéficiaire du complément de libre choix d'activité : notification d'ouverture du droit à l'allocation, ou titre du dernier paiement ;
- pour tous les cas : une pièce d'identité ;
- en cas de création ou de reprise d'une société : une copie des statuts permettant de vérifier le contrôle effectif de l'entreprise par le demandeur.

Ensuite, le CFE vous donne un récépissé et transmet votre dossier à l'URSSAF. L'URSSAF répond dans un délai de 1 mois (la non-réponse dans ce délai vaut acceptation). Lorsque votre dossier est accepté, l'URSSAF vous envoie une attestation de bénéfice de l'ACCRE que vous devrez transmettre aux différents organismes sociaux.

À NOTER
L'auto-entrepreneur peut bénéficier de l'ACCRE sous forme d'une réduction des taux de cotisations sociales.

› Le dispositif NACRE (Nouvel accompagnement pour la création et la reprise d'entreprise)

Ce dispositif mis en place depuis le 1er janvier 2009 est destiné aux chômeurs créateurs ou repreneurs d'entreprises. Il remplace l'ancien dispositif EDEN (avance remboursable) et les chéquiers-conseils. Il vous permet d'être accompagné, d'obtenir un prêt à taux zéro et d'être suivi post-création.

● Les conditions pour bénéficier du NACRE

Les conditions sont identiques à celles du dispositif ACCRE, il faut être :
- demandeur d'emploi indemnisé, bénéficiaire de l'allocation de retour à l'emploi (ARE) ;
- bénéficiaire de l'allocation spécifique de solidarité (ASS) ;
- bénéficiaire de l'allocation temporaire d'attente (ATA) ;
- demandeur d'emploi non indemnisé inscrit à Pôle emploi 6 mois au cours des 18 derniers mois ;
- bénéficiaire du revenu de solidarité active (RSA) ;
- jeune de 18 à 25 ans ou jeune de moins de 30 ans non indemnisé ou reconnu handicapé ;
- salarié reprenant son entreprise en redressement ou liquidation judiciaire ;
- titulaire d'un contrat d'appui au projet d'entreprise (CAPE) ;
- créateur d'entreprise en QPPV ;
- bénéficiaire des prestations accueil pour jeune enfant complément libre choix d'activité (CLCA) ;
- personne de 50 ans et plus inscrite sur la liste des demandeurs d'emploi.

Le bénéficiaire doit exercer le contrôle effectif de l'entreprise : soit être associé et détenir plus de la moitié du capital, soit être dirigeant et détenir au moins 1/3 du capital.
Pour un même projet, il peut y avoir plusieurs bénéficiaires, à condition :
- qu'ils détiennent collectivement plus de 50 % du capital ;
- qu'un ou plusieurs d'entre eux aient la qualité de dirigeant ;
- que chaque demandeur détienne au moins 1/10e de la fraction du capital détenue par la personne qui possède la plus forte part.
Exemple : le « plus grand associé » détient 50 % des parts sociales, chaque bénéficiaire doit détenir au moins 5 % des parts.

Les modalités de fonctionnement du dispositif NACRE

Ce dispositif est novateur, car il accompagne aussi le créateur après sa création d'entreprise. Jusqu'à présent, les dispositifs d'accompagnement intervenaient essentiellement en amont de la création.
Vous serez suivi tout au long de votre parcours NACRE par un « opérateur d'accompagnement » avec lequel vous signerez un contrat d'accompagnement qui définira les engagements réciproques. Vous pourrez choisir un opérateur différent pour chacune des 3 phases de l'accompagnement. C'est vous qui le choisissez sur une liste prédéfinie d'organismes conventionnés.
Vous pourrez aussi faire appel à des expertises externes en fonction des besoins de votre projet et si l'« opérateur d'accompagnement » n'a pas l'expertise nécessaire.
Ce dispositif ne vous coûte rien, il est totalement pris en charge par l'État.
Le NACRE se décompose en 3 phases :

Phase 1 : aide au montage

C'est l'aide à la définition du projet. Accompagnement et orientation vers des spécialistes pour l'étude de marché, le business plan, etc. (séances individuelles et collectives).

Phase 2 : aide au financement

C'est la possibilité d'obtenir un prêt à taux zéro de la Caisse des dépôts et consignations entre 1 000 € et 8 000 €, sur 5 ans maximum, associé à un prêt bancaire d'une durée et d'un montant au moins identiques. Le remboursement de ce prêt à taux zéro se fera par mensualités constantes ou progressives.
Vous serez aussi accompagné dans vos démarches auprès des banques.
Vous pouvez intégrer directement cette phase du dispositif si votre projet est défini et suffisamment avancé.

Phase 3 : aide au démarrage d'entreprise

C'est la grande nouveauté du dispositif. Le créateur bénéficie de conseils pour le développement de son entreprise. Si votre entreprise est déjà créée depuis moins de 2 ans, et si vous pouvez attester du bénéfice de l'ACCRE, vous pouvez intégrer cette phase du dispositif directement.

Le décret n° 2010-1642 du 23 décembre 2010 précise les modalités de chacune des trois phases du dispositif NACRE et il prévoit une durée maximum de :
- 4 mois pour la phase d'aide au montage pour des projets de création, 6 mois pour un projet de reprise ;
- 4 mois pour la phase d'aide à la structuration financière pour des projets de création, 6 mois pour un projet de reprise ;
- 36 mois pour la phase d'accompagnement du démarrage et du développement de l'activité de l'entreprise.

Les bénéficiaires du NACRE peuvent demander à intégrer le dispositif à n'importe laquelle des trois phases et peuvent s'adresser à des opérateurs différents pour chacune d'entre elles.

En pratique, pour démarrer le dispositif NACRE, vous devez contacter directement l'opérateur d'accompagnement NACRE de votre choix. Vous devez choisir un opérateur d'accompagnement NACRE dans votre région de domicile (votre domicile personnel et non la domiciliation de votre entreprise si elle est déjà créée).

À NOTER

- La liste des opérateurs d'accompagnement ainsi que tous les détails du dispositif se trouvent sur le site travail-emploi.gouv.fr
- Les auto-entrepreneurs ont aussi accès au NACRE.

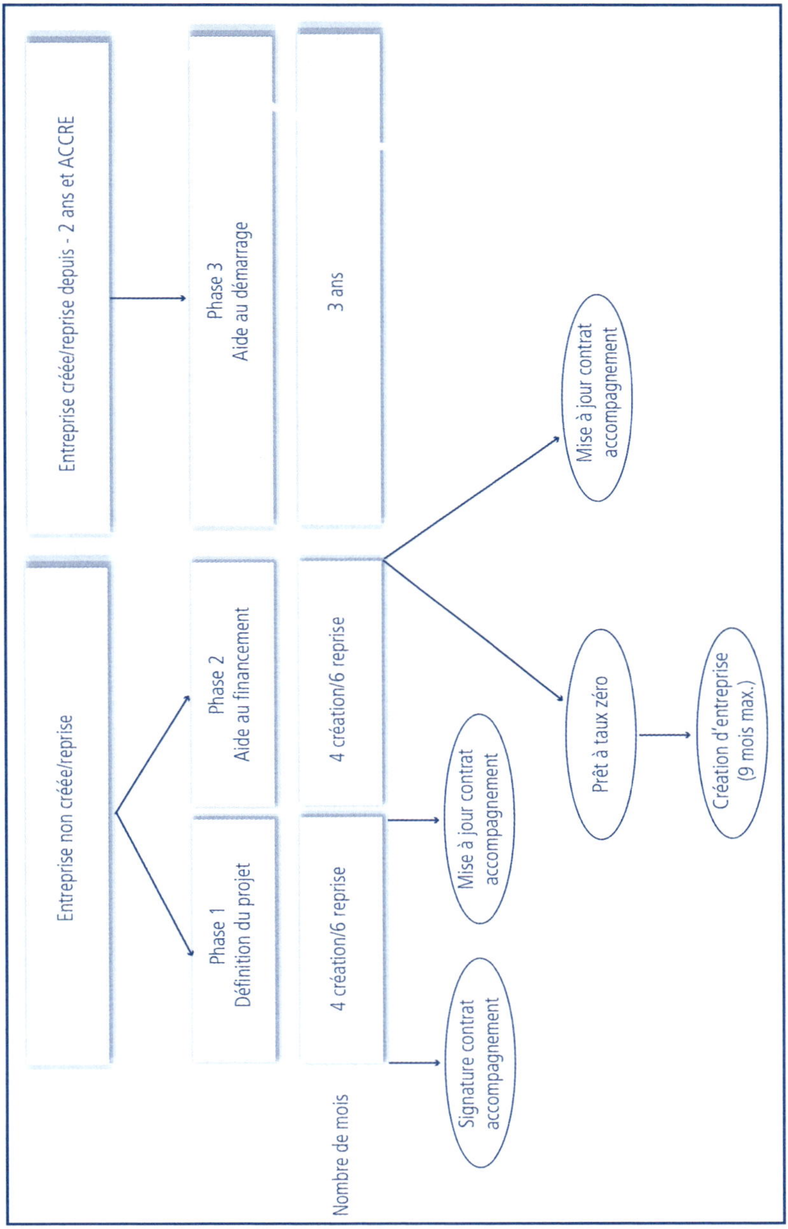
Entreprise non créée/reprise
Entreprise créée/reprise depuis - 2 ans et ACCRE
Phase 1
Définition du projet
Phase 2
Aide au financement
Phase 3
Aide au démarrage
Nombre de mois
4 création/6 reprise
4 création/6 reprise
3 ans
Signature contrat accompagnement
Mise à jour contrat accompagnement
Prêt à taux zéro
Mise à jour contrat accompagnement
Création d'entreprise (9 mois max.)

Les autres aides : conseils, formations, aides fiscales et sociales

› Les conseils et les formations

Il existe de nombreuses possibilités.

La CCI

La CCI organise régulièrement des réunions d'information sur la création d'entreprise, sur les différents statuts possibles. N'oubliez pas de les contacter. Pour cela, vous trouverez leurs coordonnées en annexe, p. 268.

> **À NOTER**
> **Suivi post-créaction** Les CCI proposent aussi un suivi post-création pendant 1 an sous forme d'entretiens téléphoniques et de rencontres avec des experts qualifiés selon vos problématiques.

Les salons professionnels sur la création d'entreprise

De nombreux salons existent : des salons concernant votre secteur d'activité, la création d'entreprise, les entreprises (salon des entrepreneurs, salon de la micro-entreprise, etc.). Il y a généralement de la publicité autour de ces événements chez les partenaires (AFE, CCI, etc.) ou sur Internet. N'hésitez pas à les visiter.

› Les aides fiscales et sociales

Le statut fiscal de la micro-entreprise

Seuls les entreprises individuelles et les auto-entrepreneurs peuvent bénéficier de ce régime.
Ce statut implique :
- une limitation dans le montant du CA ;
- un abattement forfaitaire pour les frais lors du calcul du résultat de l'entreprise (base d'imposition à l'IR) ;
- une franchise en base de TVA (les entreprises ne facturent pas la TVA et ne la récupèrent pas) ;
- une comptabilité simplifiée.

L'exonération de CET

La taxe professionnelle a été remplacée le 01/01/2010 par la CET.
Il existe des exonérations de plein droit :
- chaque entité est exonérée la première année civile (quelle que soit la structure juridique : auto-entrepreneur, entreprise individuelle, société) ;

ATTENTION
Cette exonération démarre le jour de la création et s'arrête le 31 décembre de l'année en cours.

Cas pratique
Vous créez votre structure le 15 novembre : vous serez exonéré du 15 novembre au 31 décembre.
Il n'est pas toujours avantageux d'attendre le début d'année suivante pour créer sa structure, surtout si vous avez déjà des clients à facturer, si vous devez signer votre bail commercial, si vous devez répondre à un appel d'offres, etc.

- l'entreprise individuelle (ou la personne qui se déclare en tant qu'auto-entrepreneur) et qui a opté pour le versement libératoire de l'impôt sur le revenu est exonérée de la CET pour une période d'un an. Pour bénéficier de l'exonération, l'option pour le versement libératoire de l'impôt sur le revenu doit être exercée au plus tard le 31 décembre de l'année de création ou dans les trois mois suivant la création si elle intervient après le 1er octobre ;
- les activités artisanales et assimilées : les artisans exerçant leur activité en entreprise individuelle ou en SARL à associé unique, qui pratiquent une activité où le travail manuel est prépondérant, qui ne spéculent pas sur la matière première (sont donc exclus de cette exonération les bouchers, charcutiers et boulangers), qui travaillent seuls ou avec le concours d'une main-d'œuvre familiale ou d'apprentis sous contrat.
Sont également exonérés : les chauffeurs de taxis ou d'ambulances, les pêcheurs, les coopératives d'artisans et les sociétés coopératives maritimes, etc. ;
- les activités et organismes agricoles : les agriculteurs, dresseurs de chevaux ou d'ânes, exploitants de centres équestres, éleveurs (y compris « industriels »), aviculteurs, apiculteurs, pisciculteurs, ostréiculteurs, sylviculteurs, etc. ;
- les établissements d'enseignement privé : les établissements du 1er degré qui dispensent un enseignement conforme aux programmes officiels, les établissements du 2nd degré qui ont passé un contrat avec l'État, les établissements d'enseignement supérieur qui sont reconnus d'utilité publique, ou qui ont conclu une convention avec un établissement supérieur public ;
- certaines activités non commerciales : peintres, sculpteurs, graveurs, dessinateurs, photographes d'art, artistes lyriques et dramatiques, auteurs et compositeurs, professeurs de lettres, sciences et arts d'agrément, sages-femmes et gardes-malades, sportifs ;
- certaines activités industrielles et commerciales : éditeurs de publications périodiques, agences de presse agréées, SCOP, vendeurs à domicile indépendants sous certaines conditions).

Il existe des exonérations qui sont votées par la collectivité locale concernée.
Nous vous conseillons cependant de vous rapprocher de votre collectivité locale (de votre centre des impôts) afin de connaître en détail les exonérations qu'elle a votées.

La réduction du taux de l'IS

Pour les entreprises (SARL, SA, SAS) soumises à l'IS, le bénéfice est imposé à l'IS selon un taux fixe : 33,33 % et 15 % jusqu'à 38 120 € de bénéfice. Les conditions pour bénéficier du taux réduit à 15 % sont :

- un CA HT inférieur à 7 630 000 € ;
- un capital entièrement libéré et détenu pour 75 % au moins par des personnes physiques ou par une société elle-même détenue à 75 % au moins par des personnes physiques.

Pour plus d'informations, voir *Le choix de la société,* p. 92.

Maintenant que vous avez toutes les clés en main pour choisir la structure la mieux adaptée à votre projet, il vous faut trouver les financements et immatriculer votre nouvelle entreprise.

À NOTER

Les entreprises nouvellement créées et soumises à l'IS sont dispensées de versement d'acompte d'IS pendant leur premier exercice.

Trouver des financements adaptés et s'immatriculer

➢ Vous avez travaillé sur votre projet, choisi votre structure.

➢ Vous avez déjà contacté plusieurs banques pour leur présenter rapidement votre projet et connaître leurs critères de décision (votre projet est donc « finançable »).

➢ Il est temps maintenant de traduire votre projet sous la forme d'un business plan afin de pouvoir communiquer facilement dessus (stratégie, contacts, connaissance de votre domaine d'activité).

Vous construisez votre business plan

Lorsque vous avez défini précisément votre projet, vous avez mis à plat votre stratégie et vos moyens. Vous devez alors vous doter d'un outil de management interne et externe particulier : le business plan ou plan d'affaire. C'est la traduction de votre projet. Un tel plan de développement comprend 2 parties principales :
– une partie qualitative, qui expose les choix et la stratégie ;
– une partie quantitative, qui contient les données chiffrées issues de ces choix.

Pourquoi et pour qui construire un business plan ?

C'est un document aux fonctions multiples et qui répond à :
- un intérêt interne. En effet, c'est un :
• outil de gestion (une traduction chiffrée de vos choix stratégiques),
• outil analytique (une évaluation de la viabilité de votre projet),
• outil de motivation (une indexation des objectifs du projet),
- un intérêt externe : c'est un outil de communication destiné aux tiers décideurs (banques, nouveaux actionnaires, etc.).

› Pourquoi ?

Le but du business plan est de dire l'essentiel sur le plan stratégique de l'entreprise, en étant le plus convaincant possible. C'est un support de communication qui permet au dirigeant d'offrir à ses interlocuteurs (salariés, banquiers, actionnaires) sa vision d'entreprise et d'entrepreneur.

› Pour qui ?

Pour convaincre les investisseurs et/ou les banquiers, le business plan doit formuler qualitativement et quantitativement le projet de l'entreprise. Il fait partie des documents essentiels d'une entreprise, il est utilisable également en interne comme outil de motivation des équipes lorsqu'il est actualisé.
Vous construisez aussi et avant tout le business plan pour vous, pour « écrire » votre projet d'entreprise et pour le traduire de façon chiffrée : cet outil va vous permettre de formaliser votre projet et de le valoriser.

Le business plan, outil de gestion et de communication

Un business plan doit être rédigé de façon limpide et sans incohérence. Il doit être précis dans toutes ses composantes en prévoyant des marges de manœuvre et de sécurité, et en intégrant une étude des variables.
Un business plan doit apporter les éléments de réponse aux 5 questions fondamentales suivantes :
- Quelle est la finalité de l'entreprise ?
- Quelles sont les stratégies pour réussir ?
- Quelle est la politique générale de l'entreprise ?
- Quels sont les objectifs chiffrés ?
- Quelle est la rentabilité financière attendue ?
De forme simple, le business plan doit être clair, complet, structuré et ordonné.

> **MON CONSEIL**
> **Structurez votre dossier** Votre dossier doit comporter un sommaire, des chapitres et sous-chapitres bien identifiés et structurés, et une pagination correcte.

La partie descriptive

Cette partie descriptive doit permettre au lecteur (par exemple, votre futur banquier) de comprendre votre métier, le marché sur lequel vous positionnerez votre future entreprise, la stratégie que vous souhaitez mettre en place pour développer votre activité, votre démarche d'entrepreneur, les raisons qui vous ont poussé à choisir cette activité.
Vous pourrez construire la partie descriptive de votre business plan grâce au travail de recherche que vous avez réalisé sur votre idée de création (c'est une synthèse des éléments et des informations que vous avez collectés dans les étapes décrites dans les chapitres précédents).

> **MON CONSEIL**
> **Soyez clair, concis, précis** Cette partie descriptive doit comporter une trentaine de pages, complétées par des annexes. Ne perdez jamais de vue que le lecteur (le banquier) sera très bien disposé si votre dossier est concis, complet, synthétique et soigné. Facilitez-lui la lecture. N'hésitez pas à intégrer dans le dossier des annexes des informations concrètes : devis signés, lettres d'expert, comptes rendus, photos du local, plans, etc.

Le business plan doit présenter les données liées à l'environnement de l'entreprise :
- le marché et ses perspectives d'évolution ;
- le positionnement de l'offre et sa spécificité ;
- les concurrents actuels et potentiels.

> **Cas pratique**
> Mme X et Mme Y ont trouvé un restaurant marocain (*via* l'achat d'un fonds de commerce) qu'elles souhaitent racheter pour le transformer en restaurant bio.
> Nous reprendrons ce cas pratique tout au long de cette partie.

Un business plan peut être élaboré de la manière qui suit.

› L'introduction : le contexte et les objectifs du business plan

Vous expliquerez les raisons de la construction de ce business plan : obtention d'un emprunt, levée de fonds, ouverture d'un compte bancaire, etc.
C'est un résumé, ou *executive summary* qui doit permettre au lecteur de comprendre tout de suite de quoi il s'agit. Ce résumé doit contenir, en deux pages maximum, l'essence de votre projet.

> **Cas pratique**
> L'objectif du business plan est de racheter un fonds de commerce afin d'ouvrir un restaurant proposant des recettes originales à base de produits bio.

› La présentation de l'entreprise

• Quel est le projet de l'entreprise ?

C'est une description simple et concrète de votre activité. N'oubliez pas que la personne qui va lire votre business plan ne connaît pas ou peu votre métier, et surtout qu'elle ne l'a pas pratiqué. Le but de cette partie sera donc de lui expliquer votre activité.
Vous expliquerez aussi le pourquoi de ce projet : quelles sont les raisons qui vous ont poussé à porter ce projet en particulier (une passion, une opportunité, etc.) ?

> **Cas pratique**
> Le restaurant bio proposera des recettes réalisées avec des produits bio venant exclusivement de fermes sélectionnées.
> Les 2 associées adorent cuisiner et sont convaincues depuis de longues années par les produits bio.

• Quel est le profil des dirigeants ?

Vous ferez un lien entre votre profil de dirigeant, votre expérience, votre parcours et votre future activité. Le but étant de rassurer le lecteur sur votre capacité à travailler dans ce domaine et à vous y sentir dans votre élément.
Si, par exemple, vous n'avez aucune expérience dans le secteur d'activité choisi, il peut être nécessaire, avant de monter votre propre structure, d'envisager de suivre une formation ou de travailler dans une entreprise qui a la même activité afin d'acquérir l'expérience qui vous manque. Ce point sera favorable et permettra de compenser votre manque d'expérience.

Cas pratique

Le restaurant sera exploité par les 2 associées de la SARL. : Mme X et Mme Y qui sont amies depuis de longues années. Mme X a travaillé pendant 15 ans dans des restaurants parisiens. Elle connaît donc déjà le mode de fonctionnement d'un restaurant et a des contacts fournisseurs. Mme Y a travaillé dans la ferme de ses parents et elle a de nombreux contacts dans ce secteur. Par conséquent, les fournisseurs de produits bio sont sélectionnés et la relation de confiance est déjà instaurée.

› La méthodologie utilisée : la mise au point du modèle financier

Dans cette partie, vous expliquerez comment vous avez calculé votre prévisionnel de chiffre d'affaires et vos hypothèses de départ et de développement. En un mot, vous devez convaincre que votre CA prévisionnel est réaliste.

Cas pratique

Le ticket moyen s'élève à 25 € le midi et 40 € le soir. Le modèle économique a été construit en fonction du prévisionnel du nombre de couverts du midi et du soir multiplié par le ticket moyen.

Le nombre de couverts a été défini le midi et le soir en fonction du nombre de places et du nombre de services prévu : au démarrage, un service le midi (c'est prudent : il y a de nombreuses entreprises dont les salariés viendront déjeuner car ils seront attirés par la nouveauté) et un demi-service le soir (se faire connaître par les habitants du quartier prend souvent plus de temps).

● Le positionnement commercial de l'entreprise

Quels sont les marchés utiles et accessibles ?

C'est une étude de marché de proximité : vous avez réalisé une étude de marché nationale concernant votre secteur d'activité, et maintenant vous analysez plus précisément votre activité et votre secteur.

Cas pratique

Le restaurant se situera dans un quartier de bureaux et d'habitation. Les clients du midi seront essentiellement des salariés venant des bureaux des alentours (citez le nom des entreprises, le nombre de salariés, si elles ont un restaurant d'entreprise ou pas). Le soir, les clients seront des habitants du quartier.

MON CONSEIL

Bien connaître son marché Faites une approche très « terrain » de votre marché : soyez au plus proche de votre marché, de votre cible, de vos clients potentiels, soyez opérationnel et pratique. Dans notre cas pratique, les restauratrices ont analysé les entreprises aux alentours, elles sont allées demander le nombre de salariés, s'il y avait un restaurant d'entreprise, etc.

Comment l'entreprise se situe sur ses marchés ?

Vous identifierez le positionnement de votre entreprise au sein de ses marchés, et ce qui la différencie de ses concurrents.

> **Cas pratique**
> Les concurrents directs sont des brasseries, des pizzerias, des restaurants asiatiques (indication des noms, adresses et position sur une carte géographique par rapport au restaurant bio, leur ticket moyen). Il n'y a pas de restaurant bio dans le quartier.

Quels sont les mécanismes de sélection commerciale ?

Vous indiquerez la façon dont votre cible choisit son fournisseur (donc vous) et réalise sa sélection commerciale : quelle est la méthode de sélection commerciale de votre futur client ? Quel est son processus de décision ?

> **Cas pratique**
> Les clients recherchent des déjeuners de qualité et équilibrés, dans un cadre simple et agréable, avec un service rapide et efficace.

Quels sont les points forts et les risques ?

Il est très important d'être lucide et d'identifier vos points forts et vos risques. Pour les risques, vous devez les analyser en apportant une solution possible.
Identifier vos contraintes en termes de réglementation vous donnera une image professionnelle.

> **Cas pratique**
> Un des points forts est la qualité des produits qui rentrent dans la composition des plats et l'originalité des recettes. Un point faible identifié est le ticket moyen relativement élevé. Le ticket moyen sera moins élevé sur la vente à emporter.

Quelles sont les perspectives commerciales ?

Ce sont les évolutions possibles, les développements commerciaux envisagés à moyen terme.
Vous n'êtes pas obligé de les intégrer dans votre CA prévisionnel. Si vous choisissez de ne pas en tenir compte, indiquez tout de même le potentiel de CA qu'ils représentent, sans oublier les coûts qu'ils engendreront.

> **Cas pratique**
> Elles peuvent envisager de cibler les entreprises pour des dîners de fin d'année, les particuliers pour des anniversaires…

La synthèse sur le positionnement commercial

C'est un résumé de la politique commerciale de l'entreprise.

Les moyens mis en place

Quelle organisation ?

Vous définirez le qui-fait-quoi dans votre entreprise, le rôle et les attributions de chacun. Vous indiquerez aussi l'organisation technique que vous mettrez en place : partenariat, logistique, etc.

> **Cas pratique**
> Mme X sera responsable de la cuisine et Mme Y de la salle. Les commandes fournisseurs se feront une fois par semaine.

Quels sont vos chiffres clés ?

Vous rappellerez les chiffres clés de votre business plan financier : le CA prévisionnel sur les 3 années à venir, le taux de progression (en expliquant pourquoi votre CA progresse de cette façon), le taux de marge, votre point mort ou seuil de rentabilité, etc.

Quelles sont les spécificités du cycle d'exploitation ?

Vous expliquerez votre cycle de production, les délais de paiement de vos clients et fournisseurs, etc. Ce point permettra à votre banquier de mieux comprendre votre métier et ses contraintes opérationnelles.

> **Cas pratique**
> Les fournisseurs seront payés à 45 jours fin de mois.

Quelles seront les ressources humaines ?

Identifiez les compétences dont vous avez besoin, définissez les coûts.

> **Cas pratique**
> En cuisine, elles prévoient l'embauche d'une aide, et en salle l'embauche d'un serveur. Pour ces 2 embauches, précisez la date d'embauche, le type de contrat, le salaire mensuel…

Quelle est la politique commerciale et de distribution ?

Quelle est votre politique commerciale et quels sont vos circuits de distribution ?

> **Cas pratique**
> Une carte de fidélité permettra au client d'obtenir un dessert gratuit au bout de 10 repas.

Quels sont les moyens matériels et informatiques ?

Listez les investissements dont vous avez besoin pour votre activité et leurs coûts. Joignez à votre business plan (dans les annexes) les devis de fournisseurs que vous avez obtenus lors de votre travail de recherche et de sélection. Cela donnera un aspect très concret et très réaliste à votre business plan (aussi bien pour cette partie descriptive que pour la partie chiffrée que nous verrons plus loin).

> **Cas pratique**
> Achat d'un fonds de commerce, remise à niveau de la cuisine, travaux d'aménagement, etc. Ces éléments seront détaillés et chiffrés.

● L'étude juridique

Vous indiquerez aussi quel est le régime juridique que vous avez choisi et quelle sera la répartition du capital entre les associés.

> **MON CONSEIL**
> Vous pouvez joindre dans les annexes votre projet de statut juridique.

● Les risques identifiés

Créer une entreprise n'est pas sans risques. Lorsque vous démarrez, vous ne connaissez pas à l'avance les évolutions possibles de votre activité et de votre marché. Il existe des risques de plusieurs types :
- les risques commerciaux ;
- les risques liés à l'évolution de l'offre ;
- les risques humains ;
- les risques organisationnels ;
- les risques financiers.

Il est important de les identifier et de présenter une solution envisageable si un ou plusieurs de ces risques se réalisaient. En effet, cela indique que vous avez anticipé, que vous êtes réaliste et prêt à réagir.
Cette identification des risques et des solutions envisagées rassurera votre banquier.

> **MON CONSEIL**
> Si votre dossier comporte des annexes, numérotez-les afin de faciliter la lecture.

› La conclusion

Concluez en 2 ou 3 phrases sur votre activité et votre besoin de financement.

> **À NOTER**
> **Modèle de dossier de création d'entreprise** Vous pouvez trouver un plan pour cette partie qualitative sur le site de l'AFE : www.afecreation.fr (téléchargez le « modèle de dossier de création d'entreprise »).

■ La partie chiffrée

Cette phase « chiffrée » intervient lorsque toutes les informations opérationnelles sont collectées.
Cette partie financière est la traduction chiffrée de votre travail de recherche et de construction de votre projet, de votre activité opérationnelle.
Pendant cette recherche, lorsque vous preniez contact avec des fournisseurs, vous avez demandé des devis, vous avez aussi positionné votre offre et vous l'avez chif-

frée (vous avez fixé votre prix de vente) : vous avez réalisé une démarche de collecte d'informations dans la position d'un entrepreneur qui démarre son activité demain, et qui a donc besoin d'éléments concrets et factuels.
Vous avez maintenant tous les éléments pour construire votre business plan chiffré.
Les informations financières sont composées d'un prévisionnel sur 2 ou 3 années et regroupent le :
- compte de résultat prévisionnel avec soldes intermédiaires de gestion (en annuel, sur 3 ans, avec identification du seuil de rentabilité) ;
- plan de trésorerie ou prévisionnel de trésorerie (en mensuel, sur 2 ans) ;
- besoin en fonds de roulement (initial et sur 2 ans) ;
- plan de financement (initial et sur 3 ans).
Vous pourrez télécharger ces différents tableaux sur le site de l'AFE (www.afe-creation.fr).
Afin de construire sereinement votre business plan financier, vous devez travailler les différents éléments qui le composent dans un ordre logique.

› Quelle est la méthodologie pour construire un business plan ?

1) Établissement d'un premier plan de financement : « le plan de financement initial » qui vous permettra de définir le montant des éléments à financer. Vous pourrez ainsi déterminer le montant de l'emprunt qui sera validé dans le plan de financement définitif.
2) Construction du prévisionnel de trésorerie, TTC. Pour cela, vous devez démarrer par la construction du prévisionnel de CA (c'est-à-dire le prévisionnel des encaissements) et définir le coût d'achat des marchandises vendues et le reste des décaissements. Ces différents éléments vont vous permettre de définir votre plan de trésorerie.
3) Éventuellement, regroupement de certaines lignes du prévisionnel de trésorerie pour construire le compte de résultat (HT).
4) Calcul du besoin en fonds de roulement (BFR).
5) Établissement du plan de financement définitif.

• Le plan de financement initial

Il consiste à déterminer le montant et l'origine des ressources ou capitaux qui seront nécessaires pour couvrir les besoins de financement à moyen terme constitués par les investissements et le besoin en fonds de roulement (BFR).
Les montants indiqués dans le plan de financement sont des montants HT.
Pour démarrer votre activité, vous avez besoin d'acheter un fonds de commerce, de réaliser des travaux, d'acheter votre premier stock. En face de ces besoins, vous apportez vos propres ressources, c'est-à-dire de l'argent (capital, compte courant d'associés…).
Très souvent ces ressources propres ne suffisent pas et vous devez emprunter. Le montant de l'emprunt correspond au montant total de vos besoins – vos propres

ressources. En cas de rachat d'un fonds de commerce, les banques vous demanderont un apport personnel minimum de 20 % de la valeur du prix d'acquisition. Le montant de l'emprunt vous permettra de calculer votre annuité de remboursement mensuelle qui sera intégrée dans le prévisionnel de trésorerie.
Dans l'étape du plan de financement initial, vous remplirez la colonne « initial » du modèle ci-dessous.

MODÈLE DE PLAN DE FINANCEMENT INITIAL ET 3 EXERCICES				
Montants en euros et HT	**Initial**	**1re année**	**2e année**	**3e année**
BESOINS (durables)				
Frais d'établissement				
Frais d'enregistrement				
Honoraires				
Dépôt de marque INPI				
Publicité au démarrage…				
Droit d'entrée franchise				
Immobilisations incorporelles				
Brevet, licences				
Création site Internet				
Logiciel				
Fonds de commerce ou droit au bail				
Immobilisations corporelles				
Aménagements, travaux, installation…				
Matériel (machines…)				
Matériel informatique				
Véhicules				
Outillages				
Mobilier				
Immobilisations financières				
Dépôt de garantie				

MODÈLE DE PLAN DE FINANCEMENT INITIAL ET 3 EXERCICES				
Montants en euros et HT	**Initial**	**1re année**	**2e année**	**3e année**
Garanties professionnelles (ex. : agent immobilier, transporteur)				
Besoin en fonds de roulement (BFR)				
Constitution (constitution stock)				
Accroissement				
Trésorerie ou fonds de caisse				
Remboursement d'emprunts à moyen ou long terme				
TOTAL DES BESOINS	0	0	0	0
RESSOURCES (durables)				
Capitaux propres				
Capital apport personnel				
Comptes courants				
Autofinancement net (capacité d'autofinancement)				
Aides et subventions				
Capitaux empruntés (emprunts à moyen et long terme)				
Banque				
Prêt d'honneur				
TOTAL DES RESSOURCES	0	0	0	0
ÉCART (total ressources - total besoins)	0	0	0	0

En construisant ce plan de financement initial, vous avez identifié les investissements nécessaires au démarrage de votre activité. Vous devez donc construire le tableau des investissements qui indiquera pour chaque investissement sa valeur d'achat HT, sa durée d'amortissement et le montant annuel d'amortissement sur 3 ans. La somme des amortissements devra se retrouver sur la ligne dotation aux amortissements du compte de résultat (cf. tableau compte de résultat ligne 5 « Dotations aux amortissements, provisions et autres charges »).

Le prévisionnel de trésorerie

Les montants indiqués dans le plan prévisionnel de trésorerie sont des montants TTC.

Le prévisionnel de trésorerie est composé d'un prévisionnel des encaissements et d'un prévisionnel de décaissements. Il est mensuel et il porte sur les 2 années à venir. Il représente ce qui se passera sur votre compte bancaire d'entreprise. C'est un élément très concret de votre activité. C'est une étape cruciale de votre business plan.

Le prévisionnel des encaissements

Il regroupe les recettes TTC.

Il est composé des entrées de trésorerie, c'est-à-dire des encaissements :

- prévisionnel des ventes (recettes prévisionnelles TTC) ;
- en cas de reprise, actif circulant initial (encaissement des créances existantes) ;
- apport des associés ;
- déblocage d'un emprunt.

Les encaissements doivent être inscrits à leurs dates de règlement effectif.

Les informations nécessaires à la mise en place du prévisionnel des encaissements sont :

- le prévisionnel des ventes ;
- la connaissance du mode et des délais de règlement des clients ;
- la connaissance des encaissements « exceptionnels » qui représentent des apports en compte courant (emprunt, cession d'actifs, subvention…).

Dans cette partie, le travail le plus difficile est la construction du prévisionnel des ventes. C'est pourquoi il est très important de faire de la prospection commerciale très en amont (avant même de vous immatriculer), afin de tester « en vrai » votre marché, le délai de réactivité de vos clients, et d'affiner votre offre.

L'idéal est d'obtenir des devis signés ou des lettres d'intention de vos futurs clients. Ceci permet aussi de rassurer votre banquier.

Cette recherche de clients en amont n'est pas toujours facile, notamment si vous ouvrez un commerce :

- si vous achetez un fonds de commerce, utilisez les informations financières du vendeur (sa liasse fiscale), et posez-lui toutes les questions nécessaires. Prévoyez toujours une baisse d'activité en 1re année de reprise, car ce phénomène est systématique ;
- si c'est une création pure, construisez votre prévisionnel de CA grâce à votre étude de marché de proximité. Par exemple, comptez le nombre de passants devant votre futur commerce, localisez votre cible et les actions que vous allez réaliser pour attirer les clients (si vous prévoyez des actions, n'oubliez pas de les intégrer dans vos coûts).

Votre prévisionnel de vente est mensuel : ne prévoyez pas un CA important dès l'ouverture, mais comptez plutôt sur une montée en puissance pendant les 6 premiers mois.

Si vous prévoyez des travaux pour aménager votre local, ne prévoyez pas de CA pendant cette période de travaux.
En un mot : soyez réaliste.
Ne confondez pas les ventes et les encaissements :
- les ventes sont HT et apparaissent dans le compte de résultat ;
- les encaissements sont TTC et correspondent au délai de règlement accordé à vos clients.

Le prévisionnel des décaissements

Il regroupe les dépenses TTC.
Les décaissements doivent être inscrits à leurs dates de règlement effectif.
Les informations nécessaires à la mise en place du prévisionnel des décaissements sont :
- le prévisionnel des charges ;
- le prévisionnel des investissements ;
- le calcul de la TVA (voir ci-dessous) ;
- en cas de reprise : le montant du passif du bilan initial (dettes) ;
- la connaissance des moyens et des délais de règlement des fournisseurs.
Ne confondez pas les achats et les décaissements :
- les achats sont HT et apparaissent dans le compte de résultat ;
- les décaissements sont TTC et correspondent aux délais de règlement consentis par vos fournisseurs.

La TVA et le prévisionnel de trésorerie

La TVA à payer est un élément important du prévisionnel des décaissements.
Rappel sur la TVA. Sur le mois M :
TVA à décaisser M, payable en M + 1 = TVA collectée sur ventes M - (TVA déductible sur achats des immobilisations M + TVA déductible sur achats des biens et services M).

MODÈLE DE PRÉVISIONNEL DE TRÉSORERIE					
ANNÉE 1					Exercice 1
TTC	1er mois	2e mois	...	12e mois	
1. SOLDE EN DÉBUT DE MOIS		0	0	0	
					0
2. ENCAISSEMENTS					
2A. d'exploitation					
chiffre d'affaires encaissé					0
					0
2B. hors exploitation					
apport en capital					0
apports en comptes courants d'associés					0
subvention					0
prêt d'honneur					0
emprunts à moyen et long terme					0
....					0
A. TOTAL ENCAISSEMENTS	0	0	0	0	0
3. DÉCAISSEMENTS					
3A. d'exploitation					
achat matières					0
paiement sous-traitance					0
loyer					0
charges					0
assurances					0
fournitures, eau, énergie...					0
autres charges externes (fournitures bureau/petits outillages)					0
entretien et réparations					0
fournitures d'entretien et réparations					0

MODÈLE DE PRÉVISIONNEL DE TRÉSORERIE					
ANNÉE 1					Exercice 1
TTC	1er mois	2e mois	…	12e mois	
transports					0
déplacements missions, déjeuners					0
frais postaux, téléphone					0
publicité et catalogue					0
site (hébergement, mise à jour)					0
frais salons					0
rémunération dirigeant					0
salaires bruts					0
charges sociales (cotisations)					0
impôts, taxes et versements assimilés					0
impôts sur les bénéfices					0
TVA versée					0
charges financières					0
honoraires comptables + avocats					0
3B. hors exploitation					
immatriculation					0
création site Internet					0
immobilisation corporelle (investissements)					0
achat fonds commerce					0
dépôt de garantie					0
....					0
remboursement d'emprunts (intérêts + capitaux)					0
B. TOTAL DÉCAISSEMENTS	0	0	0	0	0
4. SOLDE DU MOIS = A - B	0	0	0	0	0
5. SOLDE DE FIN DE MOIS = 1 + 4	0	0	0	0	0

Ce prévisionnel est à réaliser sur 2 années.
Vous pouvez adapter/modifier les différentes lignes en fonction de votre activité. Par exemple, si vous avez 2 catégories de sous-traitance (pour la fabrication et pour le montage), vous pouvez faire apparaître les 2 lignes dans votre prévisionnel de trésorerie à la place de l'unique ligne du modèle. Ce qui compte, c'est que ces différents intitulés de lignes aient un sens pour vous.
Le mois 1 correspond au mois de l'immatriculation de l'entreprise. Dans le mois 1, nous retrouverons les éléments de plan de financement initial : dépôt du capital, frais d'enregistrement, etc.

Le solde à la fin de période

Dans un business plan, il est préférable que le solde soit positif : encaissements > décaissements. Ainsi, l'entreprise n'a pas de problème de financement à court terme. Sinon, il faut revoir le prévisionnel, et modifier le projet : le but d'un business plan, c'est aussi de mesurer la viabilité d'un projet.
C'est souvent pour cette raison que vous craignez de réaliser votre business plan, car vous serez confronté à la réalité économique de votre activité et vous aurez la réponse à la question essentielle : pourrai-je vivre de ma création d'entreprise ?
Si les premiers éléments chiffrés de votre business plan indiquent que votre projet n'est pas rentable, tout n'est pas joué, et vous pouvez encore faire preuve de créativité.
En effet, dans ce cas, vous aurez plusieurs solutions :
- compléter votre activité avec une nouvelle activité complémentaire et rentable. Par exemple : une créatrice de collections de prêt-à-porter féminin a réussi à rendre son activité rentable en vendant des dessins de modèles à des grandes marques ;
- augmenter vos prix de vente. N'oubliez pas de vous assurer que vous êtes toujours dans le marché. Si ce n'est plus le cas, proposez un service/produit complémentaire qui ne vous coûte rien, mais qui vous permet d'augmenter votre prix de vente ;
- négocier vos prix à la baisse avec vos fournisseurs, et/ou cherchez de nouveaux fournisseurs, et/ou changez de fournisseurs ;
- modifier la composition de vos produits pour baisser vos coûts de revient : en gardant le même prix de vente, vous augmenterez votre marge.

Le compte de résultat

Les montants indiqués dans le compte de résultat sont des montants HT.
Le compte de résultat est composé d'un prévisionnel de produits (le CA) et d'un prévisionnel de charges (les dépenses). Il est annuel et il porte sur les 3 années à venir.
Le compte de résultat permet de définir le bénéfice ou la perte constatée pendant une période.
Il est subdivisé en charges et produits et en 3 grandes catégories :
- les charges et produits d'exploitation, engendrés par l'exploitation de l'activité ou de l'objet social de l'entreprise ;
- les charges et produits financiers liés aux flux financiers purs ;
- les charges et produits exceptionnels, en général ils ne sont pas intégrés dans le business plan.

Les charges du compte de résultat

Les charges représentent les emplois définitifs d'un bien ou d'un service. Elles se décomposent aussi en 3 grandes catégories : les charges d'exploitation, les charges financières et les charges exceptionnelles.

Les charges d'exploitation

Elles regroupent les dépenses relatives aux biens et services (autres que les immobilisations) en provenance des tiers :
- les achats de matières, marchandises et fournitures, et services extérieurs (achat de matières premières, sous-traitants, expert-comptable, etc.) ;
- les impôts, taxes et versements assimilés (CET) ;
- les charges de personnel (salaires et charges sociales) ;
- les dotations aux amortissements et les provisions liées à l'exploitation : c'est un étalement de la charge des investissements (définis dans les besoins du plan de financement initial).

Chaque investissement a une durée de vie définie par le plan comptable général. En trésorerie, lorsque l'on achète une machine, on la paie tout de suite au fournisseur (en TTC dans les décaissements du prévisionnel de trésorerie). En revanche, sa charge HT est étalée sur plusieurs années (sa durée de vie) dans le compte de résultat : c'est la dotation aux amortissements.

Voici quelques exemples de durée :
- 5 ans pour : frais d'établissement, brevets, licences, véhicules ;
- 10 ans pour : travaux, aménagements, mobilier.

Par exemple :
Coût de l'aménagement du local = 10 000 € HT.
Dans le prévisionnel de trésorerie, mois 1 : décaissements hors exploitation : 12 000 € TTC (10 000 € HT + 2 000 € TVA).
Dans le compte de résultat, dotation aux amortissements : 10 000/10 = 1 000 € par an pendant 10 ans.

Les charges financières

Ce sont par exemple les charges d'intérêts d'emprunt, découverts.
On intégrera ici les remboursements des intérêts d'emprunt.

Les charges exceptionnelles

Ce sont par exemple les pénalités et amendes. En général, on ne les intègre pas dans un business plan.

Les produits du compte de résultat

Les produits représentent les ressources produites par l'activité de l'entreprise. Elles se décomposent en 3 grandes catégories : les produits d'exploitation, les produits financiers et les produits exceptionnels.

Les produits d'exploitation ou le CA

Ils dépendent de votre activité et peuvent être :
- les ventes de produits fabriqués ;
- les prestations de service ;
- les ventes de marchandises.

Les produits financiers

Ce sont par exemple les escomptes de règlement obtenus des fournisseurs, les placements des excédents de trésorerie.

Les produits exceptionnels

Ce sont par exemple les pénalités perçues, le prix de cession des immobilisations. En général, on ne les intègre pas dans un business plan.

Principe du compte de résultat

Total des produits = total des charges.

Cet équilibre est réalisé grâce au résultat de l'exercice.

Résultat comptable = produits - charges.

Ce résultat peut être :

- une perte si total des produits < total des charges ;
- un bénéfice si total des produits > total des charges.

Rappel sur les soldes intermédiaires de gestion

C'est un reclassement des charges et produits du compte de résultat, autrement dit, c'est une présentation différente du compte de résultat.

Marge commerciale ou marge brute = ventes de marchandises - coûts d'achat des marchandises vendues.

Cette notion est extrêmement importante et c'est le premier indicateur sur lequel vous devez travailler : c'est l'élément clé qui définira la viabilité de votre projet.

Le taux de marge commerciale = marge commerciale/CA HT.

N'oubliez pas de vous renseigner sur le taux de marge de votre secteur d'activité et d'analyser comment vous vous positionnez en termes de marge sur ce secteur. Le banquier se montrera très intéressé par cette analyse. Si vous ne la faites pas vous-même, il s'en chargera, alors autant prendre les devants.

Valeur ajoutée (VA) = marge commerciale - consommation en provenance de tiers.

La consommation en provenance de tiers regroupe les services extérieurs, la sous-traitance de fabrication, les charges de personnel extérieur. Elle évalue la dimension économique de l'entreprise : elle détermine la richesse créée et constituée par le travail du personnel et de l'entreprise.

Excédent brut d'exploitation (EBE) = VA +/- impôts et taxes - charges de personnel. C'est la part de la VA qui revient à l'entreprise et aux apporteurs de capitaux (associés et prêteurs). C'est un indicateur de la performance industrielle et commerciale ou de la rentabilité économique de l'entreprise.

L'EBE permet de financer les investissements et de rémunérer les prêteurs de capitaux. Un EBE < 0 traduit une grande difficulté de l'entreprise et remet en cause son avenir : on parle d'insuffisance brute d'exploitation. Ce ratio intéressera aussi beaucoup le banquier.

Résultat d'exploitation = EBE + autres produits - dotation aux amortissements - autres charges. Il doit permettre de couvrir les frais financiers liés à l'exploitation.

Résultat courant avant impôts = résultat d'exploitation + résultat financier (produits financiers - charges financières).

Résultat exceptionnel = produits exceptionnels - charges exceptionnelles.

Résultat net de l'exercice = résultat courant avant impôts + résultat exceptionnel - participation des salariés - impôts sur les sociétés.
Capacité d'autofinancement = résultat de l'exercice + dotation aux amortissements.

MODÈLE DU COMPTE DE RÉSULTAT HT (AVEC SOLDES INTERMÉDIAIRES DE GESTION)			
	1re année	2e année	3e année
Ventes de marchandises, services (CA)			
Production vendue			
Production stockée			
Subventions d'exploitation			
A - PRODUITS D'EXPLOITATION	0	0	0
Achats (matières premières, fournitures diverses)			
Variation de stocks			
Charges externes			
Sous-traitance			
Loyer			
Charges			
Entretien et réparations (locaux matériels)			
Fournitures d'entretien			
Fournitures non stockées (eau, électricité)			
Assurance (local, véhicule d'exploitation)			
Frais de formation			
Documentation			
Honoraires (avocat, création site)			
Publicité et salons et site Internet (hébergement, mise à jour)			
Transports			

MODÈLE DU COMPTE DE RÉSULTAT HT (AVEC SOLDES INTERMÉDIAIRES DE GESTION)			
	1re année	**2e année**	**3e année**
Crédit-bail (*leasing*)			
Déplacements missions			
Frais postaux, téléphone, Internet			
1 - Sous-total	0	0	0
B - VALEUR AJOUTÉE = A - 1	0	0	0
2 - Salaires bruts et rémunération du dirigeant			
3 - Charges sociales			
4 - Impôts et taxes			
C - EXCÉDENT BRUT D'EXPLOITATION = B - (2 + 3 + 4)	0	0	0
5 - Dotations aux amortissements, provisions et autres charges			
D - RÉSULTAT D'EXPLOITATION = C - 5	0	0	0
6 - Produits financiers			
7 - Intérêts sur emprunts à moyen et long terme			
8 - Agios sur dettes à court terme			
E - RÉSULTAT NET AVANT IMPÔT = D + 6 - (7 + 8)	0	0	0
9 - Impôt sur les bénéfices	0	0	0
10 - Dividendes			
F1 - RÉSULTAT NON DISTRIBUÉ = E - (9 + 10)	0	0	0
F2 - AUTOFINANCEMENT NET = F1 + 5	0	0	0

On remarque que la majorité des lignes du compte de résultat sont identiques à celle du prévisionnel de trésorerie. Nous pourrons donc transformer le montant TTC annuel du prévisionnel de trésorerie en montant HT annuel du compte de résultat.

Par exemple, si le taux de TVA est fixé à 20 %, les achats de matières année 1 du compte de résultat = total achat matières exercice 1 du prévisionnel de trésorerie/1,2 (pour transformation en HT).

À NOTER

Compte de résultat ou prévisionnel de trésorerie ? Le compte de résultat et le prévisionnel de trésorerie sont différents car :
- dans le compte de résultat on ne retrouve pas le hors exploitation du prévisionnel de trésorerie ;
- le compte de résultat est HT et le prévisionnel de trésorerie est TTC.

Le seuil de rentabilité

Le seuil de rentabilité ou point mort est le CA que doit réaliser l'entreprise pour générer un résultat nul. C'est le seuil à partir duquel l'entreprise commence à générer un bénéfice.
Il est calculé en utilisant les éléments du compte de résultat. Cette notion est importante, et elle intéressera votre banquier.
Exemple de calcul de seuil de rentabilité :
CA = Vente = 100 K€.
Coûts variables : matières premières = 50 K€.
Frais de transport = 10 K€.
Donc :
Marge sur coût variable = 40 K€ (100 - 50 - 10).
Taux de marge sur coût variable = 40 %.
Charges fixes : loyer du local = 10 K€.
Donc :
Résultat = 30 K€.
Taux de marge sur coût variable = marge sur coût variable/CA = 40/100 = 40 %.
Seuil de rentabilité = charges fixes/taux de marge coût variable = 10/40 % = 25 K€.
Vérification : si CA = 25 K€, marge sur coût variable = 40 % de 25 = 10 K€.
Résultat = 10 - charges fixes (10) = 0 K€.

Le besoin en fonds de roulement (BFR)

Le BFR est la différence entre les besoins finançant le stock et le crédit clients, et la ressource provenant du crédit fournisseur.

ACTIF	PASSIF
Stocks	**Dettes d'exploitation** (dettes fournisseurs, fiscales et sociales)
Créances d'exploitation (créances clients) + Autres créances	BFR

MODÈLE DU BFR			
Hypothèses	**1re année**	**2e année**	**3e année**
Délai moyen de règlement des clients en nombre de jours [1]			
Stock de matières premières en nombre de jours d'achat [2]			
Stock de produits en cours de fabrication en nombre de jours d'achats et sous-traitance [3]			
Stock produits finis en nombre de jours de chiffre d'affaires [4]			
Achats consommés et sous-traitance [5]			
Délai moyen de paiement des fournisseurs et sous-traitants en nombre de jours [6]			

Calculs	Initial	Exercice 1	Exercice 2	Exercice 3
BFR = (Crédit clients + Stocks) - (Crédits fournisseurs)				
Crédit clients (sommes dues par les clients)	0	0	0	0
Créances clients (Chiffre d'affaires TTC/365 jours * [1])				
Stocks	0	0	0	0
Stock de matières premières [2]				
Stocks de produits en cours de fabrication [3]				
Stocks de produits finis [4]				
Crédits fournisseurs (sommes dues aux fournisseurs)	0	0	0	0
Dettes fournisseurs ([5]/365 jours * [6])				
Besoin en fonds de roulement	0	0	0	0

Pour cette notion, vous pouvez utiliser votre connaissance de votre secteur d'activité pour valider votre BFR.

À NOTER
Dans le cas d'une activité de prestation de services, vous n'aurez certainement pas de stocks. Vous devrez donc remplacer cette notion par le montant des charges courantes que vous aurez à payer avant de pouvoir facturer vos prestations. Pour cela, vous devrez évaluer le coût d'une journée de travail et estimer le nombre de jours en moyenne que vous aurez à travailler avant de pouvoir présenter votre facture à votre client.

Cas pratique
Le BFR initial d'un restaurant est la constitution de son stock de boissons et de matières premières rentrant dans la constitution des plats.
Pour le BFR annuel, posez-vous la question du besoin de trésorerie afin d'exploiter le restaurant.
Les clients consomment et paient tout de suite. En revanche, vous avez négocié avec vos fournisseurs un délai de règlement de 45 jours. Donc le client vous paie tout de suite un produit que vous paierez au bout de 45 jours à vos fournisseurs.
Il n'y a donc pas de besoin de fonds de roulement : le BFR sera < 0.
Intuitivement, vous avez une notion de votre BFR qui vous permettra d'avoir du recul face à vos chiffres.

Le plan de financement à 3 ans

Nous reprenons le modèle du plan de financement initial (voir *Modèle de plan de financement initial et 3 exercices*, p. 118) et nous remplirons les années 1 à 3 par simple extraction des tableaux précédemment réalisés.

Pour les années 1, 2 et 3, nous intégrerons les éléments suivants :
- pour les besoins :
• remboursement d'emprunt : uniquement la part en capital du remboursement de l'emprunt,
• accroissement du BFR par extraction du tableau BFR,
• éventuellement : nouveaux investissements,
- pour les ressources :
• la CAF (capacité d'autofinancement) par extraction du tableau « compte de résultat » (voir p. 127),
• éventuellement : nouvel apport en compte courant d'associés, augmentation de capital, nouvel emprunt.

Une fois les différents éléments financiers construits, vous devez vérifier la cohérence de l'ensemble et faire d'éventuels ajustements.

À NOTER
Vous pouvez choisir de construire votre business plan en utilisant un logiciel (EBP, Ciel, etc.). Dans ce cas, contactez un revendeur qui pourra vous faire une démonstration de l'outil et n'oubliez pas de vérifier avec lui que celui-ci respecte bien vos contraintes (PC ou Mac, reprise d'une liasse, etc.).

Votre accompagnement pour construire votre business plan

La mise en place des informations financières doit être adaptée au projet. N'oubliez pas que chaque business plan est différent.

› Les différentes aides pour la construction de votre business plan

De nombreux organismes existent : rencontrez ceux qui vous semblent correspondre à votre besoin.

Pour chaque organisme rencontré, cherchez à obtenir les informations suivantes :

- de quels éléments le business plan est-il composé ? C'est un premier critère de sélection. En effet, il arrive que certains organismes ne vous proposent de réaliser que le plan de financement initial et le compte de résultat. C'est totalement insuffisant. Vous devez avoir l'ensemble des documents financiers : plan de financement initial, plan de financement à 3 ans, compte de résultat à 3 ans, prévisionnel de trésorerie sur 2 ans et BFR sur 3 ans ;
- quel est le délai de réalisation ?
- quel est le coût ?
- en cas de modification du business plan, quels seraient le coût supplémentaire et le délai de modification ?
- est-ce que les fichiers de votre business plan vous seront transmis ?

Vous trouverez ci-dessous une liste d'organismes, personnes, logiciels qui peuvent vous accompagner dans la construction de votre business plan.

Cette liste n'est pas exhaustive.

MON CONSEIL

Se faire aider Vous n'êtes pas forcément un financier, et vous pouvez vous faire aider dans la construction de votre business plan par certains organismes. En revanche, soyez présent lors de la construction de votre business plan, car vous devez vous en approprier toutes les informations financières pour pouvoir le défendre face à des banquiers, des investisseurs, etc.

Autrement dit, vous devez être partie prenante dans la construction de votre business plan.

• Les boutiques de gestion

Le site : www.bge.asso.fr

Les boutiques de gestion composent un réseau national d'accompagnement (430 implantations). Elles proposent un accompagnement du porteur de projet (définition du projet, business plan, aide au financement) et du développement de l'entreprise une fois créée.

Le réseau des boutiques de gestion a changé de nom. Il se nomme dorénavant BGE : ensemBle pour aGir et Entreprendre.

- Comment ça marche ? Téléphonez à la boutique de gestion de votre choix afin de prendre un rendez-vous avec un conseiller qui pourra vous accompagner.
- Combien ça coûte ?
• si vous êtes salarié : 75 €/heure, avec possibilité de prise en charge par le Fongecif qui organise des réunions d'information où vous devez vous inscrire (l'inscription se fait souvent auprès de la boutique de gestion),
• si vous êtes chômeur, la prise en charge est faite par votre Pôle emploi à votre demande.
- Délai de réalisation : de 2 à 3 semaines.

La chambre de commerce et d'industrie (CCI)

Vous pouvez aussi vous faire accompagner pour la réalisation de votre business plan par la CCI ou suivre une formation.
- Comment ça marche ? Téléphonez à la CCI de votre région. Un conseiller pourra vous recevoir afin de vous accompagner dans la réalisation de votre business plan.
- Combien ça coûte ? À partir de 30 €.
- Délai de réalisation : il dépend de la maturité de votre projet et de la disponibilité du conseiller.
Pour tout renseignement, vous pouvez consulter leur site Internet : www.cci.fr.

Un expert-comptable

Rencontrez plusieurs experts-comptables pour faire votre choix. Demandez à votre entourage s'ils connaissent des experts-comptables afin de rencontrer des personnes qui seraient susceptibles de vous convenir.
Lors de votre premier rendez-vous, présentez à l'expert-comptable votre projet et les différents éléments financiers, chiffrés que vous avez collectés. Demandez-lui son tarif et ses délais pour réaliser votre business plan.
Cette réalisation du business plan vous permet de sélectionner aussi votre futur expert-comptable. C'est un très bon test pour voir comment l'expert-comptable « fonctionne » et si cela vous convient.
Il arrive que l'expert-comptable vous propose de réaliser votre business plan gratuitement si vous travaillez avec lui par la suite.

Les logiciels

Il existe des logiciels pour réaliser votre business plan : certains sont gratuits et d'autres payants.
Si vous choisissez cette solution, cela signifie que c'est vous-même qui réaliserez votre business plan.
Demandez une démonstration de l'utilisation du logiciel, cela vous permettra de gagner du temps (vous pouvez obtenir cette démonstration sur les salons professionnels comme le salon de la micro-entreprise, le salon des entrepreneurs, etc.).
Exemple de logiciel : EBP.

› À quel moment et avec quoi les contacter ?

Au moment où vous avez besoin de votre business plan, tout s'accélère. En effet, vous avez, par exemple, trouvé votre local, vous allez signer, et vous avez donc besoin de votre financement. Le mot-clé est une fois de plus : « anticipation ».

L'idéal est de contacter les différentes structures le plus en amont possible afin d'avoir le temps de choisir celle qui vous accompagnera.

Le mieux est de commencer à les contacter lorsque vous avez un projet bien défini et que vous avez bien avancé sur votre travail opérationnel (recherche de clients, de fournisseurs, de partenariats, etc.).

Vous pourrez ainsi, lors du premier rendez-vous, venir avec des éléments concrets concernant :

- votre activité ;
- votre offre (votre plaquette, votre catalogue, les premiers devis émis) ;
- vos prix de vente (votre catalogue, votre tarification, etc.).

À cette occasion, préparez aussi votre prévisionnel mensuel de vente (voir *Le prévisionnel de trésorerie,* p. 120) :

- vos prix de revient ou le coût des ventes (les devis obtenus) ;
- vos fournisseurs (les devis obtenus).

Les financements et les aides

Une fois votre business plan réalisé, vous pouvez avoir besoin d'un financement. Dans ce cas, vous allez présenter votre business plan à différents organismes de financement et à des banques. Les banques vous demanderont des garanties que vous pouvez obtenir auprès d'organismes comme Bpifrance, IFCIC, etc.

Les financements et les garanties

Dans le plan de financement initial, vous avez identifié des besoins : les investissements (corporels, incorporels et financiers), le stock initial, le fond de caisse. Vous les financerez par vos ressources propres : capital, comptes courants d'associés, emprunts bancaires, prêts d'honneur.

Par simplification :

- les emprunts bancaires financeront en moyenne 70 % des investissements ;
- les prêts d'honneur financeront une partie de votre BFR ;
- le reste sera financé par vos apports (capital et comptes courants d'associés).

Vos ressources détermineront votre capacité d'emprunt auprès d'une banque.

Vos apports peuvent aussi être « boostés » par des associés qui investissent dans le capital de votre entreprise dans un but de réduction d'impôt. Vous pouvez dans ce cadre contacter certains de vos proches, et cela peut faire la différence. En effet, des personnes peuvent entrer dans le capital de votre société en bénéficiant de mesures fiscales avantageuses : réduction d'IR ou d'ISF (mais pour cela, cette personne devra garder les parts sociales au moins 5 ans) :

- réduction d'IR : 18 % des sommes investies à compter du 1er janvier 2012 pour un montant annuel de 20 000 € pour une personne seule et 40 000 € pour un couple marié ou pacsé.

Ce plafond annuel est majoré à 50 000 € pour une personne seule et 100 000 € pour un couple marié ou pacsé si la société a moins de 5 ans, emploie moins de 50 salariés et réalise un chiffre d'affaires annuel ou un total de bilan inférieur à 10 millions d'euros au cours de l'exercice ;

- réduction d'ISF : 50 % des sommes investies au capital, pour un montant d'investissement maximum de 45 000 € par an.

› Les banques

Les banques ont un double rôle dans votre création d'entreprise :

- vous ouvrir un compte bancaire ;
- vous accorder un emprunt si nécessaire.

Prenez contact avec votre banque (à titre personnel) et allez voir d'autres banques (faites marcher la concurrence). Informez les différents banquiers que vous rencontrez que vous allez aussi voir d'autres banques.

Les banquiers sont plutôt frileux, et ils chercheront des garanties. Évitez de donner des garanties personnelles.

MON CONSEIL

L'apport personnel L'idéal est que votre apport représente de 20 à 30 % de votre besoin. Le total annuel des remboursements en capital des emprunts ne doit pas dépasser la moitié de la capacité d'autofinancement pour les 3 ans de votre business plan.

À NOTER

La médiation de crédit Depuis avril 2009, la médiation du crédit s'ouvre aux créateurs et repreneurs par l'intermédiaire d'un tiers de confiance de la médiation. Vous pouvez solliciter gratuitement des interlocuteurs experts qui vous apporteront des conseils et de l'aide dans votre démarche de recherche de crédit. Vous les trouverez sur le site www.economie.gouv.fr/mediateurducredit et vous pouvez les contacter au numéro suivant : 0 810 00 12 10.

› Les prêts d'honneur

Ces prêts sont attribués au dirigeant de l'entreprise à titre personnel et ils pourront être portés en capital ou en compte courant d'associé. Ils permettent de consolider vos propres capitaux et de financer le BFR et l'immatériel.

Ces prêts viennent donc en complément de vos ressources propres ou fonds propres.

- **Comment ça marche ?** L'argent vous est prêté personnellement : vous l'apportez à votre entreprise et cela renforce les fonds propres. Vous remboursez chaque mois l'emprunt et votre entreprise vous fait un virement mensuel du montant de ce remboursement : cette opération est totalement neutre pour vous.
- **Pourquoi parle-t-on de prêt « d'honneur » ?** Par nature, le prêt d'honneur implique qu'en cas d'échec de l'entreprise, il n'y aura pas d'action contentieuse engagée. Ce prêt est dit « d'honneur » c'est-à-dire que ce sera au dirigeant de définir, par honneur, ce qu'il peut rembourser et quand.
- **Qui accorde ces prêts ?** Le réseau Entreprendre ou Paris initiatives entreprises, *via* votre banque ou l'organisme qui vous accompagne dans votre projet de création d'entreprise pourront vous accorder ces prêts.

À NOTER

Ces prêts d'honneur facilitent et optimisent le prêt bancaire. En effet, ils sont souvent considérés comme un label de qualité.

Pour plus de renseignements, vous pouvez contacter les organismes suivants.

Paris initiatives entreprises

Le site : www.pie.paris
Pour qui : tous les porteurs de projet.
Montant du prêt : 4 000 à 30 000 €, sans caution personnelle ni garantie.
Durée : 2 à 5 ans.
Taux : 0 %.
Remboursement : à partir du 3e ou 6e mois.
Garantie sur prêt bancaire : 65 % de l'emprunt bancaire dans la limite de 45 000 €.
Conditions :
- implantation à Paris ;
- le dirigeant doit posséder le contrôle de l'entreprise ;
- le prêt doit accompagner un prêt bancaire ;
- le montant du prêt bancaire doit être au moins égal à 50 % des ressources du plan de financement (sauf pour le rachat d'un fonds de commerce).

Réseau Entreprendre

Le site : www.reseau-entreprendre.org
Pour qui : tous les porteurs de projet qui ont un projet de création d'entreprise qui générera de l'emploi (future PME).
Montant du prêt : 15 000 à 50 000 €, sans garantie et sans caution.
Durée : 5 ans.
Taux : 0 %.
Remboursement : différé possible jusqu'au 18e mois.
Conditions :
- implantation sur toute la France ;
- le dirigeant doit posséder le contrôle de l'entreprise ;
- création de 10 à 25 emplois en 5 ans ;
- le prêt doit accompagner un prêt bancaire ;
- le besoin total en financement pour la première année doit s'élever à 80 000 €.

Le prêt d'honneur du dispositif NACRE

Le site : www.travail-emploi.gouv.fr/grands-dossiers/nacre
Montant du prêt : 1 000 à 8 000 € sans garantie.
Durée : 1 à 5 ans.
Taux : 0 %.
Remboursement : pas de différé.
Garantie sur prêt bancaire : 50 % de l'emprunt bancaire.
Conditions : accompagner un prêt bancaire.
Voir *Le dispositif NACRE (Nouvel accompagnement pour la création et la reprise d'entreprise)*, p. 102.

L'association pour le droit à l'initiative économique (ADIE)

Le site : www.adie.org
Montant du prêt : 3 000 €
Durée : 5 ans
Taux : 0 %
Conditions :
- être demandeurs d'emploi non indemnisés et/ou allocataires d'un minimum social ;
- avoir un besoin de financement inférieur à 10 000 €.

Autres organismes mettant en place des prêts d'honneur

- Initiative France : www.initiative-france.fr ;
- France Active : www.franceactive.org

MON CONSEIL
Ces prêts d'honneur sont très avantageux et intéressants : n'hésitez pas à en profiter !

› Le crowdfunding

Le *crowdfunding* est un financement participatif qui utilise une plateforme Internet pour mettre en relation des projets de création d'entreprise et des personnes qui souhaitent investir dans des projets de création d'entreprise : « les épargnants ».
Trois sortes de financement sont possibles :
- un don. Dans ce cas, la rémunération de « l'épargnant » n'est pas financière mais peut se faire sous la forme d'un cadeau (place de spectacle, par exemple) ;
- une participation aux fonds propres de l'entreprise. Dans ce cas, la rémunération de « l'épargnant » se fait par les dividendes ou par la plus-value réalisée lors de la cession des titres ;
- un prêt sans intérêt aussi appelé prêt solidaire ;
- un prêt avec intérêt comme le propose la plateforme Lendopolis (financement participatif des particuliers pour les TPE/PME).
Les plateformes prennent une commission sur le montant des sommes récoltées entre 5 et 12 %. Chaque plateforme a sa propre thématique et concerne une certaine typologie de projet. Par exemple, des projets culturels, environnementaux, innovants, etc.
Quelques exemples de plateformes : KisskissBankBank, My Major Company, Blue Bees, Ulule, Babyloan, Hello Merci, etc.
Le gouvernement a créé une réglementation concernant le *crowdfunding* : l'ordonnance n° 2014-559 du 30 mai 2014, *Journal officiel* du 31 mai 2014. Cette réglementation assouplit les offres de titres financiers et donne plus de rigueur sur les prêts sans intérêts.

À NOTER
Le 29 mars 2016, pendant les 3e Assises de la Finance participative, Emmanuel Macron a annoncé qu'à partir d'octobre 2016, les entreprises pourront utiliser les plateformes de financement participatif pour prêter leur trésorerie à d'autres entreprises.

De plus, elle donne le statut de « conseiller en investissements participatifs » pour les plateformes qui proposent des titres financiers et le statut d'« intermédiaire en financement participatif » pour les plateformes qui proposent des prêts.
Nous vous conseillons de suivre les décrets d'application à venir.

À NOTER
Les sites www.alloprod.com/annuaire et www.goodmorningcrowdfunding.com donnent de nombreuses informations sur le *crowdfunding* et mettent en ligne un annuaire des différents sites de *crowdfunding* par catégorie.

› Les concours à la création d'entreprise

Ces concours permettent aux lauréats de décrocher quelques milliers d'euros supplémentaires.
Deux points négatifs à ces concours :
- la plupart concernent des entreprises déjà existantes ;
- la construction du dossier est longue et fastidieuse.
En voici quelques exemples.

• Concours Talents

Par qui ? BGE. Tél. : 01 53 34 12 90.
Le site : www.concours-talents.com
Pour qui ? Tous les porteurs de projets ayant créé leur activité un an avant la date d'inscription au concours et étant soutenus par une boutique de gestion ou une autre structure d'appui à la création d'entreprise.
Montant du concours : de 1 000 à 8 000 €.

• Talents des cités

Par qui ? BGE et la Caisse des dépôts. Tél. : 01 43 20 54 87.
Le site : www.talentsdescites.com
Pour qui ? Les porteurs de projet ou les créateurs ayant un projet de création ou ayant créé depuis moins de 3 ans une entreprise ou association dans un quartier prioritaire de la ville et accompagnés par un organisme d'aide à la création d'entreprise.
Montant du concours : de 1 000 à 12 000 €.

• Concours Cré'Acc

Par qui ? Les conseils régionaux et l'ordre des experts-comptables.
Le site : www.concours-creacc.fr

Pour qui ? Les créateurs se trouvant dans la phase précédant l'immatriculation du projet, ou les entreprises de moins de 6 mois.
Montant du concours : prestations de services des partenaires et prestations de conseil d'un expert-comptable.

Concours national d'aide à la création d'entreprises innovantes : i-LAB

Par qui ? Le ministère délégué à la Recherche. Tél. : 01 55 55 90 90.
Le site : www.enseignementsup-recherche.gouv.fr
Pour qui ? Les porteurs de projets de technologies innovantes.
Montant du concours : les projets « en émergence » peuvent bénéficier d'une subvention d'un montant allant jusqu'à 45 000 € pour financer les prestations nécessaires à la maturation de leur projet.
Les projets « création-développement » peuvent bénéficier d'une subvention d'un montant allant jusqu'à 450 000 €, destinée à les aider à financer une partie de leur programme d'innovation.

Concours national de la création d'entreprises agroalimentaires innovantes

Par qui ? Agropole. Tél. : 05 53 77 20 00.
Le site : www.agropole.com
Pour qui ? Les créateurs d'entreprises agroalimentaires innovantes.
Montant du concours : une enveloppe d'environ 60 000 € à répartir entre trois gagnants sous forme d'accompagnement et de chèques.

Tremplin Entreprises

Par qui ? Présidence du Sénat et de l'ESSEC. Tél. : 01 34 43 31 25.
Le site : www.tremplin-entreprises.senat.fr
Pour qui ? Les porteurs d'un projet innovant (logiciels, matériaux composants et systèmes, Internet et services, sciences de la vie) en phase de lancement ou de développement.
Montant du concours : 10 000 € par prix et rencontres avec les investisseurs susceptibles de financer l'entreprise.

› La prime régionale à la création d'entreprise (PRCE)

La PRCE est une subvention versée dans certaines régions pour financer les créations d'entreprises au niveau régional.
La PRCE est versée dans le cas d'une création d'entreprise après présentation des papiers attestant de cette création. Cette subvention est variable selon les régions, qui en définissent le montant.

- Quelles sont les conditions pour bénéficier de cette aide ?

Informez-vous auprès de votre conseil régional pour connaître les conditions de l'octroi de cette aide.

- Quand demander cette aide ? Avant la création effective de l'entreprise.

• À qui demander cette aide ? Au conseil régional.

› Le microcrédit

L'ADIE (Association pour le droit à l'initiative économique) concerne les porteurs de projet qui n'ont pas accès au crédit bancaire.
Le site : www.adie.org
Montant du prêt : jusqu'à 10 000 € avec financements complémentaires (prêt d'honneur).
Caution : une personne dans l'entourage du porteur se porte caution du prêt à hauteur de 50 % du montant de celui-ci.
Durée : 2 ans.
Taux : identique à celui des banques.
Remboursement : à définir avec l'ADIE.

› Les Business Angels

Certaines activités nécessitent une mobilisation de fonds très importante, et dans ce cas, il est souvent nécessaire de faire appel à des *Business Angels*.
Ces *Business Angels* augmentent les fonds propres de l'entreprise, car ils prennent une part dans le capital. Au démarrage de l'entreprise, les fonds d'investissements sont des investisseurs en capital-risque.
Les fonds d'investissement sont de natures très diverses, certains étant spécialisés dans un secteur ou dans une phase du développement de l'entreprise, d'autres ayant la particularité de pouvoir vous apporter des connexions à l'international...
Ces organismes réalisent des apports en fonds propres pour votre entreprise, et non des prêts.
Voici quelques exemples de *Business Angels*.

• Sopromec

Le site : www.sopromec.com
Montant investi : entre 100 000 et 500 000 €.
Très souvent couplé avec un emprunt bancaire.

• France Angels

Le site : www.franceangels.org
Il s'agit d'une fédération des réseaux de *Business Angels* (BA) qui regroupe et fédère les 78 réseaux de *Business Angels* (4 550 membres).
Le *Business Angel* n'intervient pas directement dans la gestion de l'entreprise. Par contre, il peut avoir une très forte influence sur les décisions stratégiques majeures et intègre le conseil d'administration.
Le *Business Angel* choisira d'investir dans votre projet s'il est convaincu par :
- la qualité de l'entrepreneur et de son équipe ;
- l'adéquation produit/marché ;
- l'ambition du projet : innovant (pas uniquement dans les domaines technologiques) ou avec un fort potentiel de développement.
Montant investi : en moyenne entre 100 000 et 150 000 €.
Prise dans le capital : 15 à 25 %.

Durée : entre 4 et 7 ans.
Formalité : le contrat d'actionnaire signé au moment de l'entrée dans votre capital du *Business Angel.*
Ce contrat définit les modalités de sortie du capital du *Business Angel.*

> **ATTENTION**
> Faites-vous accompagner dans cette démarche par un avocat qui défendra vos intérêts dans la finalisation du contrat d'actionnaire.

• Garrigue

Le site : www.garrigue.net
C'est une société de capital-risque solidaire.
Montant investi : entre 7 500 et 300 000 €.
Prise dans le capital : 5 à 30 %.
Complément d'apport possible en comptes courants d'associés.
Durée : 5 ans.
Secteurs :
- commercialisation et production de produits biologiques ;
- écologie et environnement ;
- commerce équitable ;
- développement local et lutte contre l'exclusion ;
- petites entreprises d'Afrique de l'Ouest.

> **MON CONSEIL**
> **Approcher les Business Angels** Organiser sa levée de fonds demande une bonne préparation. Pour cela, une formation a été mise en place par Novancia : le *Business Angel Tour* (BAT) nouvellement intitulé : « Programme 3 – Développez votre business ». Une fois votre dossier sélectionné, cette formation vous permet de travailler le fond et la forme de votre business plan, de définir les éléments qui intéresseront les *Business Angels* et de peaufiner votre discours et votre présentation. Puis, lorsque vous êtes prêt, une rencontre avec les *Business Angels* est organisée. Cette formation a lieu à Novancia, l'école de l'entrepreneuriat de la chambre de commerce et d'industrie de Paris.

Les aides pour l'innovation

Il existe de nombreuses aides à l'innovation : penchez-vous sur la question avant de faire toutes vos démarches.

› Bpifrance

Les aides proposées par Bpifrance sont nombreuses et variées : avances remboursables, subventions, garanties, conseils, mises en relation, etc. Pour vous renseigner, vous pouvez consulter leur site : www.bpifrance.fr.

› Aide régionale pour Paris

Bpifrance et la Ville de Paris ont créé en juillet 2009 un fonds d'amorçage pour jeunes créateurs d'entreprises : « Paris innovation amorçage » (PIA).
C'est une subvention ou une avance remboursable pour financer des start-up.
Il existe 2 types de PIA :
- PIA Amorçage : subvention de 30 000 € dans la limite de 50 % des dépenses exigibles pour les jeunes entreprises en phase de création et de lancement ;
- PIA Développement : avance remboursable entre 50 000 € et 100 000 € pour les jeunes entreprises qui souhaitent développer leur projet innovant.

À NOTER
Pour en savoir plus sur les PIA, consultez : www.caisse-desdepots.fr ou www.gouvernement.fr/investissements-d-avenir-cgi

Le projet pouvant bénéficier de ce fonds doit être innovant et viable.

› Les CRITT (centres régionaux d'innovation et de transfert de technologie)

Les CRITT existent dans les différentes régions. Ils sont classés par secteur d'activité.
Le CRITT de votre région et de votre secteur d'activité va vous apporter :
- des conseils et un accompagnement ;
- une mise en relation avec des spécialistes ;
- une aide sur la mise en place de financement et d'aides régionales.

› Le statut de JEI (jeune entreprise innovante)

Ce statut est intéressant, car il permet à votre entreprise d'obtenir :
- un crédit d'impôt recherche ;
- des exonérations d'impôt sur les bénéfices ;
- des exonérations de cotisations sociales et patronales pour une partie de vos salariés.

› Le crédit d'impôt recherche (CIR)

Une fois que votre entreprise est créée, n'oubliez pas cette possibilité de récupération de trésorerie.
Analysez précisément le guide du CIR (téléchargeable sur leur site Internet) et faites-vous accompagner dans cette démarche par votre expert-comptable.
Les conditions d'éligibilité de l'entreprise :
- activité de recherche et développement ;
- option fiscale (dépôt d'une déclaration spéciale au même moment que le dépôt de la déclaration d'impôt de l'entreprise).
Vous pouvez obtenir une aide fiscale égale à 30 % de vos dépenses de recherche et développement.

Pour tout renseignement, vous pouvez consulter le site www.enseignementsup-recherche.gouv.fr
En 2013, la Banque publique d'investissement a mis en place le préfinancement du CIR (PrefiCir) qui permet aux PME de ne plus attendre l'année suivante pour récupérer le CIR de l'année en cours. Ainsi, elles peuvent couvrir les dépenses de recherche et développement dès l'année où ces dépenses sont engagées. Pour bénéficier de cet avantage, la PME devra avoir une situation financière saine, avoir plus de 3 ans d'existence (présentation de 2 liasses fiscales) et avoir déjà bénéficié du CIR.

› Le crédit d'impôt pour la compétitivité et l'emploi (CICE)

Le CICE concerne les entreprises soumises à un régime réel d'imposition (à l'IS ou à l'IR) et employant des salariés.
Cet avantage fiscal permet de financer les investissements, la recherche, l'innovation, la formation et le recrutement, la prospection de nouveaux marchés.
Les dépenses éligibles sont les rémunérations versées aux salariés en cours d'année civile (à condition que la rémunération du salarié ne dépasse pas 2,5 fois le SMIC) et le montant du crédit d'impôt s'élève à 6 % des rémunérations éligibles.

› En conclusion

La recherche de financements, de garanties, de subventions, est complexe, car de nombreuses possibilités s'offrent à vous.
Le site les-aides.fr vous permet une orientation rapide pour obtenir un financement, des conseils, des aides.
Lorsque vous demandez un emprunt, un prêt d'honneur, un prix, une subvention, etc., demandez à chaque fois le délai de versement. En effet, ce délai peut-être important, et vous devez l'intégrer dans votre prévisionnel de trésorerie.
Les sites www.toutaide.com, www.aides-entreprises.fr et les-aides.fr (le site d'information des CCI sur les aides aux entreprises) listent l'ensemble des subventions en fonction du lieu d'implantation de l'entreprise. Mais ces subventions ne peuvent pas être prises en compte pour financer vos besoins liés au démarrage de l'activité car elles seront perçues bien plus tard, plusieurs mois après le démarrage de celle-ci.

À NOTER
La Loi NOTRe (Nouvelle Organisation Territoriale de la République) (loi n° 2015-991) promulguée le 7 août 2015 confie de nouvelles compétences aux régions et redéfinit les compétences attribuées à chaque collectivité territoriale. Ainsi, certaines aides financées par les régions ou les départements sont susceptibles de changer ou d'être supprimées en 2016. Tenez-vous informé de ces changements.

La présentation à la banque de votre business plan pour obtenir un financement

Bien en amont, lorsque vous avez eu votre idée de création d'entreprise, vous avez contacté votre banquier et échangé avec lui sur votre projet. Il vous a conseillé de venir à nouveau le rencontrer lorsque votre projet sera plus avancé et que vous aurez construit votre business plan. C'est maintenant chose faite. Votre business plan est finalisé, vous avez défini les financements nécessaires, et vous pouvez donc contacter à nouveau votre banque, et faire marcher la concurrence.

Présenter votre business plan aux différents banquiers

Vous allez maintenant défendre votre business plan face à un financier, le banquier, et vous allez le convaincre. Pour cela, vous devez connaître parfaitement les aspects opérationnels et financiers de votre future activité.

› La présentation

La présentation de votre business plan (partie descriptive et partie financière) doit être irréprochable : transmettez à votre banquier un dossier propre et bien présenté. C'est important, car cela facilitera sa lecture.
Soyez attentif à votre image : vous devez faire bonne impression. Pour cela, choisissez une tenue sobre, soyez ponctuel au rendez-vous, serrez la main de façon franche et directe, soyez poli.

› Rassurer le banquier et présenter votre projet

N'oubliez pas que le banquier prend un risque quand il vous prête de l'argent. Vous devez donc le rassurer. Pour cela, vous devez être le plus concret possible.
Vous démarrerez votre présentation par la partie descriptive : votre projet, votre marché, les risques et les opportunités. Soyez convaincant, motivé, énergique, crédible. Votre banquier, même s'il ne connaît pas bien votre activité, doit la comprendre, et vous devez la rendre passionnante.
Vous devez connaître parfaitement vos principaux chiffres : la composition de votre chiffre d'affaires, votre taux de marge, le montant de votre loyer, votre masse salariale et sa composition.

Si vous le pouvez, apportez un prototype, des photos, des modèles de votre offre de produits, ou le document commercial de votre offre de service. En un mot, rendez votre offre la plus concrète possible aux yeux du banquier.

› Construire une relation de confiance

La relation de confiance se construit dès la présentation de votre business plan. Dès le démarrage de la présentation des éléments chiffrés, indiquez-lui les « sécurités » que vous avez prises dans vos hypothèses de construction.

> **Cas pratique**
> Pour une activité de restauration :
> – non-prise en compte de l'activité vente à emporter dans le prévisionnel de ventes : chiffrez le potentiel de CA supplémentaire et le coût supplémentaire (achat de matières).
> – ou bien non-prise en compte de l'exonération de charges sociales (*via* l'ACCRE) : chiffrez le montant d'économie de charges sociales, etc.

Jouez la transparence avec le banquier, demandez-lui son avis sur votre projet. Le banquier jouera ainsi son rôle de conseil, et il s'impliquera plus naturellement dans votre projet. Ne rejetez pas systématiquement ce qu'il vous dit, même s'il ne connaît pas bien votre métier.

Engagez plutôt avec lui un échange : la relation de confiance va s'instaurer peu à peu. À la fin de l'entretien, demandez-lui ce qu'il pense de votre business plan, et s'il pense vous accorder le prêt. S'il vous semble dubitatif, demandez-lui pour quelles raisons et quels sont les critères et les indicateurs qui ne sont pas bons. Étant donné que vous avez des « sécurités » dans les éléments chiffrés de votre business plan, demandez-lui s'il vous permet de « libérer » quelques sécurités et de revenir avec un business plan modifié et qui rentrerait donc dans les critères d'éligibilité de sa banque.

Le banquier est souvent d'accord pour que vous « revoyiez » votre copie, pour que vous travailliez à nouveau vos chiffres. N'oubliez pas de bien identifier les « sécurités » que vous avez « libérées ».

Si votre banquier vous donne un accord de principe sur votre emprunt, demandez-lui de vous envoyer un document dans ce sens (pour ne pas le vexer, dites-lui par exemple qu'il s'agit de rassurer le propriétaire du fonds de commerce que vous rachetez).

N'oubliez pas que votre banquier va s'engager sur votre dossier vis-à-vis de sa direction : il est devenu votre « partenaire ».

Négocier les conditions avec son banquier et apporter des garanties

Votre banquier va chercher à limiter ses risques. Il va donc certainement vous demander des garanties personnelles.

Pour limiter ces garanties personnelles, vous pouvez obtenir une garantie de la part de Bpifrance ou d'organismes comme Siagi ou encore Socama (pour les secteurs de l'artisanat et du commerce).

IFCIC garantit aussi les emprunts d'entreprises ayant une activité culturelle, audiovisuelle, etc.

France Active garantit les prêts bancaires des porteurs de projet en difficulté d'insertion professionnelle.

Le Fonds de garantie à l'initiative des femmes (FGIF) garantit les prêts bancaires des femmes dirigeantes d'entreprise.

Depuis le 1er avril 2015, le PCE (prêt à la création d'entreprise) a été supprimé et remplacé par un nouveau dispositif de garantie porté par Bpifrance : une garantie jusqu'à 200 000 € de prêts destinés à financer des projets de créations ou de TPE/PME de moins de 3 ans. Cette garantie peut couvrir jusqu'à 70 % du financement.

À NOTER

Les prêts d'honneur garantissent aussi votre emprunt bancaire et rassurent votre banquier, car pour obtenir un prêt d'honneur, vous êtes passé devant une commission qui a accepté votre dossier : ne passez pas à côté de ce système.

Vous avez obtenu votre financement et vos garanties, vous pouvez maintenant vous immatriculer.

Vous immatriculez votre entreprise

Votre financement est pratiquement obtenu. Il faut maintenant immatriculer votre entreprise. Pour l'immatriculation d'une société, SARL, SA, etc., il est nécessaire de rédiger des statuts. L'enregistrement de ces statuts (signés par les associés) va donner naissance à une personne morale.

Avant l'immatriculation

› Les opérations à réaliser avant la signature des statuts

Pour les apports en nature, l'évaluation doit se faire par un commissaire aux apports.
Pour les apports en numéraire ou dépôt de fonds : les associés déposent les fonds (leurs chèques) sur le compte de la société en formation : les fonds sont bloqués le temps de l'immatriculation, mais dès que la société « existe », elle peut dépenser cet argent.
Ne pas oublier la notification de la création de la SARL aux conjoints des associés mariés sous un régime de communauté de biens.
Pour la préparation de l'annexe aux statuts, listez les actes passés pour le compte de la société en formation.
Terminez par la nomination des dirigeants.

› Les opérations à réaliser avant l'enregistrement au centre de formalités des entreprises (CFE)

Les statuts originaux (prévoyez 5 exemplaires) sont enregistrés tout d'abord au centre des impôts du siège de la société. Vous avez jusqu'à 1 mois après l'enregistrement au CFE pour faire cet enregistrement au centre des impôts. Nous vous conseillons de le faire avant, car une fois votre entreprise immatriculée, vous « attaquez » l'opérationnel et ne prenez plus le temps de traiter cet aspect administratif. Vous risquez donc d'oublier cet enregistrement au centre des impôts.
N'oubliez pas de :
- publier un avis de constitution de société dans un journal d'annonces légales ;
- demander des pièces complémentaires à votre dossier en vue de l'enregistrement au CFE (document de non-condamnation du dirigeant par exemple). Vous trouverez la liste des pièces sur le site du CFE (voir pages suivantes).

L'immatriculation : comment et à quel endroit ?

L'immatriculation est faite à votre CFE (centre de formalités des entreprises). Vous le trouverez au sein de :
- la CCI (chambre de commerce et d'industrie), pour les commerçants et les sociétés n'exerçant pas d'activité artisanale ou agricole ;
- la chambre des métiers et de l'artisanat, pour les artisans, quelle que soit la forme juridique (entreprise individuelle, société...) ;
- le greffe du tribunal de commerce, pour les sociétés civiles, agents commerciaux, sociétés d'exercice libéral ;
- la chambre d'agriculture, pour les activités agricoles, quelle que soit la forme juridique (entreprise individuelle, société...) ;
- l'URSSAF, pour les professions libérales.

À NOTER
Si votre activité est à la fois commerciale et artisanale, vous serez inscrit à la fois au registre du commerce et des sociétés (CCI) et au répertoire des métiers (chambre des métiers). Cependant, la chambre des métiers est seule compétente pour recevoir votre déclaration.

Pour vous immatriculer, vous avez deux possibilités :
- soit demander à votre expert-comptable ou à votre avocat (si vous en avez un) de faire les démarches pour vous (demandez auparavant le prix que cela vous coûtera) ;
- soit faire vous-même cette démarche.

Si vous choisissez de vous immatriculer vous-même, vous pouvez le faire en ligne, ou bien en vous déplaçant à votre CFE. Dans ce cas, munissez-vous de toutes les pièces nécessaires à l'immatriculation. La nature de ces pièces dépend de la forme juridique de votre entreprise, de votre activité. Elles sont listées sur le site Internet de votre CFE.

N'oubliez pas que vous avez un certain nombre de documents à rassembler et de démarches à réaliser pour obtenir les documents nécessaires.

Anticipez votre immatriculation : préparez en avance les documents, listez les démarches à accomplir avant l'immatriculation, par exemple l'annonce légale. Ainsi, vous gagnerez du temps, et vous pourrez vous immatriculer en une demi-journée.

En pratique :
- si vous souhaitez vous enregistrer comme auto-entrepreneur, vous devrez le faire sur le site officiel www.lautoentrepreneur.fr ou sur le site www.guichet-entreprises.fr ;
- si vous souhaitez vous enregistrer sous la forme d'une entreprise individuelle, les formalités seront réduites : inscription au registre de commerce et de sociétés ou au répertoire des métiers ;

- si vous souhaitez vous enregistrer sous la forme d'une société : vous devrez rédiger les statuts (prévoir 5 exemplaires) et désigner les dirigeants. Puis vous déposerez les fonds constituant les apports en espèces sur un compte bancaire bloqué de la société. Vous procéderez ensuite à l'enregistrement gratuit des statuts auprès du centre des impôts en 4 exemplaires. Enfin, vous publierez un avis de constitution dans un journal d'annonces légales. Suite à ces démarches, vous obtiendrez un récépissé de dépôt de dossier, le récépissé de création d'entreprise (RCE). Votre société peut alors débuter son activité.

MON CONSEIL

L'assistance formalités du CFE Utilisez l'assistance formalités : un agent du CFE vous aide à remplir votre dossier et vérifie toutes vos pièces.
Cette assistance vous coûtera :
- 60 € si votre CFE est la CCI (le nom de ce service : « formalitis ») ;
- 40 € si votre CFE est la chambre des métiers.
Cela permettra à votre dossier d'être traité très rapidement.
Pensez à téléphoner avant au CFE pour connaître les horaires d'ouverture et valider la liste des pièces.

- **Si votre CFE est la CCI :**
Le site : www.entreprises.cci-paris-idf.fr
Tél. : 08 20 01 21 12.
Il n'est pas nécessaire de prendre rendez-vous pour bénéficier de l'assistance formalités.
- **Si votre CFE est la chambre des métiers :**
Le site : www.cfe-metiers.com
Tél. : 01 53 33 53 33.
Pour bénéficier de l'assistance formalités, vous devez prendre rendez-vous.
Pour vous immatriculez, vous devez effectuer un stage de « préparation à l'installation » obligatoire.
Coût du stage : entre 200 € et 300 € (le coût du stage varie en fonction des chambres des métiers).
Possibilité de dispense, coût : 25 €.
Conditions de dispense :
- vous détenez un diplôme de gestion niveau bac + 2,
- vous êtes déjà inscrit au répertoire des métiers (RM),
- votre conjoint collaborateur a été inscrit au répertoire des métiers (RM) pendant 3 ans,
- vous avez été inscrit au registre du commerce et des sociétés (RCS) pendant 3 ans,
- vous avez exercé une profession pendant 3 ans avec le statut cadre,
- vous avez exercé une profession agricole ou libérale pendant 3 ans.

ATTENTION

<u>Des attestations de qualification pour certaines activités</u> Depuis le décret du 11 mars 2010, si vous souhaitez exercer une activité artisanale soumise à des conditions de qualification professionnelle, vous devez attester de votre qualification lors de la déclaration de création de l'entreprise (cette mesure concerne aussi les auto-entrepreneurs).
Ces activités réglementées sont :
- réparateur de véhicules, carrossier ;
- métiers de gros œuvre, de second œuvre et de finition du bâtiment ;
- plombier, chauffagiste, électricien, climaticien, installateur de réseaux d'eau, de gaz ou d'électricité ;
- ramoneur ;
- esthéticien ;
- prothésiste dentaire ;
- boulanger, pâtissier ;
- boucher, charcutier ;
- poissonnier ;
- glacier ;
- maréchal-ferrant ;
- et coiffeur.

Cette attestation doit mentionner soit l'intitulé du diplôme ou du titre, soit l'expérience professionnelle acquise et suffisante, au regard de la réglementation, pour exercer l'activité, soit l'engagement de recruter un salarié qualifié pour exercer le contrôle effectif et permanent de l'activité.

- **Si votre CFE est l'URSSAF :**

Le site : www.cfe.URSSAF.fr

Depuis janvier 2010, les formalités de création ont été simplifiées grâce à la mise en place d'un guichet unique électronique, www.guichet-entreprises.fr, qui permettra aux créateurs d'entreprises :

- d'accéder à une information adaptée et actualisée en ce qui concerne la création et l'exercice d'activités professionnelles,
- d'identifier les pièces à produire pour chaque formalité et demande d'autorisation,
- d'effectuer en ligne le dépôt de dossier de formalités et de demande d'autorisation,
- de suivre leurs dossiers avec un engagement de délai et de résultat des opérateurs.

À NOTER

Vous pouvez aussi déposer vos déclarations au « guichet unique », en une seule fois, avec un seul document : la « liasse unique ». Ce service est gratuit. Les CFE proposent aussi une assistance à la formalité complémentaire facultative (conseil, assistance pour la préparation du dossier, etc.) qui vous sera facturée.
Vous pouvez réaliser vos formalités de déclaration sur Internet, sur le site : www.guichet-entreprises.fr.

À NOTER
Les coûts d'immatriculation Vous trouverez ci-dessous, à titre indicatif, les coûts d'immatriculation :
- si vous créez une entreprise individuelle :
  - commerciale : au RCS : 34,32 €
  - artisanale : au RM : 190 €
- si vous créez une SARL, SA ou SAS :
  - commerciale : au RCS : 49,92 €
  - artisanale : au RM : 230 €

Après l'immatriculation

Suite à l'immatriculation, vous recevrez de nombreux numéros vous identifiant.

› Le numéro de Siren (Sir*en* pour « entreprise »)

C'est le numéro identifiant votre entreprise. Il est utilisé par tous les organismes publics et les administrations en relation avec l'entreprise. Il est attribué par l'INSEE lors de l'inscription de l'entreprise au répertoire national des entreprises et il comporte 9 chiffres. Par exemple : 497 817 858. Ce numéro est unique et invariable.

› Le ou les numéros Siret (Sir*et* pour « établissement »)

Ce numéro est délivré par l'INSEE. Il identifie les établissements de l'entreprise. Il comporte 14 chiffres correspondant au numéro Siren + le numéro NIC (numéro interne de classement).
Le NIC comporte 5 chiffres : les quatre premiers correspondent au numéro d'identification de l'établissement et le cinquième chiffre est une clé.
En effet, une entreprise peut avoir plusieurs établissements et le NIC identifie chaque établissement de l'entreprise.
Par exemple : 497 817 858 00010 (Siren puis NIC).

› Le code d'activité Naf (nomenclature d'activités française)

Ce numéro est délivré par l'INSEE. Ce code permet de définir votre activité. Auparavant, ce code était nommé code APE (activité principale de l'entreprise). Le code Naf comporte 5 caractères. Vous trouverez le code Naf de votre activité sur le site recherche-naf.INSEE.fr

› Le numéro unique d'identification

Ce numéro est établi à partir du numéro Siren.
Exemples :
- Pour les commerçants et sociétés : RCS PARIS 497 817 858.
RCS : registre du commerce et des sociétés.
Ville : Paris (lieu d'immatriculation).
497 817 858 : numéro Siren.
- Pour les entreprises artisanales : 497 817 858 RM 012.
497 817 858 : numéro Siren.
RM : répertoire des métiers.
012 : groupe de chiffres désignant la chambre de métiers et de l'artisanat.
- Pour les professions libérales ou les micro-entrepreneurs non immatriculés : 497 817 858.

ATTENTION

Méfiez-vous des organismes privés Le greffe du tribunal de commerce de Paris a détecté que des organismes privés dont le nom est proche de « Registre du commerce », comme par exemple : « Registre des sociétés nouvellement constituées », « Registre CSR », « Info-registre » transmettaient des offres publicitaires aux entreprises nouvellement immatriculées. Ces offres n'ont aucun caractère obligatoire et vous pouvez donc les refuser. En cas de doute, rapprochez-vous de votre CFE.

Les différents dispositifs d'aide post-création

Une fois votre entreprise immatriculée, il est souvent utile de se faire accompagner pour développer son entreprise.
Ce n'est pas obligatoire : à vous de choisir ce qui vous convient le mieux.
Pour cela, vous pouvez :
- intégrer un réseau d'entrepreneurs (voir *Les réseaux d'entrepreneurs*, p. 204) ;
- vous faire accompagner par l'organisme qui vous a accordé le prêt d'honneur.
Voici un exemple d'accompagnement par le réseau Entreprendre :
- un chef d'entreprise vous accompagnera pendant 2 ans,
- cet accompagnement se fera de façon mensuelle, sous forme de rendez-vous où vous échangerez afin de prendre du recul, choisir les bonnes options stratégiques et anticiper,
- des réunions mensuelles sont aussi organisées à travers le club d'entrepreneurs, sous forme de formations, de tables rondes.

Après la phase de création

Installer votre entreprise

➤ Vous avez immatriculé votre structure, vous pouvez maintenant vous installer ou plutôt l'installer dans un lieu adapté.

➤ Votre société est obligée légalement d'avoir un siège social, une adresse, un domicile juridique. Le meilleur choix d'implantation est celui qui convient le mieux à l'image de votre entreprise, à son domaine d'activité, aux habitudes de sa clientèle, etc.

➤ Lorsque vous installez votre entreprise, plusieurs solutions s'offrent à vous, et comme d'habitude, c'est à vous de faire ce choix.

Comment bénéficier des avantages sociaux et fiscaux des zones ZFU, ZRR et QPPV ?

Il existe des aides « géographiques » de l'État et des collectivités locales qui visent à mieux répartir l'implantation des entreprises sur le territoire et qui consistent le plus souvent en des exonérations d'impôts et des mesures sociales. Avant d'installer votre entreprise dans un lieu donné, il peut être intéressant de connaître ces différentes aides.

Les zones bénéficiant d'exonérations

Les zones franches urbaines (ZFU) devaient s'achever fin 2014. Le 14 mai 2013, le Parlement a remis un rapport qui recommande de les conserver jusqu'au 31 décembre 2017. De plus, ce rapport préconise plusieurs réformes pour améliorer le dispositif des ZFU.

> **MON CONSEIL**
> **La réforme de la taxe professionnelle** Nous vous conseillons de vous rapprocher de votre centre des impôts afin de valider les exonérations indiquées ci-dessous au cas par cas.

Les zones bénéficiant de ces avantages sont de plusieurs sortes.

Les ZFU (zones franches urbaines) : ce sont les zones de ZRU présentant les indices les plus élevés de difficultés. Elles offrent aux entreprises qui s'y implantent des aides très incitatives.

Les ZRR (zones de revitalisation rurale) : ce sont des territoires ruraux qui rencontrent des difficultés particulières : faible densité démographique, handicap structurel sur le plan socio-économique.

La loi de programmation pour la ville et la cohésion urbaine du 21 février 2014 institue les quartiers prioritaires de la politique de la ville (QPPV) dont la liste a été fixée par le décret n° 2014-1750 du 30 décembre 2014.

À compter du 1er janvier 2015, ces QPPV remplacent les ZUS (zones urbaines sensibles) et les ZRU (zones de redynamisation urbaine).

MON CONSEIL
Bien choisir le lieu d'implantation de votre entreprise Le lieu d'implantation de votre entreprise est stratégique dans le sens où c'est une adresse qui figure sur tous les courriers de votre société. Posez-vous la question de l'image que vous souhaitez transmettre à vos clients et à vos fournisseurs : est-ce que cette adresse est importante pour eux ? La réponse à cette question vous permettra de définir les premiers critères de sélection de votre emplacement. En fonction de l'activité, choisir de s'implanter dans une zone aidée ne correspond pas toujours à l'image que vous souhaitez donner de votre entreprise, et ce n'est donc pas systématiquement un bon choix, tout dépend de votre secteur d'activité.

Pour vous informer et afin de définir si le local que vous avez « présélectionné » est implanté dans une de ces zones :
- vous trouverez la liste de ces zones sur les sites https://sig.ville.gouv.fr et www.cget.gouv.fr (pour les ZRR) ;
- vous pouvez aussi téléphoner au 0 820 012 112 pour avoir des informations (ce numéro est surtaxé).

Par ailleurs, les documents relatifs aux délimitations, rue par rue, des quartiers visés à l'article 1466 A du Code général des impôts peuvent être consultés :
- à la délégation interministérielle à la ville et au développement social urbain, 194, avenue du Président Wilson – 93217 Saint-Denis-la-Plaine Cedex ;
- auprès de la préfecture et des directions des services fiscaux du département de votre local ;
- auprès de la mairie de la commune de votre local.

MON CONSEIL
Bien valider votre choix Contactez ces organismes lorsque vous avez sélectionné votre local afin de connaître les exonérations fiscales et sociales auxquelles vous avez droit.
En effet, ces exonérations évoluent et leurs conditions d'obtention sont très complexes. Vous devez donc valider, avec ces organismes, que vous remplissez bien ces conditions.

Les mesures communes aux ZFU, ZRR et QPPV

Ce sont des exonérations qui ont pour but d'inciter les entreprises à s'installer dans des zones peu industrialisées.

› Les aides fiscales

Vous pouvez bénéficier d'exonération d'impôts sur les bénéfices (IR ou IS) à 100 % pour certaines zones au démarrage d'activité. Les années d'exonération sont des périodes de 12 mois d'activité et non des années d'exercices sociaux ou des années civiles.

ATTENTION

- Si vous cessez volontairement votre activité pendant la période d'exonération ou dans les 5 ans suivant celle-ci, vous devrez rembourser à l'administration l'économie réalisée par cette mesure.
- Le cumul de l'ensemble des aides publiques (allégements fiscaux, sociaux et aides des collectivités territoriales) ne peut en principe dépasser 200 000 € par période de 3 ans.

MON CONSEIL

Interroger votre administration fiscale Si vous souhaitez bénéficier de certaines mesures fiscales, interrogez préalablement votre administration fiscale pour vérifier votre éligibilité à ces aides. En l'absence de réponse dans un délai de 3 mois, le silence de l'administration fiscale vaut acceptation tacite.

› Les aides sociales

Les entreprises situées en zone de revitalisation rurale (ZRR) peuvent bénéficier pendant 12 mois d'une exonération de certaines cotisations sociales patronales pour les embauches qu'elles réalisent jusqu'au 50e salarié.

MON CONSEIL

Contactez le Pôle emploi ainsi que l'URSSAF de votre territoire afin d'obtenir les informations concernant les aides sociales dont vous pouvez bénéficier.

Les aides fiscales et sociales dans les ZFU

› Les aides fiscales dans les ZFU

Les ZFU sont définies par les textes suivants : décrets n° 2006-1623 du 19 décembre 2006, n° 2006-930 du 20 juillet 2006, n° 2007-894 et n° 2007-895 du 15 mai 2007 et article 1 466 A-I sexies du Code général des impôts.
Le dispositif d'exonérations sociales et fiscales est ouvert aux entreprises de moins de 50 salariés qui se créent dans une ZFU et qui exercent une activité de proximité.
L'un des caractères les plus incitatifs des exonérations proposées pour les entreprises qui s'installent ou qui sont installées en ZFU est la possibilité de bénéficier d'un prolongement de ces exonérations sur plusieurs années.
La durée d'exonération totale de tous ces dispositifs est de 5 ans maximum. Mais cette exonération totale est suivie en ZFU d'une sortie progressive étalée sur 3 ou 9 ans, ce qui permet d'atteindre une durée totale d'exonération de 14 ans si l'entreprise emploie moins de 5 salariés, ou de 8 ans si l'entreprise emploie 5 salariés ou plus.

Exonération d'impôt sur les bénéfices

Les conditions pour en bénéficier sont :
- la création ou l'implantation de l'entreprise avant le 31 décembre 2020 ;
- l'activité effective dans la ZFU ;
- compter moins de 50 salariés (à la date de création et pendant toute la durée de l'exonération) ;
- CA ou bilan < 10 millions d'euros ;
- ne pas avoir de capital et des droits de vote détenus directement ou indirectement pour 25 % ou plus par des entreprises dont l'effectif dépasse 250 salariés.

L'exonération d'impôt est de :
- 100 % pendant les 5 premières années ;
- 60 % pendant la 6e année ;
- 40 % pendant la 7e année ;
- 20 % pendant la 8e année.

Cette exonération ne peut dépasser 50 000 € par période de 12 mois.

Ce plafond est majoré de 5 000 € par nouveau salarié résidant dans le quartier et embauché à temps plein pendant au moins 6 mois.

Si l'entreprise est créée à compter du 1er janvier 2016, l'exonération est subordonnée à la signature d'un contrat de ville (prévu par la loi du 21 février 2014 de programmation pour la ville et la cohésion sociale).

Si l'entreprise est créée à compter du 1er janvier 2015, la loi de finances rectificative du 29 décembre 2014 subordonne l'exonération d'impôt sur les bénéfices à une clause d'embauche locale.

Cette exonération d'impôt est subordonnée à la signature d'un contrat de ville prévu par la loi du 21 février 2014 de programmation pour la ville et la cohésion sociale pour les entreprises qui se créent à compter du 1er janvier 2016.

> **À NOTER**
> Depuis le 1er janvier 2015, les exonérations sur la cotisation foncière des entreprises et sur la taxe foncière ont été supprimées.

› Les aides sociales dans les ZFU

Exonération de charges sociales patronales

Vous pouvez également bénéficier d'exonération de charges sociales patronales : cotisations de Sécurité sociale, allocations familiales, versement de transport et contribution au FNAL (fonds national d'aide au logement), et hors retraite complémentaire, Assedic, taxe d'apprentissage.

> **À NOTER**
> Si vous bénéficiez de cette exonération, il vous restera tout de même à payer : la part salariale des assurances sociales, la CSG, la CRDS, les cotisations chômage et accidents du travail, la retraite complémentaire.

Les conditions pour en bénéficier sont :
- être implanté en ZFU au plus tard le 31 décembre 2014 ;
- exercer une activité professionnelle imposable dans la catégorie des BIC, BNC ou être soumise à l'IS ;
- compter moins de 50 salariés au moment de la première année d'exonération ;
- avoir des salariés en CDI ou CDD d'au moins 12 mois et leur activité réelle, régulière et indispensable à l'exécution du contrat de travail s'exerce en tout ou partie dans une ZFU ;
- être à jour de ses cotisations sociales ou avoir souscrit un engagement d'apurement progressif de ses dettes ;
- avoir un CA ou un bilan inférieur à 10 millions d'euros ;
- ne pas avoir un capital et des droits de vote détenus directement ou indirectement pour 25 % ou plus par des entreprises dont l'effectif dépasse 250 salariés et dont le chiffre d'affaires annuel hors taxe excède 50 millions d'euros ou dont le total du bilan annuel excède 43 millions d'euros ;
- disposer des éléments d'exploitation ou des stocks nécessaires à l'activité des salariés.

Cette exonération est accordée au titre des salariés en contrat de travail à durée indéterminée ou à durée déterminée d'au moins 12 mois.

C'est une exonération à 100 % pendant 5 ans puis partielle pendant 3 ou 9 ans selon des modalités différentes selon le nombre de salariés.

Cas pratiques

• L'entreprise implantée en ZFU a plus de 5 salariés :
– ans 1 à 5 : exonération à 100 % ;
– an 6 : 60 % ;
– an 7 : 40 % ;
– an 8 : 20 %.

Elle bénéficie d'une prolongation de l'exonération sur 3 ans en dégressif. La durée totale de l'exonération est de 8 ans.

• L'entreprise implantée en ZFU a moins de 5 salariés :
– ans 1 à 5 : exonération à 100 % ;
– ans 6 à 10 : 60 % ;
– ans 11 et 12 : 40 % ;
– ans 13 et 14 : 20 %.

Elle bénéficie d'une prolongation de l'exonération sur 9 ans en dégressif. La durée totale de l'exonération est de 14 ans.

Le plafond de l'aide est de 1,4 SMIC mensuel par salarié et 50 salariés exonérés par mois. Elle est limitée à 100 000 € d'aides publiques sur 3 ans, toutes exonérations confondues.

Procédure : lors de l'embauche, vous devez adresser à l'URSSAF et à la direction régionale des entreprises, de la concurrence, de la consommation, du travail et de l'emploi (DIRECCTE) une déclaration d'embauche spécifique. Puis pour bénéficier de cette exonération, l'entreprise doit s'adresser à l'URSSAF en utilisant la procédure de rescrit social.

À NOTER
La mesure qui prévoyait l'exonération pendant 5 ans de cotisations maladie-maternité pour les artisans, industriels et commerçants non salariés établis dans une ZFU n'a pas été reconduite par la loi de finances pour 2015 et elle a pris fin le 31 décembre 2014.

ATTENTION
Connaître les plafonds Normalement, le cumul de l'ensemble des aides publiques (allégements fiscaux, sociaux et aides des collectivités territoriales) ne peut en principe dépasser 200 000 € par période de 3 ans.

Les aides fiscales et sociales dans les ZRR

› Les aides fiscales dans les ZRR

Les ZRR sont régies par la loi n° 2005-157 du 23 février 2005 relative au développement des territoires ruraux.

• Exonération d'impôt sur les bénéfices

Cela concerne des entreprises réellement nouvelles, créées avant le 31 décembre 2015, soumises à un régime réel d'imposition. Le siège social ainsi que l'ensemble de l'activité et des moyens d'exploitation doivent être situés dans une ZRR : si l'activité n'est pas sédentaire, la condition d'implantation est réputée satisfaite dès lors que l'entreprise réalise au plus 15 % de son CA en dehors de ces zones. Au-delà de 15 %, les bénéfices réalisés sont soumis à l'impôt sur le revenu ou à l'impôt sur les sociétés en proportion du CA réalisé en dehors de la zone. Enfin, le capital ne doit pas être détenu, directement ou indirectement, pour plus de 50 % par d'autres sociétés.
C'est une exonération à 100 % pendant 2 ans, puis dégressive les 3 années suivantes (abattement de 75 %, 50 %, 25 % pour les 3 périodes de 12 mois suivantes).

Cas pratique
Une entreprise implantée en ZRR remplit les conditions pour bénéficier de l'exonération d'impôt sur les bénéfices.
– ans 1 et 2 : exonération à 100 % ;
– an 3 : 75 % ;
– an 4 : 50 % ;
– an 5 : 25 %.
L'entreprise bénéficie d'une prolongation de l'exonération sur 3 ans en dégressif. La durée totale de l'exonération est de 5 ans.

Le plafond de cette aide est de 200 000 € par période glissante de 36 mois (exercice en cours et les 2 précédents).
Procédure : option à formuler par l'entreprise dans sa déclaration de résultats.
Les activités industrielles, commerciales ou artisanales sont concernées par cette aide. Sont exclues du dispositif les activités suivantes : activités bancaires, activités financières, assurances, gestion ou location d'immeubles, activités de pêche maritime.
Contactez votre centre des impôts pour vérifier que vous remplissez les conditions pour bénéficier de cette exonération.

> **À NOTER**
> **Délocaliser peut coûter cher !** Une entreprise implantée dans une ZRR, qui délocalise son activité dans un autre territoire dans les 5 ans suivant sa création, doit reverser tous les impôts dont elle a été dispensée (instruction du 24 juillet 2009).

Exonération de la cotisation foncière des entreprises (CFE) pour les ZRR

Pour en bénéficier, votre entreprise doit :
- être implantée dans une ZRR de moins de 2 000 habitants, employer moins de 5 salariés au cours de la période de référence et avoir une activité qui entre dans la catégorie des activités industrielles, de recherche, d'études, informatiques et artisanales ;
- créer des activités commerciales ou reprendre des activités commerciales et artisanales réalisées par des entreprises exerçant la même activité.

C'est une exonération à 100 % pendant 5 ans.
Le bénéfice de l'exonération est limité à un plafond d'avantages fiscaux fixé par les règles communautaires. Il est égal à 200 000 € sur une période de 3 ans. Si une entreprise se situe à la fois dans une ZRR et dans une zone d'aide à finalité régionale, elle peut demander à bénéficier du plafond applicable dans ces dernières zones.
Procédure : application de droit de l'exonération. Vous devez faire une demande d'exonération auprès de votre centre des impôts pour chaque établissement concerné.
En cas de création ou de reprise, vous devez formuler l'option, pour chaque établissement concerné, auprès du service des impôts dont ils relèvent.

> **À NOTER**
> La loi de finances 2016 prolonge les mesures fiscales en faveur des ZRR (exonération d'impôt sur le bénéfice et de cotisation foncière) jusqu'au 31 décembre 2020.

› Les aides sociales dans les ZRR

• Exonération de charges sociales patronales

Vous pouvez également bénéficier d'une exonération de charges sociales patronales (cotisations de Sécurité sociale et allocations familiales, hors retraite complémentaire, Assedic, taxe d'apprentissage) si vous embauchez afin d'accroître l'effectif de l'entreprise jusqu'à 50 salariés maximum.
Pour cela, il vous faut :
- embaucher des salariés en CDI ou CDD d'au moins 12 mois conclus pour accroissement temporaire d'activité ;
- embaucher des salariés travaillant exclusivement en ZRR.

Les salariés suivants sont exclus du dispositif : aides familiaux et employés de maison, associés d'exploitation agricole, mandataires sociaux (gérants de SARL et P-DG ne cumulant pas dans l'entreprise un contrat de travail), et VRP.
L'exonération est totale sur la fraction de rémunération inférieure à 1,4 SMIC, dégressive sur la fraction comprise entre 1,4 et 2,4 SMIC, et nulle pour la fraction de rémunération supérieure à 2,4 SMIC.
Elle s'applique pendant 12 mois.

À NOTER
Si vous bénéficiez de cette exonération, il vous restera tout de même à payer : la part salariale des assurances sociales, la CSG, la CRDS, le versement transport, le FNAL, les cotisations chômage, la retraite complémentaire, les cotisations accident du travail et maladie professionnelle.

Procédure : la direction régionale des entreprises, de la concurrence, de la consommation, du travail et de l'emploi (DIRECCTE) de votre région est votre référent pour accéder au dispositif. Vous devez les contacter pour confirmer votre éligibilité et engager une procédure de demande. Cette déclaration est à formuler dans les 30 jours de l'embauche sur un formulaire à retirer à la DIRECCTE.

Les aides fiscales dans les QPPV

L'exonération de CFE et de taxe foncière est subordonnée à la signature d'un contrat de ville prévu par la loi du 21 février 2014 de programmation pour la ville et la cohésion sociale pour les entreprises qui se créent à compter du 1er janvier 2016.

› Exonérations de la cotisation foncière des entreprises (CFE) dans les QPPV

Pour en bénéficier, votre entreprise doit remplir de manière cumulative les conditions suivantes :
- le chiffre d'affaires doit être inférieur ou égal à 50 millions d'euros ou avoir un bilan inférieur à 43 millions d'euros ;

- l'effectif total ne doit pas dépasser 250 salariés et celui de l'établissement au titre duquel l'exonération est demandée 150 salariés ;
- il ne faut pas avoir un capital et des droits de vote détenus pour 25 % ou plus par des entreprises.

L'exonération porte sur 8 ans :
- 100 % pendant les 5 premières années ;
- 60 % pendant la 6e année ;
- 40 % pendant la 7e année ;
- 20 % pendant la 8e année.

La base nette imposable faisant l'objet de l'exonération est plafonnée à 77 089 € pour 2016 (CGI, art. 1466 A, I).

› Exonérations de la taxe foncière dans les QPPV

Pour en bénéficier, votre entreprise doit être située dans un immeuble :
- existant au 1er janvier 2015 et rattaché à cette même date à un établissement remplissant les conditions pour bénéficier de l'exonération de cotisation foncière des entreprises (CFE) ;
- rattaché, entre le 1er janvier 2015 et le 31 décembre 2020, à un établissement bénéficiant de l'exonération de CFE.

L'exonération porte sur 5 ans (CGI, art. 1383 C ter).

MON CONSEIL

Informez-vous auprès du CGET (Commissariat général à l'égalité des territoires : www.cget.gouv.fr) pour connaître les aides en provenance de l'aménagement du territoire, ainsi qu'auprès de votre service des impôts des entreprises (SIE).

Vous souhaitez vous implanter, mais avec un loyer faible

S'installer à son domicile, faire appel à un cabinet de domiciliation, à une pépinière d'entreprises... Voici quelques pistes qui pourront vous aider à choisir.

Le siège social est à votre domicile

› Si vous créez une entreprise individuelle

La première condition pour domicilier votre entreprise chez vous est qu'aucune disposition contractuelle ou législative ne s'y oppose : pas de clause du bail ou de règlement de copropriété excluant de façon expresse de domicilier votre entreprise chez vous.

Toutefois, si une clause d'interdiction existe, vous pouvez domicilier votre entreprise chez vous si vous exercez votre activité à l'extérieur (chez vos clients par exemple).

Depuis la loi pour l'initiative économique du 1er août 2003, dite loi Dutreil, la notion de « siège social » a été supprimée pour les entreprises individuelles. Les créateurs d'entreprise peuvent, sans limite de temps, domicilier leur entreprise chez eux, à condition évidemment qu'aucune disposition contractuelle ou législative ne s'y oppose.

- Si vous habitez dans une ville de moins de 200 000 habitants ou dans une ZFU, vous pouvez domicilier votre entreprise et exercer votre activité à votre domicile.

- Si vous habitez dans une ville de plus de 200 000 habitants et dans les départements des Hauts-de-Seine, de la Seine-Saint-Denis et du Val-de-Marne, vous pouvez domicilier votre entreprise chez vous, mais l'exercice de votre activité à votre domicile est soumis à conditions : obtenir l'autorisation préalable du maire pour le changement d'usage des locaux d'habitation.

Il est possible d'éviter cette contrainte si vous respectez les conditions suivantes :

- si votre logement n'est pas situé en rez-de-chaussée :
  • aucune disposition du bail ou du règlement de copropriété ne s'y oppose,
  • c'est votre résidence principale,
  • l'activité est exercée par les occupants, c'est-à-dire vous-même,
  • l'exercice de l'activité ne conduit pas à recevoir une clientèle ou des marchandises,
- si votre logement est situé au rez-de-chaussée :
  • aucune disposition du bail ou du règlement de copropriété ne s'y oppose,
  • c'est votre résidence principale,
  • l'activité est exercée par les occupants, c'est-à-dire vous-même,

• l'exercice de l'activité ne doit pas occasionner de nuisances ou de dangers pour le voisinage, ou conduire à un désordre pour l'immeuble.

› Si vous créez une société

La première condition pour domicilier votre entreprise chez vous est qu'aucune disposition contractuelle ou législative ne s'y oppose : pas de clause du bail ou du règlement de copropriété excluant de façon expresse de domicilier votre entreprise chez vous.

Ainsi, depuis la loi du 2 août 2005, le dirigeant peut fixer son siège social à son domicile, sans limitation de durée, si rien ne s'y oppose.

Toutefois, si une clause d'interdiction existe, vous pouvez domicilier votre entreprise chez vous pendant une durée maximale de 5 ans. Pour cela, vous devrez en informer, par lettre recommandée avec avis de réception, le propriétaire des locaux.

- Si vous habitez dans une ville de moins de 200 000 habitants ou dans les ZFU, vous pouvez domicilier votre entreprise et exercer votre activité à votre domicile.
- Si vous habitez dans une ville de plus de 200 000 habitants et dans les départements des Hauts-de-Seine, de la Seine-Saint-Denis et du Val-de-Marne, vous pouvez domicilier votre entreprise, mais l'exercice de votre activité à votre domicile est soumis à conditions : obtenir l'autorisation préalable du maire, pour le changement d'usage des locaux d'habitation.

Il est possible d'éviter cette contrainte si vous respectez les conditions suivantes :

- si votre logement n'est pas situé en rez-de-chaussée :

• aucune disposition du bail ou du règlement de copropriété ne s'y oppose,
• c'est votre résidence principale,
• l'activité est exercée par les occupants, c'est-à-dire vous-même,
• l'exercice de l'activité ne conduit pas à recevoir une clientèle ou des marchandises ;

- si votre logement est situé au rez-de-chaussée :

• aucune disposition du bail ou du règlement de copropriété ne s'y oppose,
• c'est votre résidence principale,
• l'activité est exercée par les occupants, c'est-à-dire vous-même,
• l'exercice de l'activité ne doit pas occasionner de nuisances ou de dangers pour le voisinage, ou conduire à un désordre pour l'immeuble.

À NOTER

Déduire une partie de vos charges Si votre entreprise est domiciliée chez vous, vous pouvez déduire une partie de vos charges.

Rapprochez-vous de votre expert-comptable pour vérifier avec lui la quote-part de charges qui pourra être prise en charge par votre entreprise.

Ces charges sont : le téléphone, Internet, les charges locatives, les charges de loyer, etc.

Mathilde

La domiciliation de votre activité

Il existe de nombreux cabinets de domiciliation ou centres d'affaires qui vous proposent de domicilier votre entreprise. Ce sont des prestataires de services, des fournisseurs.
La domiciliation vous permet de choisir une adresse commerciale pour le siège social de votre entreprise. Ce n'est pas uniquement une boîte aux lettres, même si tous les courriers de la société y sont réceptionnés puis conservés ou réexpédiés.
Certains cabinets de domiciliation proposent des prestations : la rédaction de devis ou de factures, le standard téléphonique, la réexpédition du courrier, un service de fax et de photocopies, Internet par le wifi, etc.
La domiciliation commerciale est ouverte à toute personne morale, quelle que soit sa forme (SARL, SA, SAS, SNC…) et aux entreprises individuelles inscrites au registre du commerce et des sociétés depuis la loi de modernisation de l'économie. En revanche, la domiciliation est interdite aux personnes physiques.
C'est une solution économique et peu contraignante.
Par exemple, si pour l'image de votre entreprise, il est nécessaire de la domicilier dans une adresse prestigieuse, et que vous n'en avez pas les moyens, vous choisirez un cabinet de domiciliation dans un quartier de prestige, et ainsi votre entreprise bénéficiera de cette image.
Comment choisir son cabinet de domiciliation : l'adresse ne doit pas être le seul critère.
Il est plus prudent de choisir parmi la liste proposée par le syndicat national des professionnels de l'hébergement d'entreprises : le SYNAPHE.
Vous trouverez sur le site www.synaphe.fr une liste de cabinet par région.
Quelques sites de cabinets de domiciliation :
- www.abcliv.fr
- www.grined.com
- www.regus.fr
- www.sofradom.fr

Les pépinières d'entreprises

Une pépinière d'entreprises est un lieu regroupant de jeunes entreprises. C'est un appui aux entreprises post-création.
Les pépinières vous proposent :
- une location de locaux (ce sont des bureaux) ;
- la possibilité d'utiliser une salle de réunion, équipée de matériels audiovisuels (pour recevoir des clients, faire des présentations, etc.) ;
- la location de services (photocopieuses, coursiers, secrétariat partagé, reprographie, etc.) ;
- un accompagnement par des conseillers (conseils juridiques, de gestion) ;
- l'organisation de formations collectives.
Chaque pépinière a ses propres critères de sélection d'entreprises. Ces critères de choix portent le plus souvent sur la cohérence produit/marché, le domaine d'activité, le potentiel de développement.

Les entreprises sont sélectionnées sur dossier, et une fois le dossier sélectionné, l'entrepreneur passe devant un comité d'agrément et présente son dossier. En moyenne les entreprises sont hébergées pour une durée de 2 ans renouvelable.
Certaines pépinières sont spécialisées (dans le numérique, la technologie), et d'autres sont généralistes : renseignez-vous, allez les rencontrer avant de faire votre choix. Un avantage important : vous serez entouré d'entrepreneurs. Cela permet une création de synergie, un échange de partenariats interentreprises.
En moyenne, vous devrez payer un loyer compris entre 200 et 300 €/mois.
Renseignez-vous auprès des ou de la pépinière(s) que vous avez sélectionnée(s).

À NOTER
Pour trouver la liste des pépinières d'entreprises (hors Paris), allez sur le site du réseau national des dirigeants de pépinières d'entreprises (association Élan) : www.pepinieres-elan.fr, vous y trouverez la liste des pépinières en fonction de votre région.
Pour Paris et la région parisienne, la liste se trouve sur :
www.entreprises.cci-paris-idf.fr/web/hebergement-d-entreprises

Vous souhaitez vous implanter dans un local commercial

Votre activité est un commerce, l'emplacement est un facteur essentiel de votre réussite. Alors, prenez votre temps, ne vous découragez pas, et comme tout au long de votre parcours de créateur soyez exigeant ! Vous ne devez pas vous satisfaire d'un emplacement « à peu près » correct.

Comment choisir votre emplacement ?

Pour trouver votre local, n'hésitez pas à en parler autour de vous, à votre réseau, à vos contacts (prospect, fournisseurs, expert-comptable…).
Sélectionnez un ou plusieurs quartiers, et validez cette présélection en allant sur place, en vérifiant que votre cible se trouve bien dans le quartier présélectionné.
Passez du temps sur le terrain : observez, interrogez les personnes du quartier, notez vos observations, soyez précis, ne vous « bloquez » pas sur un local, sur un quartier, soyez objectif, critique : ne rêvez pas.
Votre local et son emplacement doivent être attractifs pour votre future clientèle, et vous n'avez pas le droit à l'erreur.
Le site de la mairie de Paris propose des locaux vacants, bénéficiant de loyers modérés et appartenant à la Ville de Paris. Cette liste est mise à jour mensuellement et est consultable sur le site http://locaux-bureaux.paris.fr
Voici deux outils utiles :
- ODIL (*via* INSEE) : cet outil permet de réaliser un diagnostic d'implantation locale (pour en savoir plus, consultez le site : creation-entreprise.INSEE.fr) ;
- TERRITEM : ce système d'information territoriale fournit des données cartographiées produites par la CCIP.

À NOTER

Présenter son business plan Pour la bourse aux locaux, les bailleurs sociaux sont Paris Habitat-OPH, RIVP, SIEMP, SEMAEST. La condition d'obtention d'un local est systématiquement assujettie à la présentation de votre business plan.
Si vous recherchez un local par un autre biais, on vous demandera aussi certainement un business plan, alors soyez prêt : les seuls éléments de votre business plan à affiner devront être les montants du loyer, du dépôt de garantie et des frais liés au local (travaux d'aménagement, etc.).

Comment choisir votre local ?

Vous allez visiter de nombreux locaux. C'est important, car cela vous permet de vous faire une opinion concernant le marché : les produits disponibles, les prix, les conditions à remplir…
Lancez cette recherche très rapidement (même si votre business plan n'est pas terminé), car vous mettrez du temps avant de trouver votre local et cela vous permettra d'affiner vos critères de sélection. Car, là aussi, vous apprendrez en faisant. C'est très important, car vous pourrez vous faire une opinion des produits qui existent sur le marché et de leurs prix.
Lorsque vous avez « repéré » un local qui vous intéresse, soyez objectif : faites une étude de marché « terrain ». Analysez la concurrence qui se situe autour de votre local potentiel, regardez les prix pratiqués par cette concurrence, comparez avec les vôtres, si c'est un commerce de proximité, vérifiez que votre clientèle est bien présente dans votre futur quartier, évaluez le potentiel de développement, etc.
Avant de vous engager, vous avez des points à vérifier, à valider, à éclaircir : c'est le moment de poser toutes les questions !
- Concernant les anciens locataires :
• Interrogez les commerçants voisins, l'agence immobilière (qui n'est pas forcément objective, mais qui vous fournira peut-être des informations complémentaires), le propriétaire… Pour quelles raisons les anciens locataires sont-ils partis ?
• Interrogez aussi les futurs anciens locataires sur les coûts liés au local : le montant de l'électricité, des taxes locales, etc.
• Demandez-leur les contrats de maintenance en cours du matériel (chambre froide, chaudière, etc.), la vétusté de ces matériels, s'ils avaient prévu de les remplacer, quand et pourquoi.
- Concernant l'environnement de votre local :
• Placez-vous devant le local à différentes heures de la journée et sur différents jours de la semaine et vérifiez plusieurs éléments : est-ce que vos futurs clients sont nombreux à passer devant votre local ? Est-ce que la rue est animée ?
• Où se trouvent vos concurrents directs ? Quelle est leur offre (gamme, prix, service, accueil, horaires d'ouverture, clientèle, etc.) ?
• Quels sont les commerces les plus proches ? Sont-ils en cohérence avec le vôtre ? Êtes-vous à proximité de lieux drainant de la clientèle (école, mairie, grands magasins, etc.) ?
• Est-ce que le local est bien desservi en bus, métro, tramway, parc de stationnement, etc. ?
• Quels sont les commerçants qui se sont implantés récemment dans le quartier (cela peut vous donner des informations sur ce qu'il faudrait faire, ce qu'il vaut mieux éviter de faire, et sur le potentiel réel de la zone de chalandise) ? Tous les emplacements commerciaux sont-ils utilisés ? Y a-t-il des enseignes porteuses ?
• Renseignez-vous sur le devenir du quartier : existe-t-il un projet d'urbanisme ? Est-ce que certains établissements (susceptibles de vous apporter des clients) vont déménager ?

• Rencontrez un représentant de l'association des commerçants, qui est le mieux placé pour vous parler du dynamisme du quartier, et renseignez-vous auprès de votre banquier, car il connaît bien le tissu économique local.

MON CONSEIL

Soyez pratique Utilisez un plan et inscrivez dessus l'emplacement de vos concurrents, les arrêts de bus, les stations de métro, etc.

Et prenez des notes sur les éléments spécifiques de votre quartier : cela vous permettra de compléter votre étude de marché.

Vous pouvez aussi vous aider d'un outil : Odil, que vous trouverez sur le site http://creation-entreprise.INSEE.fr

Cet outil vous permettra de réaliser un diagnostic d'implantation locale :

- visualisation de la zone d'implantation et de ses principales caractéristiques grâce à une cartographie interactive ;
- accès à un dossier de résultats relatifs à la clientèle potentielle et aux établissements de même activité de la zone d'implantation.

- Concernant le local :

• Est-ce que le local respecte les règles de sécurité, d'hygiène et d'accessibilité imposées pour votre activité ?

• Est-ce que la taille de votre vitrine est cohérente par rapport à vos besoins d'exposition des produits que vous vendez (elle doit avoir une dimension minimale suffisante de 5 m) pour capter l'attention ?

- Concernant les coûts :

• Quels sont les frais pour acquérir le local ? Quelles sont les modalités de révision du loyer ? Quel est le montant du dépôt de garantie ?

• En cas de travaux, n'hésitez pas à faire venir des entreprises de travaux et de rénovation pour réaliser des devis.

• Si vous réalisez une remise en état, essayez de négocier avec le propriétaire une gratuité pour les premiers loyers.

• Intégrez le loyer, le dépôt de garantie et les autres informations financières obtenues dans votre business plan.

MON CONSEIL

Vérifiez aussi que la marge dégagée par votre activité permet de supporter les coûts liés au local. Le loyer annuel du local doit être inférieur à 8 % de votre chiffre d'affaires hors taxes.

- Concernant la durée :

• Quelle est la durée restant sur le bail ?

• Si, par exemple, vous reprenez un bail qui a 8 ans, il ne reste qu'un an : renégociez un bail neuf pour démarrer votre bail pour 9 ans. Sinon, au bout d'1 an (dès la fin du bail commercial), votre propriétaire peut augmenter votre loyer, d'autant plus que vous aurez amélioré le local avec les travaux que vous aurez réalisé.

MON CONSEIL

Communiquez ! Parlez du lieu aux professionnels de la création : à votre CCI (contactez un assistant technique au commerce), CM, mairie ; à votre réseau d'accompagnement (boutiques de gestion) ; à votre syndicat professionnel, etc. Communiquez et recherchez des informations concernant votre lieu d'implantation.

ATTENTION

Préparer son rétroplanning Lorsque vous avez trouvé votre local, tout s'accélère, car vous devez vous engager définitivement à verser le prix (cas de l'achat d'un fonds de commerce ou d'un droit au bail) à une date précise.

Préparez tout de suite un « rétroplanning », fixez le rendez-vous pour l'obtention des financements, demandez les délais d'obtention des fonds (tenez compte des périodes de vacances) et informez les financeurs du délai imposé par la cession.

Puis assurez-vous que le délai imposé par la cession est cohérent avec les délais d'obtention des financements. Pensez à prendre un délai de sécurité (car il y a toujours des imprévus…).

Si vous vous apercevez que vous ne tiendrez pas les délais, et que vous n'obtiendrez pas les fonds, contactez très rapidement le propriétaire et demandez-lui un délai supplémentaire. C'est plus rassurant pour tout le monde : pour vous, car vous aurez un délai supplémentaire, et pour le propriétaire, car il sera informé et ne se retrouvera pas à 3 jours de la cession avec un repreneur qui n'a pas les fonds…

Le fonds de commerce

Sont concernées les entreprises du secteur de la vente ou des services à la clientèle, les entreprises commerciales ou industrielles.
Le fonds de commerce est un ensemble d'éléments mobiliers corporels et incorporels constitué en vue d'attirer et de satisfaire une clientèle.
Les éléments incorporels d'un fonds de commerce sont les suivants :
- la clientèle ;
- l'achalandage ;
- le droit au bail ;
- l'enseigne ;
- le nom commercial ;
- les brevets et marques ;
- les autorisations administratives.

Les éléments corporels d'un fonds de commerce sont les suivants :
- les marchandises ;
- l'outillage ;
- les équipements ;
- l'agencement ;
- le matériel.

La finalité du fonds de commerce est la clientèle.

Dans le langage courant, l'expression « fonds de commerce » est souvent utilisée pour désigner un commerce de détail. Cette utilisation ne correspond pas à la définition juridique ci-dessus, plus large, et qui ne s'applique pas exclusivement aux commerces de détail.

À NOTER
La valeur du fonds de commerce est souvent chiffrée en fonction du CA de l'activité exercée par l'ancien occupant.

Très souvent, le propriétaire du fonds de commerce n'est pas le propriétaire des murs : c'est un locataire. Le propriétaire des murs est le bailleur. Le locataire des murs, c'est-à-dire le titulaire du fonds, propriétaire et exploitant le fonds de commerce, bénéficie au regard du propriétaire des murs d'une protection particulière dite « propriété commerciale » : le bailleur ne peut reprendre les lieux sans avoir versé au titulaire du fonds une indemnité d'éviction.

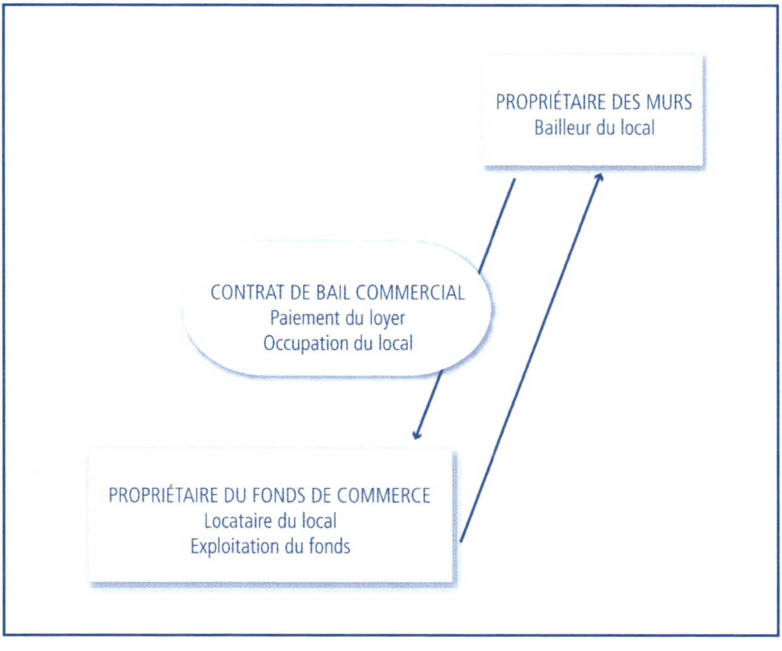

Le fonds de commerce peut être vendu ou mis en location-gérance.

› La location-gérance

Si le propriétaire du fonds ne souhaite pas l'exploiter lui-même (travailler dans le lieu), il peut en confier l'exploitation à une autre personne sous 2 formes : la gérance libre (au gérant libre ou locataire-gérant) ou la gérance salariée ou appointée (avec le gérant-salarié qui travaille et gère le fonds de commerce pour le compte du propriétaire, moyennant une rémunération, et aux risques et périls du propriétaire).
La gérance libre est l'appellation courante de la location-gérance.
L'avantage de la gérance libre, pour le gérant, est de lui permettre d'exploiter un fonds de commerce tout en étant son propre patron. Mais il doit malgré tout avoir un minimum d'apport personnel afin de payer une caution pour garantir les loyers : en moyenne 6 mois de loyer.
Ce n'est pas une sous-location vis-à-vis du propriétaire des murs. La location-gérance est un contrat entre le propriétaire du fonds de commerce et un « gérant » (un commerçant) : ce contrat est une location totale ou partielle du fonds (voir le schéma ci-après). Le gérant l'exploite à ses risques et périls.
Les obligations du locataire :
- verser la redevance au bailleur ;
- respecter la destination du fonds ;
- ne pas céder ou mettre en gage le fonds.
Contrairement au bail commercial qui est très réglementé, la location-gérance obéit à ce qui est inscrit dans le contrat : soyez très vigilant sur les clauses du contrat et faites-vous aider par des professionnels.

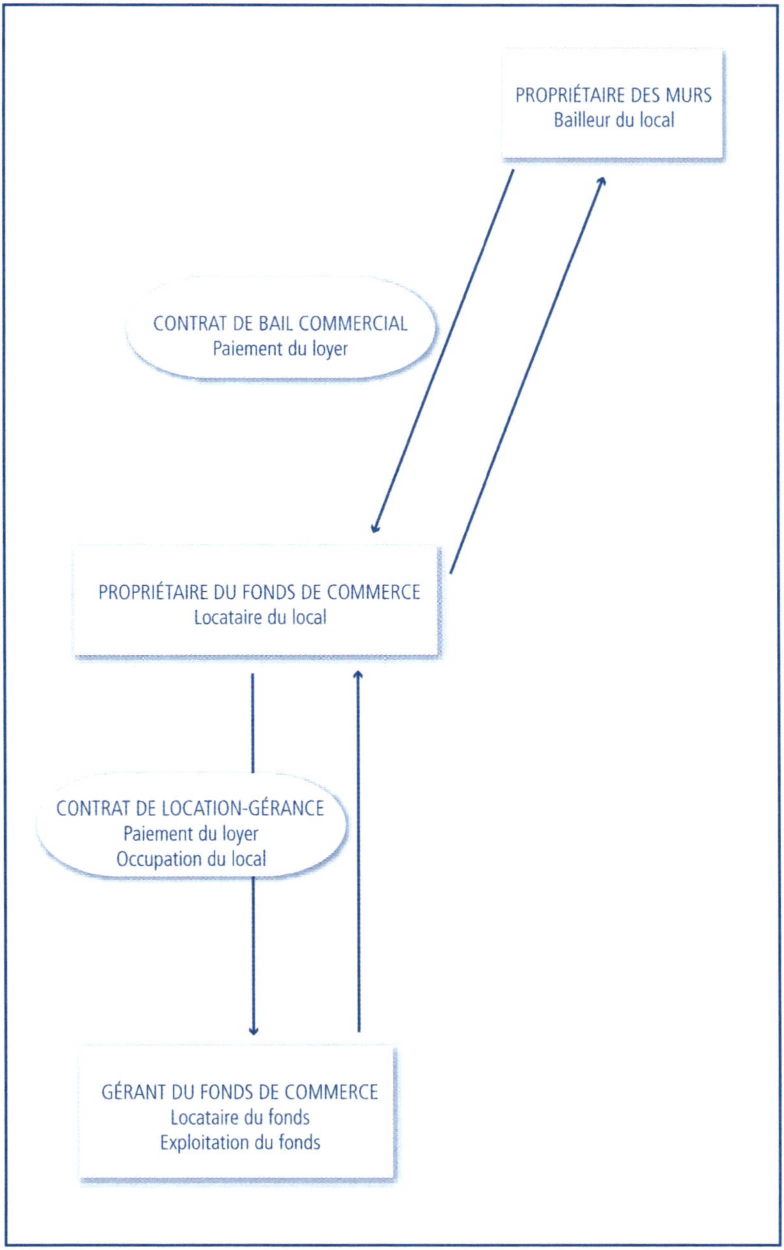
PROPRIÉTAIRE DES MURS
Bailleur du local
CONTRAT DE BAIL COMMERCIAL
Paiement du loyer
PROPRIÉTAIRE DU FONDS DE COMMERCE
Locataire du local
CONTRAT DE LOCATION-GÉRANCE
Paiement du loyer
Occupation du local
GÉRANT DU FONDS DE COMMERCE
Locataire du fonds
Exploitation du fonds

› L'achat d'un fonds de commerce

Pour acheter un fonds de commerce, vous devez être aussi vigilant que pour la reprise d'une entreprise.
Faites un état, une liste précise des éléments que vous souhaitez acheter (voir plus loin), autrement dit un inventaire.
La vente du fonds de commerce ne transfère pas à l'acquéreur (cessionnaire) l'obligation des dettes contractées par le vendeur (le cédant). En effet, lorsque vous reprenez une entreprise, vous achetez des titres d'une société et donc le contrôle de l'entreprise. Dans ce cas, vous reprenez aussi toutes les dettes du vendeur. Tandis que lorsque vous reprenez un fonds, vous achetez les éléments constitutifs d'une clientèle, une liste d'actifs comprenant les contrats de travail. Vous pouvez lister les éléments que vous souhaitez acheter et ce que vous ne souhaitez pas reprendre, à l'exception des contrats de travail qui sont transmis de plein droit de par la loi s'ils se rattachent à l'activité transmise. Vous ne reprenez donc pas les dettes, ni les contrats en cours.
Vous devez avoir en votre possession un certain nombre d'éléments, pour la plupart, transmis par le propriétaire. Vous devez analyser des indicateurs objectifs et subjectifs.

Les indicateurs objectifs

Pour cela, vous devez travailler sur 3 années consécutives : de façon annuelle pour chaque année (en effectuant des comparaisons par année) et en moyenne sur les 3 ans.

Le CA

- Quelle est son évolution ?
- Si le CA est stable depuis quelques années, c'est sûrement que l'affaire a atteint son potentiel maximum.
- Concernant les affaires en hausse, demandez-vous toujours quelles sont les raisons de cette augmentation.
- Souvent, les affaires en baisse sont les plus intéressantes, mais pour en être sûr, vous devez connaître l'origine de cette baisse afin de pouvoir la corriger.

La liasse fiscale de votre vendeur

- Pour analyser ces éléments, vous devez vous faire aider pas un spécialiste.
- Pour cela, vous devez lui apporter la forme juridique, les bilans (ou liasses fiscales) sur les 3 dernières années, le nombre de salariés, le détail des salaires, etc., du vendeur du fonds.

Le matériel

- Faites un point sur le matériel à disposition : son état, les contrats de maintenance en cours, la nécessité de remplacer ou de réparer certains éléments.
- À qui appartient chacun des matériels ? Y a-t-il des matériels en location ? Est-ce que les matériels sont conformes aux normes d'hygiène et de sécurité ?
- Faites l'inventaire du matériel et vérifiez son état : consignez vos remarques par écrit.

L'enseigne

Si l'enseigne correspond au nom du cédant, et que vous souhaitez la garder (à vous de choisir ce qui est opportun vis-à-vis de la clientèle), faites figurer dans l'acte de vente du fonds de commerce votre droit d'utiliser ce patronyme comme enseigne et comme nom commercial.

Le bail commercial

- Lisez attentivement le bail. Validez la surface, les conditions financières, la destination du bail, les clauses de revente, etc.
- Vérifiez que votre activité correspond bien aux activités autorisées dans le bail. Sinon, une modification partielle ou totale de l'activité peut être apportée au bail commercial à condition de respecter une procédure particulière : « la déspécialisation ».
- Faites-vous accompagner pour cette relecture.

Les contrats et autorisations repris

- Ce sont les contrats de fourniture, les contrats de travail et les autorisations administratives.
- Ces contrats vous créent des obligations : vous devez connaître tous ces contrats et en obtenir une copie.
- Certaines autorisations sont très importantes pour l'exploitation, la possibilité d'utiliser une terrasse par exemple, vérifiez la durée et la pérennité de l'autorisation auprès de la municipalité.
- Faites-vous accompagner pour cette relecture.

Le stock

Vérifiez l'état du stock : est-ce que le stock de marchandises est ancien ? Est-il abîmé ? Est-ce que la quantité est insuffisante, suffisante ou trop importante ?

L'indicateur subjectif : la personnalité du vendeur

Vous devez connaître la relation commerciale entre le vendeur du fonds et ses clients.

Observez-le, comment communique-t-il avec ses clients ? Est-ce qu'il les connaît bien ?

L'idéal est d'instaurer une relation de confiance avec lui pour qu'il vous transmette ses trucs et tuyaux. Il peut en effet vous faciliter la reprise du fonds et de sa clientèle : vous pouvez prévoir une période de transition où vous êtes tous les deux dans le commerce et où il vous « passe le relais » en vous présentant à ses clients, où il vous mettra au courant de ses relations avec les fournisseurs (quantités et délais de paiement), avec ses clients et avec le personnel. C'est essentiel, car cela facilitera votre démarrage.

Dans votre prévisionnel de CA, prévoyez de toute façon une baisse d'activité (par rapport au CA de votre prédécesseur) pour les 6 premiers mois.

Contacter la CCI : www.transentreprise.com qui peut vous accompagner et vous aider dans l'analyse de ces différents critères.

ATTENTION

Se faire assister Le formalisme de l'achat d'un fonds de commerce est assez lourd et complexe. Faites-vous assister sur ce point, car si les formalités ne sont pas réalisées correctement, l'acte de cession sera annulé.
Faites-vous aussi préciser le montant des frais liés à cet achat de fonds de commerce.
À titre d'information, le montant des droits d'enregistrement se situe entre 3 et 5 % du prix de cession entre 23 000 € et 200 000 €, et à 5 % au-delà de 200 000 €.

Le bail commercial

C'est un contrat de location immobilière consenti aux entreprises qui exercent une activité industrielle, commerciale, artisanale ou, depuis le 6 août 2008, libérale.

› Fonctionnement

La durée minimale du bail est de 9 ans, le locataire pouvant le résilier à l'expiration d'une période triennale (c'est pourquoi on emploie souvent l'expression « bail 3-6-9 »).
Le locataire est très avantagé car ce bail commercial lui donne une stabilité (grâce au droit au renouvellement de son bail), qui va lui donner le temps de développer son affaire.
À travers le bail commercial, les parties fixent librement le montant du loyer, ainsi que la périodicité et le mode de paiement. Le loyer fait l'objet d'une révision triennale. La hausse est plafonnée et calculée en fonction de la variation de l'indice retenu et de la valeur locative. Ce plafonnement peut être remis en question si une « modification matérielle des facteurs locaux de commercialité » apparaît : augmentation globale de la population, transformation du quartier à la suite de la création d'une zone piétonne, etc.
Le locataire doit parfois aussi payer au bailleur un dépôt de garantie (équivalent à 3 mois ou 6 mois de loyer), au moment de la conclusion du bail. Elle sera remboursée au locataire quand il quittera les lieux s'il a rempli toutes ses obligations contractuelles.
Au bout de 9 ans, le locataire a droit au renouvellement de son bail ou, à défaut, à une indemnité d'éviction compensant le préjudice subi. C'est alors la signature d'un nouveau bail de 9 ans ou bien le non-renouvellement du bail. Cette « protection » est applicable uniquement si le locataire est immatriculé au registre du commerce et des sociétés (RCS) pour les commerçants, ou au répertoire des métiers (RM) pour les artisans.
Les clauses interdisant au locataire de céder son bail sont nulles lorsque la cession porte sur l'ensemble des éléments composant le fonds de commerce car il y a reprise de l'activité existante. La nullité de la clause ne joue pas lorsqu'elle s'applique à une cession du seul droit au bail.
Avant de signer un bail commercial, veillez à ce que la clause de destination des lieux (les activités autorisées à être exercées dans les lieux) soit la plus large pos-

sible. En effet, si vous cédez votre bail au bout de quelques années, vous trouverez un acquéreur plus facilement.

MON CONSEIL
Lors de la négociation de votre bail commercial, pensez à insérer une clause vous autorisant à sous-louer les locaux. Cette précaution vous permettra, en cas de difficultés financières, de sous-louer une partie de votre local et ainsi d'alléger vos charges fixes.

À NOTER
Le 5 juin 2014, la loi Pinel relative à l'artisanat, au commerce et aux TPE a été définitivement adoptée par le Sénat. Cette loi impacte les baux commerciaux et les relations entre commerçants locataires et bailleurs :
- les loyers commerciaux seront calculés sur la base de l'indice ILC (indice des loyers commerciaux) et non plus ICC (indice du coût de la construction) ;
- la hausse des loyers commerciaux est limitée à 10 % par an ;
- un état des lieux, jusqu'ici facultatif, devient obligatoire lors de la prise de possession des locaux ;
- l'inventaire et la répartition des charges locative, des impôts et taxes entre le bailleur et le locataire, jusqu'ici facultatif, devient obligatoire ;
- une priorité d'achat pour le locataire du bail commercial est instaurée en cas de vente du local loué.

Source : loi n° 2014-626 du 18 juin 2014, *Journal officiel* du 19 juin 2014.

› La cession du bail commercial : le droit au bail

C'est une indemnité demandée par un commerçant titulaire d'un bail commercial à celui qui prend sa suite dans la location du local commercial qu'il occupait : le preneur reprend le bail conclu entre le précédent occupant et le propriétaire.
Le locataire sortant souhaite monnayer le fait que son loyer est sous-évalué par rapport au prix du marché. Il cédera par conséquent son bail moyennant le paiement d'une indemnité : le « droit au bail ». Pour le preneur, le droit au bail est soumis aux droits d'enregistrement et il figure à l'actif du bilan en tant qu'immobilisation incorporelle non amortissable.

› Achat d'un fonds de commerce ou d'un droit au bail ?

Lors de la cession du fonds, l'acheteur reprend automatiquement le droit au bail, car le bail fait partie du fonds. Cela implique aussi la reprise du personnel et des contrats en cours de l'activité.
Le bailleur (propriétaire des murs) n'a pas la « main » sur la cession du fonds.
Il est plus intéressant pour l'exploitant du fonds de céder son fonds plutôt que son bail fiscalement (exonération des plus-values lors de la cession de fonds) et socia-

lement (la cession du fonds implique la cession des contrats de travail donc pas de licenciement pour le cédant).
La cession du fonds oblige à trouver un acquéreur dans la même activité alors que de nombreuses demandes peuvent concerner d'autres métiers, même si le bail commercial est ouvert à tout type de commerce.
L'achat d'un fonds n'est pas un rachat des parts sociales de l'entreprise exploitant auparavant le fonds.
Lors de la cession du bail, l'acheteur verse le droit au bail. Le bailleur, propriétaire des murs, intervient lors de la cession du bail, concernant son engagement au renouvellement ou la déspécialisation du bail (ce qui induit une augmentation du prix de la transaction).

ATTENTION
Une clause du bail peut interdire au locataire de céder le bail indépendamment du fonds.

Les autres possibilités

› Le bail professionnel

C'est un contrat de location consenti aux entreprises exerçant une activité libérale ou artisanale lorsqu'il n'existe pas de fonds de commerce.
Sa durée minimale est de 6 ans.
Le locataire peut le résilier à tout moment sous réserve de respecter un délai de préavis de 6 mois.

› La sous-location

Toute sous-location totale ou partielle est interdite sauf lorsqu'une clause du bail l'autorise, ou, lorsque le propriétaire donne son accord ultérieurement (par lettre ou avenant au bail par exemple).
Le locataire doit faire intervenir le propriétaire à l'acte de sous-location et au moment de ses renouvellements.

› La colocation

Dans ce cas, plusieurs entreprises louent ensemble un local.

À NOTER
Définissez précisément, entre colocataires, le mode de fonctionnement de votre local : les règles à respecter afin que la colocation se déroule dans les meilleures conditions possible.

› Le coworking

Si vous choisissez le *coworking*, vous travaillerez alors dans des locaux partagés que vous louerez au jour ou au mois.

Voici quelques exemples d'espaces de *coworking* : lacantine.org ; la-ruche.net (réservé aux entrepreneurs sociaux) ; mutinerie.org ; lawomatic.fr ; soleilles-cowork.com.

À NOTER
Le site coworkinginitiatives.com vous donnera des informations sur tous les espaces de *coworking* en France. Les sites www.eworky.com et/ou www.neo-nomade.com vous permettront de choisir l'espace de *coworking* en fonction de critères à cocher.

› Le pas-de-porte

Le pas-de-porte est :
- un supplément de loyer (cas le plus fréquent) : le propriétaire souhaite se prémunir contre les hausses de loyer qui ne suivent pas la hausse de la valeur locative réelle des locaux ;
- une indemnité correspondant à la « contrepartie pécuniaire d'éléments de natures diverses, notamment d'avantages commerciaux sans rapport avec le loyer » ;
- une indemnité correspondant à la contrepartie pécuniaire de la dépréciation de la valeur des locaux.

En effet, si le propriétaire souhaite reprendre les locaux, il devra verser au locataire une importante indemnité d'éviction.
Cette qualification doit être indiquée dans le bail.
En conclusion, l'installation de votre entreprise se prépare bien à l'avance. Cette étape prend du temps. Ne vous impatientez pas, et informez-vous bien sur la localisation et les différentes possibilités qui s'offrent à vous en fonction de votre activité.
Obtenez les projets de contrats (cession, location, etc.), cela vous permettra de les faire valider avant de les signer. Prenez le temps de les lire, et si certains éléments ne vous semblent pas clairs (par exemple, certaines formulations juridiques), demandez des explications et des informations complémentaires.
Vous devez vous approprier ces différents éléments juridiques et administratifs.

› Le bail de courte durée ou « bail dérogatoire »

Ce bail vous permettra de tester votre activité commerciale et sa localisation. Vous êtes alors engagé pour une durée maximum de 23 mois et vous pouvez conclure plusieurs baux successifs, à condition que la durée totale de ceux-ci n'excède pas 2 ans.

À NOTER
La loi Pinel relative à l'artisanat, au commerce et aux TPE, loi n° 2014-626 du 18 juin 2014, fait passer la durée du bail dérogatoire de deux à trois ans afin de favoriser l'implantation de nouveaux commerces.

Démarrer votre activité

➤ Ce chapitre concerne tous les entrepreneurs, quel que soit le statut juridique choisi.

➤ Votre activité de prospection commerciale, lorsque vous étiez porteur de votre projet, vous a déjà permis d'identifier vos premiers clients. Vous avez établi vos premiers échanges avec vos fournisseurs, vos partenaires.

➤ Suite à votre immatriculation, vous commencez à recevoir des documents de différents organismes. C'est le moment de vous « organiser ».

Vous construisez votre relation avec vos clients et vos fournisseurs

La relation avec vos clients et vos fournisseurs est avant tout une relation de confiance réciproque. En effet, vous choisirez les fournisseurs avec lesquels vous souhaitez travailler et vous aurez parfois aussi à choisir vos clients.
Les critères de ce choix sont objectifs (pour un fournisseur, qualité de l'offre, délai de livraison, adéquation avec votre besoin, etc. ; pour un client, capacité à payer le prix, adéquation avec son besoin, etc.), mais aussi subjectifs.
Cette subjectivité fait appel à votre instinct d'entrepreneur et suscitera votre confiance.
Au-delà de la relation de confiance, un certain formalisme est à respecter. Ce formalisme démarre tout de suite avec la proposition (l'engagement), et la réalisation du travail proposé (la facturation).

L'engagement : le devis, le bon de commande

› Qu'est-ce que l'engagement ?

À NOTER
Choisir son client Il peut sembler étrange de choisir son client, mais si vous sentez que le client « pinaille » sur tout, s'il n'est pas clair dans la définition de son besoin, s'il ne tient pas ses engagements (par exemple, il vous dit qu'il vous rappelle, qu'il vous envoie de la documentation, et ne le fait pas), il vaut peut-être mieux refuser le contrat qui risque d'être source d'ennuis et au final de non-paiement par le client.

Que ce soit avec votre client ou avec votre fournisseur, l'engagement se fait sous forme de bon de commande ou de devis. Très souvent, on parle de bon de commande pour des biens vendus, et de devis pour des prestations de services. Ce document doit être signé par les 2 parties (votre client et vous) : c'est la preuve que la commande (le contrat) a bien été passée. Votre client signe le devis en mentionnant la date de sa signature et la formule « bon pour accord ». Dès lors, le devis et/ou bon de commande a la même valeur qu'un contrat. Vous devez alors respecter le prix et les délais que vous avez indiqués.

MON CONSEIL
Lorsque vous envoyez par courrier votre devis et/ou bon de commande, n'oubliez pas de le faire en deux exemplaires et de signer les deux. Votre client devra ainsi vous retourner un des deux exemplaires signés.

Le devis et/ou bon de commande doit idéalement présenter les conditions générales de ventes et les éléments propres à la prestation :
- le barème de prix ;
- les conditions et délais de règlement des factures ;
- éventuellement les rabais, ristournes et taux de pénalité si votre client a des retards de paiement ;
- le prix du travail demandé (le montant HT) ;
- la quantité commandée de chaque produit ou un descriptif du travail demandé ;
- le taux et le montant de la TVA ;
- la date de livraison ;
- la période de validité de l'offre.

ATTENTION
Compte tenu des modifications à venir concernant les différents taux de TVA, informez-vous sur le ou les taux auxquels vous êtes assujetti.

MON CONSEIL
Être précis dans ses engagements Soyez précis dans votre devis et/ou bon de commande : respectez les mentions obligatoires, détaillez les produits, la prestation, afin que votre client se rende compte que vous avez bien compris son besoin. Attention, si votre activité a un vocabulaire technique, vous devez adapter ce vocabulaire à votre client afin qu'il comprenne et qu'il s'approprie le devis que vous lui transmettez.

Cas pratique
M. X souhaite développer un site d'e-commerce pour son activité de vente de prêt-à-porter.
Il a entendu dire qu'il fallait faire du e-marketing (pour le bon référencement et le bon positionnement du site) et un développement du site.
Cet univers et ce vocabulaire lui sont totalement inconnus. Il voit de nombreux prestataires : graphiste, e-marketing, webmaster, développeur… Chaque prestataire lui transmet des informations, des méthodes de travail et des devis. M. X commence à mieux comprendre le fonctionnement de ce nouvel univers, et il précise et clarifie ce qu'il souhaite faire sur son site.
Un des prestataires, la société Y, ne lui a pas envoyé de devis tout de suite. Elle a reformulé totalement la demande de M. X grâce à un document retraçant le contexte de la demande et la demande elle-même (spécifications techniques, évolutions possibles, etc.). La société Y a demandé à M. X de valider ce document et éventuellement d'y apporter des commentaires et/ou correctifs, puis il a chiffré son

> offre. La société Y a ainsi été beaucoup plus pertinente que les autres prestataires qui proposaient très certainement des prestations équivalentes en termes de qualité. M. X a fait le choix de la société Y car il a été totalement convaincu de la compréhension de son besoin par ce prestataire.

Votre devis et/ou bon de commande doit être adapté à la demande de votre client et doit le rassurer. Il est important, au travers de votre devis et/ou bon de commande, de lui montrer que vous avez bien identifié et compris son besoin.
Si le client, à la lecture de votre devis et/ou bon de commande, est rassuré sur votre compréhension de son besoin, c'est un élément déclencheur de la signature du devis et/ou bon de commande.

EXEMPLE DE DEVIS ET/OU BON DE COMMANDE	
Nom de la société : Adresse : France N° SIRET : N° TVA : Tél. : e-mail :	DEVIS n°: Édité le : Client : Adresse : Tél./Fax : Contact :
Ce devis restera valable jusqu'au :	
Date de livraison :	
Termes de paiement :	
Transport :	

Réf.	Descriptions	Couleur	Q	PU	Total
	Total HT				€
	TVA (20 %)				€
	Total TTC				€

Informations bancaires
Nom banque/Adresse/Code banque/Code guichet/Numéro de compte/Clé RIB

Dans l'exemple ci-dessus, nous avons indiqué un taux de TVA à 20 %.

ATTENTION
Évitez de démarrer votre travail (prestation intellectuelle ou lancement de fabrication) avant la signature du devis et/ou bon de commande par votre client.

MON CONSEIL
Demander un acompte Vous pouvez demander un acompte de 20 % à 30 % du montant total à la signature du devis et/ou bon de commande. C'est une pratique courante, quel que soit votre domaine d'activité. Cela vous permet d'avoir de la trésorerie pour démarrer le travail. Cette trésorerie vous permettra :
- pour des produits, de lancer la fabrication (achat des matières premières, paiement des fabricants ou des produits) ;
- pour une prestation intellectuelle, de vous rémunérer pendant la conception de votre prestation (rémunération du temps passé).

Vous vendez et livrez un bien : le bon de livraison

Une fois le bien livré à votre client, vous devez émettre un bon de livraison et une facture.
Ce bon de livraison doit être signé par votre client : c'est la preuve de la réception de la marchandise et du respect de la date de livraison.
On dit qu'il y a transfert de propriété de vous vers votre client. La plupart du temps le transfert ne se fait que lorsque le paiement du prix a été intégralement versé au fournisseur : cette mention doit être indiquée dans les conditions générales de vente figurant au dos de la facture ou sur votre devis ou bon de commande (voir *Qu'est-ce que l'engagement ?*, p. 186).
Vous pouvez alors émettre votre facture afin d'obtenir le paiement.

La facturation

Vous facturez votre client dès que le travail commandé est réalisé et livré.

› Pourquoi une facture ?

La facture est un document obligatoire. Elle finalise la transaction entre votre client et vous, et elle vous permet d'être payé. C'est la pièce justificative comptable pour le calcul de la TVA à payer, la justification du chiffre d'affaires, le calcul de l'IS, etc.

MON CONSEIL

N'attendez pas pour facturer En effet, plus vous facturerez tard, plus le délai de règlement de votre client s'allongera. Ce délai de règlement est un point extrêmement important dont vous discuterez très en amont avec votre client, dès que son choix de la prestation ou des produits est arrêté. Vous devez fixer à votre client son délai de paiement et son mode de règlement. Ces informations apparaissent dans vos conditions générales de vente que nous avons vues précédemment. Dans certains cas, votre client peut vous imposer ses délais et le mode de règlement (par exemple, les administrations, les entreprises de taille importante, etc.).

› Comment rédiger une facture ?

Une facture doit être émise en 3 exemplaires : 1 pour le client, 1 à garder précieusement dans vos pièces comptables et 1 à transmettre à votre expert-comptable.

MON CONSEIL

Gardez aussi avec la facture tous les éléments justifiant cette facturation (feuille de présence signée conjointement, bon de livraison signé par le client, etc.).

La facture doit comporter un certain nombre d'informations obligatoires :
- le nom, l'adresse, le numéro de TVA intracommunautaire (pour les opérations réalisées hors de France) de votre client ;
- le numéro de facture (ou chronologie de la facture) ;
- la date d'émission de la facture ;
- le nom, l'adresse, le numéro de Siret, le numéro de TVA intracommunautaire de votre entreprise ;
- le rappel du numéro de devis et/ou bon de commande, du numéro de bon de livraison ;
- la date et les conditions de règlement ;
- la description des produits vendus (quantité et descriptif) ou de la prestation réalisée, le montant HT, le taux de TVA, le montant TTC et la monnaie de paiement ;
- toute réduction de prix prévue lors de la négociation de la vente.

ATTENTION

Vos numéros de factures doivent se suivre. Par exemple : 2016-07 001 (année 2016 et 1re facture du mois de juillet), puis 2016-07 002, etc.

Il existe des cas particuliers pour lesquels vous devez faire apparaître sur vos factures d'autres mentions obligatoires spécifiques.

- **Si vous êtes adhérent d'un centre de gestion agréé (CGA)** (voir *Les associations de gestion agréées (AGA)*, p. 201), vous devez indiquer la mention « Acceptant le règlement des sommes dues par chèques libellés à son nom en sa qualité de membre d'un centre de gestion agréé par l'administration fiscale ».

- **Si vous êtes en statut fiscal de micro-entreprise,** vous devez indiquer la mention « TVA non applicable, article 293B du CGI ».
- **Si vous livrez un ou des biens à un client assujetti à TVA de l'Union européenne,** vous devez indiquer la mention « Exonération de TVA article 262-ter du Code général des impôts ».

EXEMPLE DE FACTURE ASSUJETTIE À TVA À 20 %	
Nom de la société : Adresse : France N° SIRET : N° TVA : Tél. : e-mail :	Facture n°: Éditée le : Client : Adresse : Tél./Fax : Contact :
Date de livraison :	
Facture proforma :	
Termes de paiement :	
Transport :	

Réf.	Descriptions	Couleur	Q	PU	Total
	Total HT				€
	TVA (20 %)				€
	Total TTC				€

Informations bancaires
Nom banque/Adresse/Code banque/Code guichet/Numéro de compte/Clé RIB

Dans l'exemple ci-dessus, nous avons indiqué un taux de TVA à 20 %.

À NOTER

Une mention obligatoire doit apparaître sur les factures : « En cas de retard de paiement, application d'intérêts de retard de 3 fois le taux légal. Conformément à l'article L. 441-3 du Code de commerce, les frais de recouvrement resteront à la charge du client et seront fixés soit forfaitairement à 40 € (décret n° 2012-1115 du 2 octobre 2012), soit au réel si les frais sont supérieurs au forfait. »

À NOTER

Votre facture reprendra les principaux éléments de votre devis et/ou bon de commande.

MON CONSEIL

Vos modalités et conditions de paiement Les modalités et les conditions de paiement sont des informations essentielles pour la construction du plan d'affaire ou business plan : prévisionnel de trésorerie (voir *Le prévisionnel de trésorerie,* p. 120). L'idéal est de réduire le délai de règlement client et d'augmenter le délai de règlement fournisseur. Cette augmentation de votre délai de paiement à votre fournisseur se fait à travers une négociation. Au démarrage de votre activité, votre fournisseur va très certainement vous demander le paiement total de sa prestation/de ses produits, car il ne vous connaît pas encore et la relation de confiance n'est pas encore installée. N'hésitez pas à renégocier ces conditions lorsque vous travaillez régulièrement avec un fournisseur.

Cette réduction du délai de règlement client peut se faire en partie grâce à l'acompte demandé lors de la signature du devis et/ou bon de commande, mais également par une incitation financière (la remise accordée) pour que le client paie au comptant à réception de la facture (généralement 2 % du montant HT de la facture). La facture doit le mentionner.

› La facture d'avoir, l'avoir ou note de crédit

Dans cette partie, par simplification, nous utiliserons le terme « avoir ».

L'avoir est la somme d'argent que vous devez à votre client :

- suite à un retour total ou partiel de marchandises défectueuses ou ne correspondant pas à la commande initiale ;
- lorsque vous avez oublié d'appliquer une remise, un rabais ou pour une ristourne ;
- pour annuler totalement ou partiellement une facture (par exemple, pour annuler la facturation d'articles non reçus par votre client).

Il arrive que votre client ne soit pas satisfait par votre prestation, par les produits que vous lui avez livrés, etc. Dans ce cas, il peut refuser de payer le prix et vous renvoyer tout ou partie de la marchandise ou ne pas accepter votre prestation, et il va vous demander un avoir.

Cette demande d'avoir peut-être totale ou partielle, avec ou sans retour de marchandises. Cela dépendra de l'échange que vous aurez avec lui et de l'accord qui en résultera.
Lorsque votre client vous fait part de son mécontentement sur votre prestation ou vos produits, soyez réactif, lucide. Demandez-lui la ou les causes de son mécontentement, soyez créatif afin de trouver une solution. N'oubliez pas que vous risquez de perdre ce client et qu'il faudra peut-être faire un geste commercial pour éviter de le perdre.
À vous de décider : si c'est un bon client, faites un effort ou si c'est un mauvais payeur et un client avec lequel vous passez beaucoup de temps pour un petit CA, c'est peut-être le moment de profiter de cette situation pour mettre fin à votre relation.
La forme d'un avoir ou facture d'avoir est la même que celle d'une facture, et un avoir comporte les mêmes mentions obligatoires qu'une facture. Les seules différences sont le nom « avoir » et une information complémentaire obligatoire : la référence au numéro et à la date de la facture annulée partiellement ou totalement.
Une différence importante entre facture et avoir est qu'au lieu d'indiquer « net à payer » (mention qui apparaît en bas de la facture), on indique dans l'avoir « net à votre crédit » ou « net à déduire ».
Vous pouvez payer à votre client le montant de l'avoir ou bien le déduire des factures à venir.

ATTENTION
Cet avoir va diminuer d'autant votre chiffre d'affaires. En effet, votre facture a généré votre chiffre d'affaires, et à l'inverse, l'avoir, qui annule tout ou partie de votre facture, va supprimer ou diminuer votre chiffre d'affaires généré initialement.

MON CONSEIL
Analysez très objectivement les raisons des demandes d'avoir de vos clients. Cela vous permettra de vous améliorer, et d'éviter de reproduire les mêmes erreurs.

Cas pratique

M. X se rend compte qu'il fait beaucoup d'avoirs, ce qui diminue d'autant son CA.
Il décide alors d'analyser les causes des avoirs.
Il met en place un suivi des causes d'émission d'avoirs sous la forme d'un tableau (voir ci-après) qu'il met à jour à chaque émission d'un avoir.
Il constate que ses avoirs sont dus en majorité à un retard de livraison.
Deux solutions s'offrent donc à lui : soit mettre en place une action avec son service livraison pour diminuer les délais de livraison aux clients, soit modifier ses conditions générales de vente et y intégrer un délai de livraison plus important.

SUIVI DES AVOIRS (montants en euros)			
Date	N° avoir	Montant HT	Cause
Total		0	

SUIVI DES AVOIRS MOIS DE JUILLET (montants en euros)			
Date	N° avoir	Montant HT	Cause
01-juil	A1100701	1 500	Retard livraison
12-juil	A1100702	500	Produit défectueux
20-juil	A1100703	800	Retard livraison
21-juil	A1100704	750	Retard livraison
Total		3 550	
Dont total Produit défectueux		500	
Dont total Retard livraison		3 050	

Les spécificités de la relation avec son fournisseur

Vous avez choisi votre fournisseur en fonction d'un certain nombre de critères : le prix, la qualité des produits/de la prestation, les délais de livraison… Il vous a envoyé un devis/bon de commande.

N'oubliez pas de :

- relire le devis et/ou bon de commande et vous faire préciser par écrit les points restés flous, ou qui vous semblent flous ;
- négocier l'échelonnement des paiements ;

- valider le délai de fabrication et s'assurer qu'il respecte la date de livraison chez votre client ou la date de présentation pour un salon (toujours prévoir un délai de « sécurité », soyez prudent, anticipez). Ce délai de sécurité va dépendre de votre domaine d'activité, de la connaissance que vous avez de votre fournisseur. En général, prévoyez 1 mois.

Rappelez-vous que vous êtes le client de votre fournisseur. Vous devez être exigent avec lui, et obtenir de lui qu'il tienne ses engagements.

Il est souvent difficile de négocier au démarrage de la relation avec votre fournisseur, mais au fil du temps, et grâce à la relation de confiance qui s'installera, vous pourrez certainement négocier sa tarification, des délais de règlement plus longs, des remises de fin d'année, etc.

Les spécificités de la relation avec son client

Il est recommandé d'obtenir le paiement d'un acompte à la commande (30 % du montant total du devis et/ou bon de commande).

Vous pouvez intégrer plusieurs acomptes, à des dates différentes, dans vos conditions de règlement. Est considéré comme acompte, tout versement effectué par votre client, avant que la livraison du bien ou la prestation de services ne soit effectuée.

Les acomptes sont un échelonnement des paiements de votre client. Ils vous permettent de commencer à payer vos fournisseurs et vos salariés.

Exemple : 30 % à la signature du devis, 30 % au commencement des travaux, et le solde, 40 %, à la fin des travaux.

Ces acomptes impliquent à chaque fois l'émission et l'envoi à votre client d'une facture d'acompte.

La facture d'acompte doit être rédigée de la même façon que vos factures. Elle doit présenter les mêmes informations, et suivre une chronologie identique (le numéro de l'acompte).

Au moment de la facturation définitive, il ne faudra pas oublier de déduire le montant du ou des acomptes du montant total de la facture, et de mentionner le ou les numéros des factures d'acompte qui sont ainsi déduites.

Prestation de services (TVA à l'encaissement)

Devis :

Montant HT	1 000,00 €	
Montant TVA	200,00 €	
Montant TTC	1 200,00 €	
Facture acompte n° XXX à la commande 30 %		
Montant HT	300,00 €	
Montant TVA	60,00 €	TVA payée au moment encaissement
Montant TTC	360,00 €	

Facture pour solde :
Montant HT 1 000,00 €
Montant TVA 200,00 €
Montant TTC 1 200,00 €
Déjà réglé Facture acompte n° XXX 360,00 €
Reste à régler TTC 840,00 €
Dont TVA 140,00 € TVA payée au moment encaissement

Livraison de biens et marchandises (TVA sur les débits)
Devis :
Montant HT 1 000,00 €
Montant TVA 200,00 €
Montant TTC 1 200,00 €
Facture acompte n° XXX à la commande 30 %
Acompte à régler 360,00 € TVA non due
Facture pour solde :
Montant HT 1 000,00 €
Montant TVA 200,00 €
Montant TTC 1 200,00 €
Déjà réglé Facture acompte n° XXX 360,00 €
Reste à régler 840,00 €
Dont TVA 140,00 € TVA à payer = 200 €
Dans l'exemple ci-dessus, nous avons indiqué un taux de TVA à 20 %.

À NOTER
En théorie, si votre client souhaite se rétracter, il ne pourra pas récupérer un acompte versé, mais il pourrait récupérer des arrhes versées…

Vous construisez votre relation avec vos principaux partenaires

Une fois l'entreprise immatriculée et l'activité démarrée, il ne faut pas négliger ses partenaires les plus proches : son expert-comptable et son banquier. En effet, ce sont de véritables partenaires de votre entreprise, et ils ont un rôle de conseil primordial. Vous devez faire appel à leurs compétences et à leur expérience.
Pour que cet échange soit constructif, il doit exister une vraie relation de confiance. Vous êtes le moteur de la construction et de la pérennité de cette relation de confiance.

Comment créer un partenariat avec son expert-comptable ?

Si vous créez votre activité sous la forme d'une entreprise individuelle, vous pouvez travailler avec un expert-comptable, mais ce n'est pas obligatoire.
Un expert-comptable est obligatoire dans le cadre d'une personne morale : SARL par exemple.
En effet, chaque année, votre entreprise est dans l'obligation d'établir une liasse fiscale : bilan, compte de résultat et annexe. Ce document doit être certifié par votre expert-comptable. Il devra être déposé à votre centre des impôts et vous servira comme document de base dans vos relations avec les tiers (partenaires financiers, avocats...).

› Choisir son expert-comptable

C'est le dirigeant qui doit choisir son expert-comptable.
N'hésitez pas à en voir plusieurs afin d'avoir le choix et pour « faire marcher la concurrence ».
Vous pouvez contacter directement l'ordre des experts-comptables de votre région qui dispose d'un annuaire des experts-comptables installés dans votre région et qui pourra vous guider dans ce choix en fonction de votre domaine d'activité professionnelle.

MON CONSEIL
Les conseils de votre entourage Interrogez des dirigeants que vous connaissez au sujet de leurs modes de fonctionnement avec leur propre expert-comptable. En effet, ce n'est pas évident de choisir un expert-comptable, et autant utiliser l'expérience de votre entourage. Peut-être obtiendrez-vous ainsi les coordonnées de l'expert-comptable avec qui vous travaillerez.

La relation entre un dirigeant et son expert-comptable est avant tout une relation entre 2 personnes, avec toute la subjectivité que cela comporte.
Vous devez avoir confiance en votre expert-comptable, le comprendre et communiquer facilement avec lui : il doit utiliser un vocabulaire technique ou financier facilement compréhensible et il doit être capable de vous expliquer simplement les différents choix financiers que vous serez amené à prendre. Il doit aussi vous comprendre : pour cela, vous devez lui expliquer votre métier et ses spécificités.
Vous devez avoir un fonctionnement compatible avec le sien (par exemple, si vous préférez échanger avec lui par e-mail, ce mode de fonctionnement doit aussi faire partie de ses habitudes de travail).

› L'engagement : la lettre de mission

La lettre de mission est un document obligatoire. En effet, votre expert-comptable doit vous faire signer une lettre de mission chaque année. Si ce n'est pas le cas, cela ne remet pas en cause le contrat passé avec lui. Elle est rédigée par l'expert-comptable qui doit détailler sa mission pour votre entreprise.
La lettre de mission régit vos relations avec votre expert-comptable et définit ses modalités d'intervention et son prix (ses honoraires). Elle doit être signée conjointement.
Lorsque vous rencontrez des experts-comptables, dans le but d'obtenir un devis, c'est-à-dire une lettre de mission, munissez-vous d'une approximation du nombre de factures clients, fournisseurs, notes de frais, fiches de salaires, que générera votre activité chaque mois. Cette approximation lui permettra de chiffrer sa prestation. Très souvent, vous avez déjà démarré votre activité lorsque vous rencontrez un expert-comptable, ce qui vous facilite cette approximation.

MON CONSEIL

Choisir tôt votre expert-comptable Rencontrez des experts-comptables le plus tôt possible, et choisissez le vôtre tout de suite. N'attendez pas d'être immatriculé pour le faire car il peut vous conseiller dans le choix de votre future structure juridique, et, une fois votre activité démarrée, le temps s'accélère : vous devrez penser à de nombreuses choses. De plus, la plupart des experts-comptables proposent des prestations juridiques qui vous permettront de vous immatriculer. Il est donc très utile d'anticiper le choix de votre expert-comptable.

Échangez avec lui sur le « qui-fait-quoi » dans le « contrat » que vous passez avec lui. En effet, il existe plusieurs modes de fonctionnement possibles avec un expert-comptable. Par exemple :
- vous pouvez lui laisser la totalité de la comptabilité (saisie, déclarations, etc.), sans intervenir. C'est l'externalisation complète de votre comptabilité ;
- vous pouvez lui laisser la saisie de la comptabilité et choisir de faire vous-même certaines de vos déclarations ;
- vous pouvez saisir vous-même votre comptabilité et dans ce cas, l'expert-comptable vous formera et validera votre saisie. Vous devrez alors acheter un logiciel de comptabilité. Le choix du logiciel se fait avec votre expert-comptable, car

ce logiciel doit être compatible avec celui qu'il utilise. Le logiciel doit aussi avoir un prix adapté à la capacité financière de votre entreprise. Il existe de nombreux logiciels de comptabilité adaptés aux TPE-PME sur le marché (par exemple : Sage, EBP, Ciel, Cegid, etc.). Ces éditeurs proposent aussi des solutions ASP (*Application Service Providing*) : la saisie est faite chez vous, et l'expert-comptable y a accès directement, *via* Internet).
Si l'établissement de la paie est compliqué et demande des mises à jour régulières, n'hésitez pas à sous-traiter cette partie à un organisme spécialisé (expert-comptable). Envisagez avec lui toutes les solutions possibles. Cela influera sur son prix, mais jouera aussi sur votre quantité de travail (en somme, soyez réaliste).
Ceci permettra à votre expert-comptable de calculer sa tarification au plus juste. Vous pouvez aussi lui demander, avant votre rendez-vous, la liste des informations dont il a besoin.
La lettre de mission est un contrat que vous passez avec votre expert-comptable. Si certaines clauses ne vous semblent pas claires, ou ne vous conviennent pas, n'hésitez pas à en discuter avec lui, et éventuellement à demander leur modification et/ou suppression.
Une lettre de mission, même signée, n'est jamais figée. Elle peut évoluer en fonction du besoin et de l'évolution de votre entreprise.
Si le besoin ou la structure de votre entreprise évolue, vous signerez alors un avenant à la lettre de mission qui fixera les nouvelles conditions de ce contrat avec votre expert-comptable.

› Communiquer avec son expert-comptable

L'expert-comptable utilise parfois un vocabulaire de financier qui n'est pas évident. N'hésitez pas à lui poser des questions, à lui faire reformuler ses explications. Vous êtes le « moteur » de cette relation.
Il est très important de mettre en place avec votre expert-comptable des réunions de façon régulière, afin de faire un point sur votre activité. La périodicité idéale est de 1 réunion tous les 3 mois pendant votre première année d'activité.
Ces réunions s'appuient sur des situations comptables intermédiaires : production de situations comptables qui peuvent être semestrielles, trimestrielles, mensuelles, et qui doivent être fournies par votre expert-comptable. Ces situations intermédiaires sont payantes.

MON CONSEIL

Un nouvel accompagnement par les experts-comptables L'Ordre des experts-comptables vient de mettre en place un dispositif d'accompagnement des porteurs de projet « *Business story*: votre projet a rendez-vous avec un expert-comptable ».
Ce nouveau dispositif permet de bénéficier de 3 rendez-vous offerts avec un expert-comptable volontaire partout en France pour réaliser une ou plusieurs prestations proposées dans le dispositif. Ces prestations couvrent l'analyse du marché, l'établissement du prévisionnel financier, la recherche de financement, l'aide au choix juridique, l'organisation de l'entreprise. Vous trouverez toutes les informations sur le site : www.business-story.biz

MON CONSEIL

À quelle fréquence se rencontrer ? Pensez à demander à votre expert-comptable son tarif pour la réalisation des situations comptables intermédiaires (au moment de l'établissement de sa lettre de mission).

Il est conseillé de tenir ces réunions intermédiaires pendant le 1er exercice social de votre entreprise (la date de clôture de cet exercice est indiquée dans les statuts de votre entreprise), car cela permet de détecter d'éventuelles mauvaises orientations au démarrage de votre activité (marge trop juste, part salariale trop importante par rapport au CA généré, etc.).

Le choix de la date de clôture des comptes peut être important : selon votre activité (activité saisonnière), il ne correspondra pas forcément à l'année civile. Le choix de cette date se fera aussi avec les conseils de votre expert-comptable.

Pour résumer, votre expert-comptable a un vrai rôle de conseil pendant ces réunions intermédiaires.

Très souvent, il a en portefeuille des clients qui font le même métier que vous, et il peut donc vous conseiller de façon très concrète.

Au moment de la clôture des comptes, du bilan de fin d'année, après avoir transmis toutes vos pièces comptables, mettez aussi en place une réunion préparatoire de clôture avec votre expert-comptable. Cette réunion vous permettra d'optimiser fiscalement les résultats de votre entreprise et votre rémunération.

Cas pratique

M. X réalise la première clôture de son entreprise, la SARL Y (soumise à l'impôt sur les sociétés - IS).

La date de clôture est le 31 décembre 2016.

En janvier 2017, M. X a transmis toutes les pièces comptables à son expert-comptable, et il fixe avec lui la date de réunion de préclôture au mois de février.

Lors de la préclôture, le compte de résultat de la SARL Y affiche un bénéfice de 70 000 € : c'est la base de calcul de l'IS.

Mais M. X a engagé des dépenses en 2016 dont le montant s'élève à 30 000 €.

Il transmet donc à son expert-comptable cette information et les pièces nécessaires (devis signés, preuves que les dépenses ont été réalisées).

Lors de la clôture définitive, ces dépenses sont provisionnées dans les charges en 2016.

Le bénéfice sera donc diminué ainsi que l'IS à payer.

Bénéfice = 70 000 - 30 000 = 40 000 €.

Cette information n'avait pas été transmise à l'expert-comptable avec les pièces comptables, ce qui est tout à fait normal, puisque M. X n'a pas encore reçu la facture.

Les comptes définitifs présenteront ainsi un bénéfice de 40 000 €.

› Il est possible de quitter son expert-comptable

Si les relations se sont dégradées, et sont devenues difficiles entre vous et votre expert-comptable, vous avez la possibilité de résilier le contrat que vous avez tous deux signé. Pour cela, lisez bien la lettre de mission afin de prendre connaissance des conditions de délai et de forme pour résilier votre engagement vis-à-vis de lui.
Cette lecture attentive doit se faire avant même la signature de la lettre de mission.

ATTENTION
Certains experts-comptables indiquent des pénalités en cas de résiliation. Elles sont indiquées dans la lettre de mission.

Si vous choisissez de quitter votre expert-comptable, vous devez, dans le même temps, en choisir un nouveau.
Lorsque vous avez fait votre choix, le transfert de dossier entre l'ancien et le nouvel expert-comptable est géré par le nouvel expert-comptable, une fois que vous avez payé ce que vous deviez à l'ancien.
C'est donc très simple pour le dirigeant : ne vous sentez pas « prisonnier » de votre expert-comptable !

› Les associations de gestion agréées (AGA)

Les centres de gestion agréés (CGE) ont changé de nom : ils s'intitulent désormais associations de gestion agréées (AGA). Leur rôle est d'assister et de surveiller la gestion de l'entreprise adhérente (d'ailleurs, ils vous fournissent chaque année un dossier de gestion sur votre activité). Leurs missions sont donc axées sur la prévention (ils valident vos déclarations fiscales et ils peuvent établir ces déclarations si vous êtes en régime fiscal du réel) et la formation.
Mais les AGA ne tiennent pas votre comptabilité et ne fournissent pas vos comptes en fin d'année : vous devrez faire viser votre déclaration de résultat par un expert-comptable, lequel transmettra ensuite un dossier à l'AGA sur votre activité de l'année. Par la suite, l'AGA vous adressera une attestation fiscale vous permettant de bénéficier d'un abattement de 25 % sur votre bénéfice fiscal.
Vous devrez ainsi transmettre un certain nombre d'informations sur vos comptes à l'AGA, et l'AGA les transmettra à l'administration fiscale.
Seules les entreprises relevant de l'IR et soumises à un régime réel d'imposition peuvent bénéficier des avantages fiscaux liés à l'AGA :
- non-application d'une majoration de 25 % du bénéfice imposable ;
- possibilité de déduire le salaire du conjoint marié sous le régime de la communauté des biens sans limitation de montant.

Ces AGA sont très proches des centres des impôts (mais vous devrez autoriser l'AGA à transmettre vos documents comptables à l'inspecteur fiscal).
Pour bénéficier de ces avantages fiscaux, votre adhésion à l'AGA doit avoir lieu dans les trois mois de l'ouverture de votre exercice comptable ou au début de votre activité.
Pour plus d'informations : www.aga-france.fr

À NOTER
Depuis le 1er janvier 2010, la majoration de 25 % du bénéfice des entreprises relevant de l'IR selon un régime réel d'imposition ne s'applique pas aux bénéfices réalisés par les entreprises ayant recours à un cabinet d'expert-comptable, à la condition que ce professionnel soit autorisé et qu'il ait signé une convention à cet effet.

MON CONSEIL
Rencontrez plusieurs AGA avant de faire votre choix : comparez les avantages et les inconvénients du choix d'une AGA ou d'un expert-comptable.
Il est plus difficile de changer d'AGA que d'expert-comptable (car il faut le justifier auprès de l'administration fiscale).

Comment créer un partenariat avec son banquier ?

La banque est un autre partenaire essentiel dans votre vie d'entrepreneur. Vous avez choisi votre banquier lorsque vous avez ouvert votre compte professionnel et/ou contracté un emprunt pour le lancement de votre activité. La relation avec votre banquier ne s'arrête pas là. En effet, vous devez « alimenter » et consolider cette relation tout au long de la vie de votre entreprise. Pour cela, vous construisez avec ce partenaire une relation d'information, de confiance et de proximité.

> Grâce à une relation d'information et de proximité

Pour qu'un partenariat soit efficace, il faut un réel échange entre les partenaires. Pour réaliser efficacement son rôle de conseil, le banquier doit connaître l'activité de votre entreprise et son évolution.
Et comme toujours, vous êtes le moteur de cette relation.
Vous devez lui transmettre :
- des informations financières : liasses fiscales, prévisionnel financier, etc. ;
- des informations ponctuelles opérationnelles favorables ou défavorables : changement dans la stratégie, développement commercial, évolution de la structure, de l'activité…

Pour faciliter la communication, et pour des raisons pratiques, le dirigeant choisit souvent une banque proche géographiquement de son entreprise.
Prenez le temps de rencontrer régulièrement votre banquier (au minimum 1 fois par an), de l'informer régulièrement par e-mail, par téléphone, de l'évolution de votre activité, des différents événements qui se réalisent, de vos choix stratégiques. Afin de consolider votre relation, n'hésitez pas à l'inviter lors de l'inauguration de votre local, si vous participez à un salon professionnel. En un mot, faites-le participer aux événements de la vie de votre entreprise.

Cela lui permettra de mieux vous connaître, de mieux connaître votre entreprise et votre domaine d'activité.
Lorsque vous allez le voir, apportez avec vous vos outils de gestion. Ne craignez pas de lui en laisser un exemplaire. Toutes les informations seront utiles au banquier, et permettront une relation durable entre vous et votre banquier.
De votre côté, n'hésitez pas à lui poser des questions, à voir avec lui les produits financiers, les conditions bancaires les plus adaptées à votre activité et à vos besoins.

ATTENTION
Ce n'est pas au moment où vous avez besoin de votre banquier de façon urgente, pour un financement par exemple, qu'il faut penser à mettre en place cette relation.

› Grâce à une relation de confiance

Faites en sorte de ne jamais rompre la relation de confiance qui s'est instaurée entre vous et votre banquier.
Le dirigeant peut « essayer » de négocier avec son banquier les conditions bancaires. Très souvent, cette négociation est difficile, voire impossible, au démarrage de l'activité. Mais vous pouvez toujours évoquer ce point après quelques mois d'activité, même si vous pouvez toujours essayer au démarrage (obtenir une tarification de votre compte professionnel plus basse pendant les premiers mois).
Cette démarche permet souvent de faire un point sur les comptes bancaires et d'adapter les différents outils bancaires utilisés par le dirigeant en fonction de ses besoins.
Tous les 2 ans, pensez à négocier vos conditions bancaires. Pour cela, vous devez lister les différents services bancaires que vous utilisez et leurs coûts.
Avec ce point sur vos coûts bancaires et un prévisionnel de votre activité, vous pouvez aller voir votre banquier et lui demander s'il peut faire une proposition de tarification pour alléger certains d'entre eux.
Pour faciliter cette négociation, il est indispensable d'entretenir de bonnes relations avec votre banquier, basées sur la confiance et la communication.
En effet, lorsque le banquier a ouvert le compte professionnel de votre entreprise, et/ou vous a accordé un crédit, il vous a fait confiance, et il a défendu votre dossier auprès de sa direction.
Si, par la suite, vous avez des difficultés (par exemple, de trésorerie), n'hésitez pas à lui en faire part, à lui demander conseil. Ne lui dites pas que vous allez bientôt recevoir de l'argent d'un client pour combler ce découvert, si, au fil du temps, cet argent n'arrive pas… Cela ne sert à rien, et bien au contraire : cela détruit la relation de confiance. De plus, ce « manque d'anticipation » et cette mauvaise communication ne vous ont pas permis de mettre en place, avec lui, une solution adéquate au besoin de trésorerie de votre entreprise.
Vous devez tenir vos engagements avec votre banquier comme vous le faites avec vos clients afin de maintenir et d'améliorer la qualité de la relation que vous avez avec lui.

Les réseaux d'entrepreneurs

Vous avez déjà votre propre réseau que vous devez développer et construire chaque jour.
Il est composé de vos contacts privés (amis, relations, anciens collègues de bureau, etc.) et professionnels (fournisseurs, clients, prospects, partenaires, contacts pris dans un salon, au cours d'une formation que vous avez suivie, etc.).
Vous n'êtes pas seul, il va juste falloir apprendre à « demander » de l'aide, des conseils, des avis, des mises en relation. Vous devez étendre votre réseau en permanence.

MON CONSEIL

Entretenir son réseau au quotidien Fonctionnez « en réseau » : mettez en relation, rendez des services, donnez des conseils, transmettez votre expérience, etc. Ce qui est très étonnant est que ce mode de fonctionnement va vous permettre d'augmenter votre propre réseau, et peut vous apporter des opportunités d'affaires, des nouvelles idées, des partenariats.
N'attendez pas de retour immédiat, il finit toujours par arriver lorsque l'on s'y attend le moins.
Ne vous limitez pas à un seul réseau : le risque du réseau « organisé » est que vous ne faites plus l'effort de développer votre propre réseau. Or, développer son propre réseau, c'est aussi s'entraîner à la prise de contact facile et fluide.

Il existe de nombreux réseaux d'entrepreneurs « organisés ».
Ces réseaux vous permettent de rencontrer d'autres entrepreneurs qui ont les mêmes problématiques et qui sont souvent sur les mêmes domaines d'activité. Cela permet d'échanger sur des sujets spécifiques et précis, sur les bonnes pratiques du métier.
Allez les rencontrer, notamment dans les salons (salon de l'entrepreneur, salon de la micro-entreprise, salons professionnels de votre activité...).
Le site www.placedesreseaux.com propose des annuaires des réseaux « organisés ». À vous de choisir celui qui vous convient.
Il n'est absolument pas obligatoire ou nécessaire d'intégrer un réseau. C'est une démarche très personnelle. Si vous en ressentez le besoin, faites-le, et sinon, abstenez-vous.
En revanche, il est indispensable d'entretenir votre propre réseau et de l'enrichir.
Vous avez mis en place votre organisation avec les différents intervenants externes de votre vie d'entrepreneur. Il faut maintenant mettre en place votre organisation personnelle au sein de votre entreprise.

Quelques réseaux d'entrepreneurs :
- www.actionelles.org
- www.1001entrepreneurs-idf.org
- www.club-business.fr
- www.cgpme.fr
- www.cjd.net
- www.croissanceplus.com
- www.optimrezo.fr

Le site www.placedesreseaux.com vous fournira une liste des réseaux existants.

Vous mettez en place votre organisation administrative

Dans la vie de l'entreprise, il existe de nombreux documents : il faut vous organiser et mettre en place votre propre mode de classement afin de ne pas vous laisser déborder.

Le classement de vos documents

MON CONSEIL

Quelques petits trucs

- Pour les dépenses : rangez vos factures fournisseurs par typologie de dépenses (URSSAF, TVA, fournisseur important, autres dépenses, etc.) et faites des sous-classements par mois et par année.
- Pour vos ventes et votre chiffre d'affaires : rangez vos factures clients en respectant la chronologie.

Pensez à éditer 3 factures : 1 pour votre client, 1 pour vous et 1 pour votre comptable.

- Pour vos relevés bancaires : pointez-les avec les dépenses et les factures clients, accrochez aux relevés bancaires les remises de chèque, les retraits d'argent, etc.

L'organisation administrative se réalise aussi avec son expert-comptable : il peut donner son avis sur le classement adopté. Pensez à planifier les dates de remises de documents à son cabinet pour la saisie comptable.

Cas pratique

Peu de temps après l'immatriculation de votre entreprise vous recevrez de nombreux courriers émis par les caisses de retraites.

Tous ne sont pas obligatoires : n'hésitez pas à leur téléphoner pour leur demander s'ils sont ou non obligatoires, et ainsi vous pourrez décider en fonction de vos besoins. Un certain nombre prévoit une affiliation obligatoire à une caisse en particulier et également à un régime de prévoyance : le bâtiment ou la restauration.

MON CONSEIL

Gérer son courrier Dès que vous recevez du courrier, ouvrez les enveloppes et lisez rapidement de quoi il s'agit.

Même si vous ne le traitez pas tout de suite, cela vous permet de voir ce que vous aurez à traiter, et à le positionner naturellement dans votre planning.

N'hésitez pas à le transmettre à votre expert-comptable qui fera le tri entre les caisses obligatoires et les facultatives.

Chaque année, compte tenu de la quantité de documents, il est nécessaire d'archiver.

Pour les archives, utilisez un mode de classement très clair et facilement consultable.

Pour cela, listez les documents archivés dans chaque boîte d'archive (pensez à numéroter vos boîtes d'archives par année par exemple). Cette liste d'archives peut être tenue sous Word ou Excel. Cela facilitera vos recherches et vous permettra de trouver rapidement le document recherché.

Documents commerciaux à conserver	Délais de conservation	À compter de :
Contrats conclus entre commerçants et entre commerçants et non-commerçants	5 ans	
Correspondance commerciale (bons de commandes, bons de livraison, etc.)	10 ans	La clôture de l'exercice comptable
Documents bancaires (relevés bancaires, talons de chèque, etc.)	5 ans	
Documents établis pour le transport de marchandises	5 ans	
Factures clients et/ou fournisseurs	10 ans	La clôture de l'exercice comptable
Contrat, conclu par voie électronique, pour une somme égale ou supérieure à 120 €	10 ans	La conclusion du contrat (livraison ou réalisation de la prestation immédiate)
Documents et pièces comptables	**Délais de conservation**	**À compter de :**
Livres et registres comptables	10 ans	La clôture de l'exercice comptable
Pièces justificatives (bons de commande, bons de livraison ou de réception, factures, etc.)	10 ans	La clôture de l'exercice comptable

Documents sociaux (sociétés commerciales)	Délais de conservation	À compter de :
Comptes annuels (bilan, compte de résultat et annexe)	10 ans	La clôture de l'exercice comptable
Convocations, feuilles de présence et pouvoirs	3 ans	
Ordres et registres de mouvements de titres	5 ans	
Rapports du gérant ou du conseil d'administration	3 ans	
Rapports des commissaires aux comptes	3 ans	
Registre des procès-verbaux d'assemblées et/ou de conseils d'administration	5 ans	L'enregistrement du dernier procès-verbal
Statuts, annexes et pièces modificatives	5 ans	La radiation de la société du registre du commerce et des sociétés

La mise en place de vos outils de gestion

Le dirigeant, pour le suivi de son activité, met en place un certain nombre d'indicateurs et d'outils opérationnels. Ces éléments permettent de créer ou de développer une communication avec les différents intervenants de la vie de l'entreprise : les salariés, les associés, le banquier, l'expert-comptable.
Les outils de gestion sont très souvent des fichiers de suivi opérationnel de l'activité, des outils de pilotage. Ils sont le plus souvent construits sur Excel. Certains peuvent être transmis à l'expert-comptable dans le cas de la saisie délocalisée de la comptabilité. Ces différents outils de gestion sont vos tableaux de bord.
Le tableau de bord vous permet de :
- suivre la réalisation par rapport au prévisionnel, aux objectifs fixés ;
- suivre l'évolution des indicateurs choisis.

Il donne une vision réaliste et dynamique de la situation de votre entreprise.
Il permet de vous comparer avec des entreprises concurrentes (*cf.* notion de ratios).
Vos tableaux de bord doivent être :
- adaptés à votre mode de raisonnement et à vos besoins d'analyse ;
- rapidement réalisés et mis à jour (essayez de les automatiser) ;

- de périodicité régulière (car cela permet une analyse de l'évolution et l'autocorrection) ;
- visuels (facilement lisibles grâce à un nombre limité d'indicateurs par tableau de bord).

Le tableau de bord est avant tout une présentation synthétique d'informations clés pour le dirigeant. C'est un outil d'analyse décisionnel et prévisionnel. Il est en effet composé d'« indicateurs » (le CA est un indicateur).

L'indicateur est un outil de mesure qui permet au dirigeant de contrôler la réalisation des objectifs fixés.

Il existe 2 typologies de tableaux de bord :

- le tableau de bord qui permet l'analyse d'une situation à un instant T (permet un comparatif avec le passé, le budget annuel, un objectif prévisionnel) ;
- le tableau de bord prévisionnel.

Il est possible de combiner ces 2 typologies au sein d'un même tableau de bord. Par exemple : le suivi et le prévisionnel de trésorerie.

Si vous le souhaitez, vous pouvez suivre des formations afin d'acquérir les compétences pour construire vos outils de gestion. Des organismes proposent des formations gratuites ou financées : les Espaces de la Ville de Paris, votre CCI, etc.

Cette mise en forme de données de gestion permet au dirigeant de piloter son entreprise.

› Le suivi des clients et du CA

Ce suivi permet au dirigeant de suivre son CA (selon certains critères, par gamme de produits par exemple) et ses clients.

Quelle que soit votre activité, le fait de suivre votre facturation va vous permettre de suivre aussi le règlement des factures par vos clients. Bien entendu, ce suivi n'est pas nécessaire si vous avez par exemple une activité commerciale dans laquelle votre client vous paie tout de suite (un restaurant par exemple).

> **Cas pratique**
>
> Le tableau de bord doit être comparé aux éléments tirés de la comptabilité. Le montant total du CA HT de l'année (de votre exercice social) = montant du CA HT du compte de résultat = 6 000 € HT dans notre exemple (ci-après).
>
> Votre suivi de CA est un élément essentiel. L'idéal est d'avoir des éléments de comparaison : le budget (le premier budget est votre business plan), l'année précédente (N-1). Comparez le mois et le cumul sur l'année.
>
> Ces différentes périodes vous permettent de comparer l'évolution de votre activité par rapport à l'année précédente en tenant compte des éventuelles variations saisonnières récurrentes.
>
> N'oubliez pas d'analyser vos chiffres sur le mois et en cumul à fin de mois.

EXEMPLE DE SUIVI							
N° facture	Date facture	Nom client	Intitulé facture	Montant HT	TVA	Montant TTC	Règlement client
2016-01001	XX/XX/XXXX	XXX		1 000,00	200,00	1 200,00	CH n° XXX
2016-01002	XX/XX/XXXX	YYY		5 000,00	1 000,00	6 000,00	CH n° XXX
			Total	6 000,00	1 200,00	7 200,00	

TABLEAU DE BORD CONCERNANT LE CA À FIN MAI						
	Mois de mai			Cumul à fin mai		
CA en € HT	**N - 1**	**Réel**	**Budget**	**N - 1**	**Réel**	**Budget**
Gamme A	100	200	300	1 000	800	1 300
Gamme B	300	300	200	1 500	2 000	2 000
Gamme C	400	500	500	3 000	2 000	5 000
Total	**800**	**1 000**	**1 000**	**5 500**	**4 800**	**8 300**

Cas pratique

Dans cet exemple, on se rend compte que sur le mois, on se situe au budget et on fait mieux que l'année précédente (N - 1), mais au cumul (de janvier à mai), on est en retard par rapport au budget et à l'année précédente (N - 1).

La situation n'est donc pas, *a priori*, favorable pour l'entreprise.

› L'analyse des coûts de revient et des marges

Vous avez déjà travaillé sur vos marges lorsque vous avez construit votre business plan.

Une fois votre activité lancée, vous devez continuer à suivre cette marge afin de vérifier que les hypothèses prises lors de la construction de votre business plan sont tenues.

L'analyse de votre marge dégagée sur une gamme de produits, sur une opération de promotion, par collection, par saison, par canal de distribution, par salon, etc., vous permet de valider les hypothèses de rentabilité du business plan.

La marge = CA (prix de vente HT) - coût de revient (HT).

Le coût de revient est le coût lié aux ventes. Il est composé de coûts que vous n'auriez pas eus si vous n'aviez pas vendu : c'est un coût variable (par rapport à votre CA : il varie en fonction du CA réalisé).
Par différence, les coûts fixes ne sont pas liés directement au CA, par exemple le loyer, les salaires, les charges sociales, etc.
Le calcul de la marge est différent en fonction du secteur d'activité.
- Activité de négoce :
Marge commerciale = ventes HT de marchandises - coût d'achat HT des marchandises vendues.
N'oubliez pas d'intégrer dans le coût d'achat les frais de :

- packaging,
- transport, douanes et assurance,
- stockage.

- Activité de prestation de service :
Marge commerciale = ventes HT de prestations - coût d'achat HT des prestations. Ce coût est défini par le temps passé pour réaliser la prestation et les frais annexes : transport, repas, etc.
Il est ici nécessaire de construire un suivi de temps passé par client, par typologie de prestations, etc., sous Excel, par exemple.
- Activité de production :
Le coût d'achat est remplacé par le coût de revient du produit fabriqué.
Coût de revient = charges directes + charges indirectes.

Cas pratique

M. X décide de se lancer et de créer sa propre collection de prêt-à-porter.
Pour cela, il définit les modèles de sa première collection et élabore les fiches techniques de chacun de ses modèles.
Les fiches techniques définissent la quantité de chaque élément composant ses modèles : fil, tissus, bouton, cuir, etc.
Ces différents éléments ont un prix unitaire (prix au mètre du tissu, par exemple) et M. X peut donc chiffrer le coût de revient de chaque modèle (quantité nécessaire x prix unitaire = prix total).
Exemple simplifié de fiche technique pour un modèle :
– Tissus : 3 m x 15 € HT = 45 €
– Fil = 3 €
– Bouton : 2 x 1,50 € = 3 €
Total du coût de revient = 51 € HT
Pour obtenir le coût de revient, M. X devra aussi ajouter aux coûts identifiés dans ses fiches techniques le coût lié au temps passé à produire ou le coût de son fabricant.

Il ne faut pas oublier de calculer la rentabilité avant de prendre une décision pour lancer une opération de communication (participation à un salon par exemple), une nouvelle gamme de services ou de produits, un nouveau canal de distribution.
Vous devez prévoir le CA attendu et les coûts liés : c'est l'objectif à atteindre. Cela vous permet en effet d'analyser les répercussions au niveau de la marge prévue.

Calculez donc la marge prévue sur une gamme de produits, sur une opération de promotion, par canal de distribution : cela vous aide à décider.
Vous pouvez également mettre en place une comptabilité analytique au sein de votre entreprise.
Cette comptabilité analytique est une codification facultative supplémentaire à celle obligatoire, de la comptabilité générale. Cette codification est déterminée par vos besoins et elle est saisie dans l'outil comptable.
Chaque pièce comptable sera ainsi codifiée et saisie avec la double codification : avec des comptes de comptabilité générale et avec le code analytique (codification de la comptabilité analytique).
Elle permet de sortir un compte de résultat par code analytique.
Si vous créez une comptabilité analytique par gamme de produits, cela vous permet d'analyser votre marge et votre résultat par gamme de produits.
Vous avez fixé votre objectif de marge (à travers le business plan, ou suite à l'analyse de rentabilité en vue du lancement d'une nouvelle activité par exemple), il vous faut maintenant suivre votre objectif de marge, c'est-à-dire comparer cet objectif avec la réalité économique.
Vous mettez alors en place un tableau de bord qui va vous permettre de :
- suivre la réalisation par rapport au prévisionnel, aux objectifs fixés ;
- suivre l'évolution de la marge.
C'est donc un outil de :
- communication (avec banque ou en interne) ;
- motivation (par le rappel des objectifs) ;
- auto-apprentissage (par la recherche des causes d'écarts).
Analyser sa marge permet de décider de façon objective la réalisation d'une opération, en tenant compte des impératifs financiers, de rentabilité, d'image et de communication.

Cas pratique

Le suivi du CA et des coûts des ventes de janvier à avril.

Dans ce cas, nous raisonnons au mois, et en cumul. Nous avons simplifié le cas (voir tableau page suivante).

L'idéal serait de comparer au budget et aux mêmes mois de l'année précédente.

Les ventes des produits de la gamme A démarrent en février, et le taux de marge est constant (50 %).

Les produits de la gamme B se vendent bien, mais le taux de marge de ces produits est en baisse (de 75 % en janvier à 60 % en avril).

Nous devons analyser si cela est dû à :

– des coûts de production trop élevés. Il faudra alors négocier à nouveau les prix avec les fournisseurs, chercher de nouveaux fournisseurs, modifier la composition du produit ;

– un prix de vente mal positionné. Il faudra alors augmenter les prix de vente et valider qu'ils sont toujours compatibles avec ceux du marché.

Les produits de la gamme C ont des ventes constantes (500 €/mois), mais avec un taux de marge qui augmente (de 50 % en janvier à 80 % en avril).

Dans ce cas, faites aussi une analyse, cela vous permettra de comprendre les causes de ce phénomène et de vérifier qu'il n'y a pas d'erreurs dans vos chiffres.
Si nous étions seulement restés sur une analyse au cumul, nous aurions identifié que la marge de la gamme B (72 %) est supérieure à celle de la gamme C (65 %), et nous serions passés à côté de la baisse mensuelle de marge des produits B et de l'augmentation de celle des produits C.

ANNÉE	Janvier	Février	Mars	Avril	Cumul
Total CA	**1 300**	**1 100**	**1 400**	**1 000**	**4 800**
Gamme A	0	100	500	200	**800**
Gamme B	800	500	400	300	**2 000**
Gamme C	500	500	500	500	**2 000**
Total coût des ventes	**450**	**370**	**520**	**320**	**1 660**
Gamme A	0	50	250	100	**400**
Gamme B	200	120	120	120	**560**
Gamme C	250	200	150	100	**700**
Taux de marge global	**65 %**	**66 %**	**63 %**	**68 %**	**65 %**
Gamme A		50 %	50 %	50 %	**50 %**
Gamme B	75 %	76 %	70 %	60 %	**72 %**
Gamme C	50 %	60 %	70 %	80 %	**65 %**

MON CONSEIL
Soyez toujours prudent avec vos chiffres, et cherchez toujours à prendre du recul grâce à l'analyse des causes.

› Le suivi et le prévisionnel de trésorerie (encaissements et décaissements)

Le prévisionnel de trésorerie a été construit lors de la mise en place du business plan (voir *Le prévisionnel de trésorerie,* p. 120). Il est en général mensuel et il porte sur les 6 à 12 mois à venir. Le prévisionnel de trésorerie et le suivi de trésorerie sont traités TTC. Le prévisionnel de trésorerie est composé d'un prévisionnel des encaissements et d'un prévisionnel des décaissements.

Les encaissements et les décaissements doivent être inscrits à leurs dates de règlement effectif. Pour le prévisionnel de trésorerie, surtout pour les encaissements, il faut respecter la règle de prudence et par exemple ne pas hésiter à pondérer les contrats à venir qui ne sont pas encore signés. Pour les décaissements liés aux encaissements (le coût des ventes), on peut intégrer une règle sur les coûts afin de construire un modèle fiable. Une fois ce prévisionnel construit, il est indispensable de faire le lien entre réalité et prévisionnel.

La réalité est ce qui se passe réellement sur le compte bancaire de votre entreprise. Vous intégrez dans votre prévisionnel la réalité des encaissements et des décaissements de l'entreprise : à chaque relevé bancaire, pointez votre relevé avec ce que vous aviez prévu dans votre prévisionnel de trésorerie, que ce soit pour les encaissements ou les décaissements. Vous mettrez ainsi à jour le prévisionnel.

- Si le solde est négatif, vous devez :

• analyser les décaissements pour les repousser (augmentation du délai de crédit fournisseurs, réduction des dépenses prévisionnelles, etc.),

• analyser les encaissements pour les avancer (réduction du délai de crédit clients, mesures incitatives pour règlement comptant des clients, etc.),

• rechercher les moyens de financement à court terme (découvert, mobilisation de créances, etc.).

- Si le solde est positif, cela signifie que l'entreprise n'a pas de problèmes de financement à court terme. Il faut alors examiner les formes de placement à court terme les mieux adaptées (SICAV, fonds commun de placement, etc.). Cet outil permet au dirigeant d'anticiper les difficultés ou les excédents de trésorerie et d'en faire part à son banquier, ce qui améliore et facilite la communication avec lui.

Dès que le dirigeant a connaissance de difficultés de trésorerie, il doit en informer son banquier pour éviter les incidents bancaires. L'interdit bancaire a des incidences au niveau de la Banque de France : la « cote » de votre entreprise risque d'être mauvaise dans le fichier bancaire des entreprises, le FIBEN, qui intègre les incidents de paiement et qui reflète la capacité des entreprises à honorer leurs engagements financiers.

Dans le tableau suivant, nous avons reçu et pointé le relevé bancaire à fin avril. À partir de mai, il s'agit d'une prévision.

TTC	Janv.	Févr.	Mars	Avril	Mai	Juin	Juil.	Août	Sept.	Oct.	Nov.	Déc.	Année
1. SOLDE EN DÉBUT DE MOIS	5 607	1 286	-1 214	3 209	8 148	13 160	19 708	21 312	19 131	20 035	24 899	28 237	5 607
													0
2. ENCAISSEMENTS													
2A. D'exploitation													
Chiffre d'affaires encaissé	15 395	19 156	24 028	24 942	25 000	30 000	20 000	15 000	20 000	25 000	25 000	20 000	263 521
Subvention	1 000		1 000										2 000
2b. Hors exploitation													
Emprunts à moyen et long terme													0
A. TOTAL ENCAISSEMENTS	16 395	19 156	25 028	24 942	25 000	30 000	20 000	15 000	20 000	25 000	25 000	20 000	265 521
3. DÉCAISSEMENTS													
3A. D'exploitation													
Achat marchandises	3 228	5 523	4 907	6 723	5 000	6 000	4 000	3 000	4 000	5 000	5 000	4 000	56 381
Sous-traitance fabrication	1 629	3 434	2 405	3 592	2 500	3 000	2 000	1 500	2 000	2 500	2 500	2 000	29 060
Loyer	1 000	1 000	1 000	1 000	1 000	1 000	1 000	1 000	1 000	1 000	1 000	1 000	12 000
Charges locatives			220			300			300			300	1 120
Eau	128		145		150		150		150		150		873

TTC	Janv.	Févr.	Mars	Avril	Mai	Juin	Juil.	Août	Sept.	Oct.	Nov.	Déc.	Année
Électricité					500		150		150		150		950
Fournitures d'entretien	125				50	50	50	50	50	50	50	50	525
Fournitures		51			100		100		100		100		451
Assurance		1 475				768							2 243
Documentation	174				150			150			150		624
NDF	941	772	571	433	1 000	1 000	1 000	1 000	1 000	1 000	1 000	1 000	10 718
Invitation clients	563	221			300		300		300		300		1 984
Tél. mobile	88	67	45	128	70	70	70	70	70	70	70	70	889
Salaires nets XX	2 428	2 377	2 734	2 567	2 500	2 500	2 500	2 500	2 500	2 500	2 500	2 500	30 106
Salaires nets XX	2 479	1 435	557	1 161	1 700	1 700	1 700	1 700	1 700	1 700	1 700	1 700	19 232
Salaires nets XX							1 500	1 500	1 500	1 500	1 500	1 500	9 000
Charges sociales (cotisations)	1 850	2 142	2 723	3 165	1 470	1 470	1 995	1 995	1 995	1 995	1 995	1 995	24 790
Taxe professionnelle et autres impôts			297			2 200			400			400	3 297
Impôts sur les bénéfices													0
TVA versée (mensuelle)	1 175	1 195	2 459	2 344	2 356	3 215	2 068	1 284	2 068	2 688	2 414	2 105	25 373

TTC	Janv.	Févr.	Mars	Avril	Mai	Juin	Juil.	Août	Sept.	Oct.	Nov.	Déc.	Année
Charges financières (frais bancaires)			35										35
Divers	384	34				300		300		300		300	1 618
Honoraires comptables + avocats	1 276	1 276	1 276		1 276			1 276			1 276		7 657
3B. Hors exploitation													
Immobilisation corporelle (investissements)													0
Remboursement d'emprunts (intérêts + capital)													0
B. TOTAL DÉCAISSEMENTS	17 469	21 003	19 375	21 113	20 122	23 573	18 583	17 325	19 283	20 303	21 855	18 920	238 926
4. SOLDE DU MOIS = A - B	-1 074	- 1 847	5 653	3 829	4 878	6 427	1 417	- 2 325	717	4 697	3 145	1 080	26 595
5. SOLDE DE FIN DE MOIS = 1 + 4	4 533	2 685	8 339	12 167	17 045	23 473	24 889	22 564	23 281	27 977	31 122	32 202	32 202
RELÈVE BANQUE SOLDE FIN	4 533	2 685	8 339	12 167									
ÉCART (doit être = 0)	0	0	0	0	17 045	23 473	24 889	22 564	23 281	27 977	31 122	32 202	

MON CONSEIL
N'hésitez pas à travailler avec votre expert-comptable sur ce sujet, notamment pour le prévisionnel de TVA, de charges sociales, etc.

› La mise en place de ratios

Les ratios constituent un moyen d'appréciation et de comparaison des performances de l'entreprise.
C'est en effet un critère d'analyse financière. Le ratio est un rapport entre 2 grandeurs significatives. Il peut être exprimé par un nombre, un pourcentage ou par une durée.
Le ratio est une image *a posteriori*, c'est une photographie à l'instant T. L'arrêt momentané saisi par le ratio ne constitue pas une vérité constante de l'entreprise analysée : les activités saisonnières peuvent générer des ratios totalement différents selon la période de calcul retenue.
C'est un élément de comparaison. Cette comparaison peut s'exercer :
- d'une année par rapport aux années précédentes ;
- d'une entreprise par rapport à un concurrent ;
- d'une entreprise par rapport à son secteur d'activité.

Les ratios sont des indicateurs qui sont très souvent intégrés sous forme de tableaux de bord par l'entrepreneur. Les ratios permettent au dirigeant de suivre des indicateurs opérationnels ou financiers de son activité. Certains de ces ratios peuvent être activés de façon automatique dans l'outil comptable, et les tableaux de bord prennent donc appui sur la comptabilité.
Les ratios permettent au dirigeant :
- de se situer dans son propre secteur d'activité ou dans l'environnement économique global ;
- de suivre l'évolution dans le temps d'un certain nombre d'indicateurs.

Les avantages de l'étude comparative des ratios sont :
- lier l'examen de différents ratios d'une même entreprise ;
- comparer dans le temps les ratios d'une entreprise pour en suivre l'évolution ;
- comparer de façon interne les ratios de l'entreprise avec les ratios standards et les objectifs ;
- comparer de façon externe les ratios de l'entreprise avec les ratios moyens d'une branche professionnelle.

Il existe de nombreux ratios.
On peut les classer en 2 catégories principales :
- les ratios de rentabilité (ils sont tirés du compte de résultat et des SIG, les soldes intermédiaires de gestion). Exemple : taux de marge commerciale, taux de frais financier, etc. ;
- les ratios de gestion et d'équilibre financier (ils sont tirés du bilan et du compte de résultat). Exemple : délai de rotation des stocks, délai de règlement client, délai de crédit fournisseurs, autonomie financière, etc.

Vous pouvez mettre en place un certain nombre de ratios dans votre entreprise en fonction de vos besoins d'analyse. Ces ratios doivent être comparés aux ratios du secteur d'activité de l'entreprise sur plusieurs périodes.
Les ratios du secteur d'activité sont obtenus :
- sur le site www.alisse2.INSEE.fr (avec la possibilité de choisir le secteur d'activité et les ratios) ;
- dans la documentation (livres spécialisés sur un secteur, fiches AFE, etc.) ;
- auprès de votre expert-comptable.
Cette information est très utile au banquier qui connaît et utilise les principaux ratios.

› Utilisez et analysez les outils que vous avez mis en place

Une fois vos outils choisis et mis en place vous devez les suivre.
Vos outils doivent évoluer en fonction :
- de vos besoins d'analyse ;
- de l'évolution de votre entreprise.
Cette évolution des outils passe par une analyse régulière (mensuelle).
D'après cette analyse, le dirigeant peut être amené à modifier :
- une politique d'entreprise. Par exemple, il étudie la possibilité de lancer une nouvelle gamme de produits et effectue donc une analyse de rentabilité. Si cette analyse n'est pas favorable, il étudie le lancement d'une gamme plus rentable ou de cette même gamme, mais uniquement pour l'image de l'entreprise ;
- les outils (outil de suivi de CA initialement réalisé au global, outil de suivi de CA réalisé par gamme ou par typologie de clients).
Le dirigeant peut demander conseil à son expert-comptable sur le choix, sur l'analyse de ses outils, et sur l'évolution des indicateurs qui en découlent.

La protection

La protection du dirigeant, de son (sa) conjoint(e), de son entreprise, est très importante. C'est un sujet vaste sur lequel il est primordial de se pencher.

› Votre protection

Le dirigeant d'entreprise peut être :
- salarié (gérant minoritaire de SARL par exemple). Il bénéficie alors de la protection sociale des salariés, dans les mêmes conditions que ces derniers ;
- non salarié (responsable d'une entreprise individuelle, gérant majoritaire de SARL, gérant d'une SARL à associé unique). Il dépend de la protection sociale des professions non salariées.
Pour ce dernier cas, il y a 2 catégories de protection : la protection obligatoire et la protection facultative.

La protection obligatoire

Il y a 3 acteurs principaux : les URSSAF (allocations familiales), la RAM (réunion des assureurs maladie) ou RSI (caisse d'assurance-maladie) et les caisses de retraite.
N'hésitez pas à les contacter. N'oubliez pas que derrière ces énormes structures il y a des hommes et que vous avez la possibilité de les rencontrer ou de leur envoyer un e-mail. Votre expert-comptable peut aussi vous aider.

Les URSSAF : vous cotisez aux allocations familiales, CSG CRDS

Quels que soient votre statut et votre activité, vous cotiserez obligatoirement aux URSSAF.
Voir sur le site de l'URSSAF le *Guide URSSAF artisans commerçants industriels* et le *Guide URSSAF profession libérale.*

> **À NOTER**
> Dans le calcul des parts sociales d'une SARL, permettant d'apprécier si le gérant est minoritaire ou majoritaire, sont comptabilisées les parts détenues par son conjoint ou son partenaire pacsé et celles de ses enfants mineurs.

Au démarrage de votre activité, si vous êtes une entreprise individuelle, gérant majoritaire ou installé en libéral, les URSSAF ne connaissent pas le montant de votre rémunération. Le calcul de vos cotisations se fait donc sur un montant forfaitaire : les deux premières années de votre activité, il est calculé sur la moitié du plafond de la Sécurité sociale, ensuite il est calculé sur votre bénéfice fiscal (BIC ou BNC) ou vos prélèvements (gérant majoritaire).

> **À NOTER**
> **Connaître les montants de vos prélèvements** Si vous êtes immatriculé sous la forme d'une entreprise individuelle, ou d'une EURL, ou gérant majoritaire de SARL (soumise à l'IR) : le montant de votre rémunération est le montant total de votre bénéfice, quel que soit le montant que vous avez prélevé personnellement sur l'année.
> Si vous êtes gérant majoritaire d'une SARL soumise à l'IS, seul le montant de vos prélèvements sera considéré comme étant votre rémunération.

Si vous êtes salarié et créateur (par exemple gérant minoritaire d'une SARL et salarié), vous pouvez demander une exonération liée à votre cumul d'activités.

> **À NOTER**
> En cas d'obtention de l'ACCRE, vous êtes exonéré du paiement des charges URSSAF le temps de l'exonération.

Le site des URSSAF propose également un calcul en ligne de vos cotisations et de celles de vos salariés : www.urssaf.fr

MON CONSEIL

Si vous êtes travailleur indépendant (gérant majoritaire, entreprise individuelle) Si vous souhaitez payer des charges en fonction de ce que vous percevez réellement et non d'un montant forfaitaire (très souvent sans lien avec la réalité), vous pouvez faire une « demande de modulation » auprès de votre URSSAF. Pour cela, vous devez estimer dès le début de l'année les revenus que vous percevrez, et les transmettre à votre URSSAF *via* le document officiel « Demande de modulation URSSAF » disponible sur leur site.

Les URSSAF calculeront vos cotisations sur le montant que vous leur avez transmis et vous n'aurez donc pas de régularisation après 2 ans, ce qui évite les mauvaises surprises et les problèmes de trésorerie qui en résultent.

Vous devez actualiser ce document régulièrement au cours de l'année, car vous risquez des pénalités de 10 % si votre revenu réel est supérieur de plus d'un tiers au revenu estimé. Vous pouvez réaliser cette actualisation tout au long de l'année sous forme de demande rectificative : la modification interviendra sur les échéances suivant la réception de votre demande.

RAM ou RSI : vous cotisez à l'assurance-maladie

Lorsque vous étiez salarié, vous cotisiez à la Sécurité sociale. Lorsque vous créez votre entreprise, vous pouvez percevoir votre rémunération sous forme de fiche de salaire (par exemple : gérant minoritaire, statut salarié et donc cotisation à la Sécurité sociale), ou sous forme de rémunération de dirigeant (par exemple : gérant majoritaire, statut travailleur non salarié, donc TNS et cotisation au RAM ou RSI).

Le régime social des indépendants (RSI), des commerçants et artisans (RAM : réunion des assureurs maladie) est un régime obligatoire de Sécurité sociale auquel sont rattachées toutes les personnes non salariées exerçant à titre personnel une activité artisanale, commerciale, industrielle ou libérale, ainsi que certains dirigeants ou associés de sociétés.

À NOTER

Vous gardez le même numéro de Sécurité sociale.

La RAM et l'URSSAF ont été regroupées pour les commerçants, mais pas pour les prestataires de services. Pour obtenir des informations complémentaires, rendez-vous sur le site du RSI (www.rsi.fr) ou de la RAM (www.laram.fr).

En cas d'obtention de l'ACCRE, vous êtes exonéré et vous continuez à dépendre de la Sécurité sociale le temps de l'exonération.

La retraite obligatoire

Vous devez aussi cotiser à un organisme de retraite obligatoire.

Le choix de votre caisse de retraite dépend du secteur d'activité de votre entreprise et de son lieu d'implantation.

Exemples : CIPAV, AGIRC, ARRCO.

Vous recevrez vos points de retraite 1 fois par an. Gardez-les précieusement selon votre organisation administrative, car ils vous seront utiles au moment où vous prendrez votre retraite.

À NOTER

Les auto-entrepreneurs ayant opté pour le régime micro-social

Pour valider les trimestres d'assurance vieillesse, l'auto-entrepreneur devra réaliser les montants minimaux de chiffre d'affaires suivants (ces montants sont calculés après abattement forfaitaire du régime micro : 71 %, 50 % et 34 % en fonction de l'activité) :

Pour une activité de vente de marchandises, hébergement et restauration :

- CA pour 1 trimestre : 5 002 € ;
- CA pour 2 trimestres : 10 003 € ;
- CA pour 3 trimestres : 15 005 € ;
- CA pour 4 trimestres : 20 007 €.

Pour une activité de prestations de service soumise au BIC :

- CA pour 1 trimestre : 2 901 € ;
- CA pour 2 trimestres : 5 802 € ;
- CA pour 3 trimestres : 8 703 € ;
- CA pour 4 trimestres : 11 604 €.

Pour une activité de prestations de service soumise au BNC :

- CA pour 1 trimestre : 2 198 € ;
- CA pour 2 trimestres : 4 395 € ;
- CA pour 3 trimestres : 6 593 € ;
- CA pour 4 trimestres : 8 791 €.

Ces montants concernent 2016.

• La protection facultative

Le dirigeant doit se protéger : peut-être pas tout de suite car toutes les protections complémentaires coûtent relativement cher. Il existe de nombreuses protections facultatives.

Pour faire votre choix, vous devez analyser vos besoins. Êtes-vous seul, ou avez-vous aussi des salariés à protéger ? Êtes-vous marié, célibataire, dirigeant salarié, dirigeant non salarié, etc. ?

Rencontrez plusieurs spécialistes : des compagnies d'assurances, des courtiers, avant de faire votre choix. En effet, cela vous permettra aussi d'augmenter votre connaissance sur ce sujet.

Ce spécialiste vous suivra tout au long de votre vie de dirigeant. Faites un point régulièrement avec lui sur votre situation afin d'arbitrer et/ou modifier votre protection.

Vous rencontrerez ces spécialistes *via* Internet (recherche un peu aléatoire), des salons d'entrepreneurs (le salon des entrepreneurs, de la micro-entreprise), votre réseau (qui peut vous recommander des spécialistes avec qui il travaille déjà).

La mutuelle santé

La première protection que vous devez prendre est une mutuelle santé. Lorsque vous étiez salarié, vous étiez couvert par une mutuelle d'entreprise, et c'est essentiel d'en choisir une rapidement afin de vous faire rembourser correctement vos soins santé.
Contactez votre ancienne mutuelle afin de leur demander leur tarification en fonction de votre nouveau statut.
Prenez soin de votre santé, car elle fait maintenant partie de la richesse de votre entreprise.

MON CONSEIL
Dans le cadre d'une personne morale (SARL par exemple), la charge de la cotisation est déductible du bénéfice de l'entreprise.

À NOTER
La loi du 14 juin 2013 relative à la sécurisation de l'emploi prévoyait la généralisation de la couverture santé à l'ensemble des salariés du secteur privé. Ainsi, depuis le 1er janvier 2016, une couverture complémentaire santé collective obligatoire doit être proposée par l'employeur du secteur privé à tous les salariés, s'ils n'en disposaient pas déjà.

Le chômage

Les associés et les dirigeants d'entreprise qui, en plus de leurs fonctions, justifient d'un contrat de travail peuvent éventuellement bénéficier de l'assurance chômage. En effet, ce n'est pas systématique : pour être certain d'avoir droit aux indemnités chômage en cas de perte d'emploi, vous devez interroger l'UNÉDIC. Pour cela, mettez-vous en relation avec votre Pôle emploi.
À l'inverse, les exploitants individuels (artisans, commerçants, professions libérales), les dirigeants sociaux et les associés qui n'ont pas de contrat de travail ne peuvent pas percevoir d'allocations de chômage en cas de perte d'emploi. Ils peuvent aussi faire la demande de renseignement de prise en charge par les indemnités chômage. Ils doivent donc cotiser auprès d'organismes spécialisés, et cela coûte très cher.
Les principaux organismes proposant une assurance chômage sont : la GSC (Garantie sociale des chefs d'entreprises), l'APPI (Association pour la protection des patrons indépendants), April Assurances, le GAN, Axa…
Vous devrez sélectionner, grâce à une étude comparative, les offres en fonction du motif du chômage couvert, de la durée d'indemnisation, du montant des indemnités, des frais annexes, etc.

MON CONSEIL

S'assurer ou non contre le chômage ? Lorsque l'on a été salarié, et que l'on crée son entreprise, on craint très souvent cette perte des allocations chômage, car on se demande comment les choses vont se passer si notre activité ne démarre pas ou ne fonctionne pas bien. J'ai tendance à penser que c'est vous qui créez votre propre emploi, qui vous battez pour pérenniser et développer votre activité, et que cotiser pour le chômage est totalement illogique dans cette démarche d'entrepreneur. Cette vision est très personnelle. N'oubliez pas que ce qui compte, c'est votre confort en tant qu'entrepreneur. Alors, si vous souhaitez cotiser à l'assurance chômage, faites-le. Pour vous y retrouver, faites appel à un coursier qui sera compétent pour vous conseiller l'offre la plus adaptée à votre besoin, et pour vous traduire les différentes offres.

La prévoyance : un complément de votre protection sociale

La prévoyance présente souvent des avantages fiscaux afin d'encourager les dirigeants à se protéger.

Cette protection couvre : des prestations en cas de décès pour votre conjoint et vos enfants, un maintien du revenu en cas d'arrêt de travail ou d'invalidité, des services complémentaires d'assistance.

Exemple : si vous êtes indépendant, les charges de prévoyance rentrent dans le cadre des charges déductibles d'un contrat « loi Madelin ».

La retraite

Il existe de nombreuses solutions de retraites complémentaires.

Par exemple : le Perco (plan d'épargne retraite collectif), les dispositifs prévus par la loi Madelin (www.loimadelin.com), la retraite supplémentaire à prestations définies, dite « article 39 » ou retraite « article 83 » si vous êtes salarié.

Ce choix dépend de votre statut (salarié, non-salarié), de votre situation familiale, de votre niveau d'imposition.

MON CONSEIL

Choisir un courtier Pour ces protections complémentaires, choisissez plutôt un courtier qui a une vision globale des produits d'assurance qui existent sur le marché. L'avantage du courtier est qu'il est davantage dans une démarche d'analyse et de conseil. Il vous proposera donc des produits plus adaptés à votre situation et à vos besoins.

› La protection de votre conjoint(e)

La protection de votre conjoint(e) est aussi très importante s'il (ou elle) a un rôle dans votre entreprise.

Jusqu'au 1er juillet 2007, aucun statut ne leur était attribué, ce qui était très risqué en cas de divorce ou de décès du dirigeant.

Depuis cette date, 3 statuts sont possibles pour votre conjoint et le choix d'un de ces 3 statuts est obligatoire.

Le conjoint collaborateur

Il travaille dans votre entreprise sans être salarié ou de façon occasionnelle. Le législateur a cherché à le protéger. Les conditions de choix de ce statut :
- il exerce une activité professionnelle régulière dans l'entreprise, il ne perçoit pas de rémunération au titre de cette activité, et il n'a pas la qualité d'associé ;
- il doit être mentionné au CFE (centre de formalités des entreprises).

La protection : le conjoint collaborateur est affilié et cotise au régime obligatoire d'assurance vieillesse dont vous relevez. Il a aussi droit à la formation professionnelle continue.

Depuis 2014, il doit payer en plus une cotisation forfaitaire de 105 € au titre des indemnités journalières maladie qui le couvrent en cas de pépins de santé ou d'accidents.

À NOTER

Si vous êtes auto-entrepreneur, et si votre conjoint respecte les conditions suivantes :
- déclaration au CFE ;
- travail effectif ;
- non-rémunération.

Alors il peut bénéficier du statut de conjoint collaborateur et donc bénéficier d'une protection sociale.

Le conjoint salarié

Il travaille dans votre entreprise en tant que salarié.

Les conditions de choix de ce statut : il participe de façon effective au travail et perçoit un salaire correspondant au salaire normal de sa catégorie professionnelle.

Sa protection : comme tous les salariés de l'entreprise, il cotise pour la retraite de base auprès du régime général de Sécurité sociale et il peut bénéficier de l'assurance chômage.

Le conjoint associé

Il participe à l'activité et détient des parts dans votre entreprise.

Les conditions de choix de ce statut : le conjoint est associé dans votre entreprise (SARL, SELARL, SNC).

Sa protection : le conjoint associé est affilié et cotise auprès des mêmes régimes que vous. Si vous relevez du régime général (exemple : gérant minoritaire de SARL), votre conjoint associé sera affilié au régime général s'il remplit les conditions du salariat (lien de subordination).

À NOTER

Si vous êtes pacsés ? La loi de modernisation de l'économie du 4 août 2008 prévoit que le conjoint d'un dirigeant lié par un PACS bénéficiera du même statut que le conjoint du dirigeant d'entreprise. Il devra donc obligatoirement opter pour l'un des 3 statuts : collaborateur, salarié ou associé. En revanche, ces statuts ne sont pas applicables en cas de concubinage.

ATTENTION

PACS et immatriculation Les gérants de SARL doivent s'immatriculer au régime social des indépendants (RSI) lorsqu'ils deviennent majoritaires suite à la prise en compte des parts de leur partenaire pacsé (circulaire ACOSS n° 2010-001 du 4 janvier 2010).

› La protection de votre entreprise : l'assurance

Au démarrage de votre activité professionnelle il est nécessaire d'analyser les risques de votre entreprise. Il existe 2 typologies de risques :
- les risques que vous pourrez prendre en charge avec votre trésorerie ;
- les risques qui pourraient mettre votre entreprise en péril s'ils se produisaient.
Ce sont ces risques qui doivent être couverts par votre contrat d'assurance.
Pour réaliser cette analyse concernant vos risques, vous devez vous mettre en relation avec un assureur et demander des devis auprès de compagnies d'assurance.

MON CONSEIL

Demandez plusieurs devis auprès de différents courtiers en assurance afin de faire un choix optimisé en termes de coût et de couverture.

Certaines activités vous obligent à prendre une assurance. Voici quelques exemples d'assurance obligatoire.

• La responsabilité décennale des entreprises du bâtiment

En vertu de l'article 1792 du Code civil, les constructeurs sont responsables de plein droit pendant 10 ans des dommages qui compromettent la solidité de la construction, ou qui, l'affectant dans l'un de ses éléments constitutifs ou dans l'un de ses éléments d'équipement, le rendent impropre à l'usage auquel il est destiné. Sont principalement visés les architectes, les entrepreneurs du bâtiment, les techniciens, les bureaux d'étude, les ingénieurs-conseils, les contrôleurs techniques… liés au maître d'ouvrage par un contrat de louage d'ouvrage. Les sous-traitants sont donc exclus du champ d'application de la loi.
Ces constructeurs ont l'obligation de contracter une assurance dite « décennale », garantissant le maître de l'ouvrage contre les dommages graves affectant les travaux, dénoncés après la réception.

• L'assurance pour les véhicules

Elle couvre le risque circulation pour les véhicules terrestres à moteur.

• L'assurance pour les locaux

Le local peut-être endommagé par différents événements (incendie, explosion, vols, intempéries, etc.). Il faut alors souscrire une assurance multirisque.

L'assurance pour les agences de voyage

Cette assurance est destinée à couvrir les risques financiers résultant des fautes professionnelles commises par l'agence de voyage ou l'un de ses salariés dans le cadre de son activité. Il faut alors souscrire une assurance responsabilité civile professionnelle.

L'assurance pour les agents immobiliers

Pour exercer les activités d'agent immobilier visées par la réglementation, il faut que les personnes intéressées obtiennent une carte professionnelle. Une des conditions d'obtention de cette carte est la souscription d'une assurance responsabilité civile professionnelle.

Ce sont des assurances liées à votre secteur d'activité, et vous les connaissez depuis votre projet de création. Vous pouvez aussi avoir des informations auprès de votre chambre syndicale.

Les principales garanties pour votre entreprise sont :

- l'assurance des biens (locaux, matériels, stocks, véhicules, etc.). Si vous avez un local commercial, il est recommandé de prendre ce type de garantie afin de faire fonctionner votre assurance en cas de dégâts des eaux par exemple ;
- l'assurance de l'activité. Cette assurance est valable pour une activité de fabrication, vente de produits ou pour une activité de prestation intellectuelle. Elle englobe la responsabilité civile, les pertes d'exploitation, la responsabilité civile de l'utilisation par le salarié de son véhicule ou de celui de l'entreprise, etc., c'est-à-dire tous les risques encourus par l'entreprise dans le cadre de son activité ;
- l'assurance spécifique à certains domaines. Par exemple, la garantie décennale, la responsabilité professionnelle des professions libérales, etc. ;
- l'assurance « homme clef ». C'est une assurance décès contractée par votre assurance sur la tête du dirigeant ou du collaborateur : en cas de décès ou d'incapacité du dirigeant ou du collaborateur, un capital est versé à l'entreprise ;
- l'assurance « perte d'exploitation ». C'est une assurance qui couvre les pertes financières dues à l'arrêt d'activité entraîné par un sinistre : incendie, explosion, inondation, ou tout autre événement accidentel. Suite à ces événements accidentels, le CA de l'entreprise va baisser, et elle ne pourra pas faire face à ses charges fixes. Cette assurance prévoit le versement d'une indemnité destinée à replacer l'entreprise dans la situation financière qui aurait été la sienne si le sinistre n'avait pas eu lieu ;
- l'assurance des risques informatiques : indispensable aux sociétés qui utilisent de nombreuses données informatiques (SSI, par exemple) ;
- l'assurance crédit contre les impayés : elle est facultative et s'utilise en cas de défaillance d'un client ;
- l'assurance du risque environnemental : elle permet de couvrir les atteintes à l'environnement ;
- l'assurance prospection : elle a été créée par la COFACE et elle couvre les entreprises contre le risque d'échec dans la prospection de marchés à l'international.

À NOTER

Les systèmes de micro-assurance Un nouveau système de micro-assurance a été lancé et développé en juin 2009 avec l'ADIE, le principal bailleur de microcrédits en France.
Il existe 2 systèmes de micro-assurance actuellement :
- celui de AXA-Macif-ADIE ;
- celui de la fondation Entrepreneurs de la cité (April, AG2R-La Mondiale, CNP, CFDP Assurances, Matmut et La Banque Postale).

Ils fonctionnent sous forme de « pack » et coûtent en moyenne deux fois moins cher qu'une assurance traditionnelle.
Une des conditions pour en bénéficier est de faire valider son projet auprès d'un réseau d'aide à la création d'entreprise.

› Conclusion

Nous venons de voir une nouvelle facette de l'entrepreneur : sa facette « organisée » et « administrative ».
Ne vous laissez jamais déborder. Lorsque vous sentez que le « débordement » arrive, et que vous ne savez plus comment vous en sortir et par quel bout démarrer ce que vous avez à faire, prenez le temps de vous poser. C'est une méthode difficile à appliquer, mais très efficace, car il est important de vous donner les moyens de gérer votre temps, de prendre du recul.
Bien que ce soit tentant, ne délaissez pas votre « administratif » parce que vous êtes débordé au niveau de l'opérationnel, avec vos clients, vos fournisseurs.
En effet, vous risquez sinon de perdre totalement pied et de ne plus avoir le courage de récupérer votre retard administratif. C'est un travail au quotidien, de longue haleine et d'endurance, qui vous donnera une bonne visibilité de votre activité.

Réaliser vos premières embauches

➤ Vous avez structuré vos relations avec vos principaux partenaires, vous êtes organisé en interne, et vous avez maintenant besoin de réaliser vos premières embauches.

➤ Cette décision est très importante pour votre entreprise et pour votre mode de fonctionnement.

➤ N'oubliez pas que vous avez près de vous votre expert-comptable. Appuyez-vous sur ses compétences afin de choisir le contrat qui correspond le mieux à votre besoin (CDD, CDI, autres, etc.) et afin de réaliser dans les règles toutes les démarches administratives.

Vous choisissez vos premiers collaborateurs

Le recrutement de vos premiers collaborateurs est extrêmement important. Vous devez définir très précisément votre besoin en termes de compétences, cela vous aidera à mieux définir le profil dont vous avez besoin. N'oubliez pas que si vous avez bien préparé votre business plan, vous avez prévu un budget pour ces embauches, et donc aussi défini le profil de chaque embauche. L'idéal est même d'avoir déjà contacté les personnes, de leur avoir parlé du projet, des conditions de leur embauche. Ainsi, il ne vous restera plus qu'à faire les derniers ajustements avec eux et à régler l'administratif…

La définition du candidat « idéal »

La démarche de recherche du bon candidat doit être réalisée soit pendant la phase projet, soit dès que le besoin d'étoffer les équipes se fait sentir. Vous devez anticiper ce besoin, car cette recherche peut durer un certain temps, et vous ne pouvez pas vous contenter d'un « à peu près ».
Prenez aussi en compte le temps de formation de votre candidat. En effet, une fois intégré à votre structure, le candidat choisi (le nouvel arrivant) devra s'approprier l'entreprise et le poste, se former à ses nouvelles tâches et s'adapter à ses nouveaux interlocuteurs. Il ne sera donc pas opérationnel tout de suite. Tenez compte de ces délais : le temps de recrutement et le temps de formation.

› La définition de votre besoin

Si vous avez ressenti le besoin d'étoffer votre équipe, vous devez avant tout définir quelles sont les tâches pour lesquelles ce besoin se fait sentir. Cela vous aidera à définir un profil du candidat pour le poste, puisque le poste sera défini en détail, en précisant chaque tâche à réaliser.
Pour cela, définissez la liste des composantes du poste et dans cette liste les points qui sont essentiels à vos yeux.
Cela vous aidera aussi à mener vos entretiens, car votre discours et le descriptif du poste seront clairs et cela rassurera le candidat qui passera son entretien. C'est la partie objective du choix du candidat.
Cette première « délégation » de responsabilités n'est pas toujours évidente pour le dirigeant : soyez donc lucide sur vos réticences à transmettre certaines tâches que vous réalisez.

› La définition du profil du candidat

La définition du besoin vous aidera dans la définition du profil.

N'hésitez pas à retravailler la définition de votre besoin si le profil du candidat ne se dessine pas.
Projetez-vous dans votre quotidien avec le candidat : où va-t-il travailler ? Quels seront ses besoins matériels pour réaliser sa mission (PC, imprimante, téléphone, etc.) ? Va-t-il se déplacer ? Combien de fois par semaine ? Quels seront ses horaires ? À quel moment de l'année, du mois, de la semaine, aura-t-il le plus de travail ? Quels seront ses interlocuteurs ? Quels seront ses objectifs, qu'attendez-vous de lui ? Comment allez-vous organiser son intégration et sa formation ?
La réponse à ces questions vous permettra de définir le profil de votre candidat : sa formation, son expérience, ses qualités professionnelles et relationnelles.
C'est la partie « subjective » du choix du candidat : vous devez avoir envie de travailler avec lui, de lui transmettre une partie de votre compétence et de vos connaissances, vous devez lui faire confiance, communiquer facilement avec lui.
Cela ne veut pas dire que le candidat idéal sera votre « clone », bien au contraire, car souvent un candidat « complémentaire » vous aidera et vous apportera les compétences que vous n'avez pas.

> **Cas pratique**
> M. X a monté son entreprise et a besoin de recruter un collaborateur.
> Comme il a l'esprit créatif et que de prime abord il n'est pas à l'aise avec l'administratif, il a décidé de sélectionner un candidat très à l'aise dans ce domaine. Ainsi, ils seront complémentaires.
> N'oubliez pas que l'entreprise est composée d'individus issus d'environnements différents, avec des compétences et des profils complémentaires. Cette diversité fait la richesse d'une entreprise.

› La définition des conditions d'embauche

Vous devez faire un choix des conditions d'embauche et répondre aux questions suivantes : quel est le type de contrat ? Quel est le montant de la rémunération ? La rémunération comprend-elle une partie variable ? Quels seront les avantages : voiture, mutuelle, retraite ?
Faites-vous aider par votre expert-comptable pour définir ces éléments.
Vous pouvez aussi contacter le Pôle emploi de votre région.

La recherche du candidat

› L'annonce pour trouver les candidats

Pour rechercher les candidats, vous rédigerez une annonce. Pour la rédiger, vous vous appuierez sur la définition de votre besoin, du profil du candidat et des conditions d'embauche.
Puis vous devrez choisir le mode de diffusion de cette annonce :
- utilisez votre réseau et informez votre entourage que vous recherchez un candidat ;
- contactez les écoles ;

- contactez l'APEC, Pôle emploi (en fonction du profil recherché) ;
- passez une annonce dans la presse (spécialisée ou locale). Prenez les informations précises concernant la date de parution, la durée, les coûts et validez ces éléments : vérifiez la parution de votre annonce, que le texte de votre annonce est conforme, ainsi que la date de la parution ;
- contactez un cabinet de recrutement, une agence de travail temporaire (attention, les coûts sont souvent élevés, mais vous gagnerez du temps, car ces structures réaliseront pour vous une présélection des candidats) ;
- diffusez votre annonce sur des sites spécialisés.

Les premiers candidats vont alors vous contacter, et vous devrez choisir le candidat qui répond le mieux à la définition du poste et à votre besoin.

MON CONSEIL

Gagnez du temps Depuis mars 2010, vous pouvez contacter votre Pôle emploi au numéro unique 39 95 (coût : 0,15 € par minute) afin d'obtenir des informations sur le recrutement, sur les modalités de dépôt des offres sur le site Internet de Pôle emploi, ainsi que sur les aides à l'embauche.

› Le choix du candidat

La présélection des candidats se réalise grâce aux CV reçus, aux lettres de candidature, et éventuellement grâce à un entretien téléphonique rapide.

MON CONSEIL

Être réactif Organisez-vous pour la réception des CV et leur traitement pour gagner en efficacité et en rapidité. Ne laissez pas « traîner » des CV sans les analyser. Vous devez être très réactif, car n'oubliez pas que de l'autre côté, il y a un candidat qui se fera aussi une opinion sur vous.

Ne lancez donc pas une opération de recrutement lorsque vous n'avez pas le temps de la « gérer ».

L'analyse des CV reçus doit se faire en fonction de critères prédéfinis qui correspondent à vos besoins et au profil « idéal » du candidat. Vous recevrez les candidats qui correspondent le plus à vos critères : lorsque vous analysez les CV, prenez des notes, écrivez noir sur blanc les questions qui vous viennent à l'esprit, car cela vous aidera à préparer vos entretiens.

Il n'y a pas de lieu « type » pour recevoir les candidats. Vous pouvez donc les recevoir au sein de votre entreprise ou à l'extérieur, par exemple dans des lieux publics (dans des cafés, hôtels, etc.).

À la fin de l'entretien, informez le candidat de votre délai de réponse ainsi que des modalités que vous utiliserez pour l'informer de votre décision.

Une fois votre choix fait, informez tous les candidats, par politesse. Pour ceux que vous n'avez pas choisis, transmettez-leur des encouragements, et préparez une réponse à l'avance au cas où ils vous demandent les raisons qui vous ont poussé à ne pas les choisir.

Vous devez aussi envoyer le contrat qui vous lie au candidat choisi. Pour cela, faites-vous aider par votre expert-comptable qui vous transmettra le contrat en question. Vous avez choisi votre nouveau collaborateur, vous avez signé le contrat qui vous lie, vous devez maintenant l'intégrer à votre structure.

L'intégration de votre nouveau collaborateur

Pour faciliter l'intégration de votre nouveau collaborateur, vous devez lui consacrer du temps, et lui fixer des objectifs. C'est le début du « management ». En effet, vous devez maintenant « gérer » des hommes, et vous avez une nouvelle responsabilité : celle de payer le salaire de votre nouveau collaborateur en fin de mois. Les éléments que vous devez transmettre à votre collaborateur sont essentiellement les suivants :

- la présentation de votre entreprise ;
- la présentation des principaux interlocuteurs (en interne et en externe si nécessaire) ;
- une formation sur vos produits ou sur votre offre ;
- les spécificités de votre activité ;
- une explication des dossiers en cours ;
- le détail de son poste (de façon concrète, et en lui donnant peu à peu des tâches à réaliser).

N'oubliez pas de valider son travail au démarrage, de faire des points réguliers avec lui (1 fois par semaine au début). Cela vous permettra d'ajuster et d'éviter des erreurs, et cela lui permettra de corriger et de mieux comprendre ce que vous attendez de lui. Soyez patient et pédagogue et ne lui demandez pas d'être autonome tout de suite, car ce n'est pas réaliste.

À NOTER

Une nouvelle aide au conseil en ressources humaines Elle a été créée afin de faciliter l'embauche au sein des TPE et PME. L'instruction n° DGEFP/MADE/2016/66 du 8 mars 2016 définit les conditions d'application de cette aide au conseil en ressources humaines. Cette aide s'adresse particulièrement aux entreprises de moins de 50 salariés. Elle est prise en charge par l'État à hauteur de 50 % maximum pour un coût total qui ne peut être supérieur à 15 000 € HT.

La prestation est réalisée par un prestataire référencé par la DIRECCTE et elle peut porter sur :

- une aide au processus de recrutement ;
- l'intégration des nouveaux arrivants ;
- la transmission des compétences ;
- la professionnalisation du dirigeant en matière de RH.

La prestation peut être échelonnée dans le temps sans dépasser une durée totale de 12 mois. Vous trouverez la liste des prestataires sur les sites travail.emploi.gouv.fr, www.anact.fr et auprès des Aract (Associations régionales pour l'amélioration des conditions de travail).

Les différentes modalités contractuelles

De nombreuses modalités contractuelles existent pour intégrer un nouveau collaborateur. Vous choisirez la modalité qui vous convient le mieux en fonction de plusieurs critères : durée, budget, obligations légales, etc.

Vous ne souhaitez pas embaucher

› Les prestataires externes : les sous-traitants

Ce sont des fournisseurs qui vont vous apporter une compétence dont vous avez besoin pendant une période déterminée et pour un travail précis.
C'est le cas :
- pour une surcharge de travail sur une tâche précise. Exemple : vous participez à un salon, et vous avez besoin d'un renfort commercial ;
- suite à une demande particulière d'un de vos clients qui fait appel à une compétence particulière que vous n'avez pas. Exemple : vous avez une activité artisanale, et un de vos clients souhaite que son logo soit gravé sur les produits que vous réalisez. Vous n'avez pas cette compétence technique en interne, et vous faites appel à un atelier externe qui a cette compétence : votre sous-traitant.

À NOTER
Le sous-traitant ne facture pas votre client. Il vous facture et vous englobez sa prestation dans ce que vous facturez vous-même à votre client : votre client vous « appartient ». Si votre sous-traitant est en contact avec votre client, il doit l'être en votre nom.

MON CONSEIL
Avant de vous engager avec le prestataire externe, validez la marge de ce contrat, de cette commande, en intégrant le coût supplémentaire de ce prestataire externe.

Le support qui régira le travail à réaliser, les délais de réalisation, les prix, les délais de paiement est le contrat que vous passerez avec le prestataire choisi.
Ainsi, soyez très vigilant sur les différentes clauses du contrat et notamment sur :
- les clauses de confidentialité et de non-concurrence ;
- les clauses de résiliation ;
- le cahier des charges à réaliser par votre prestataire (c'est-à-dire la liste des éléments qu'il doit réaliser et les délais de réalisation de ses différentes tâches) ;
- les conditions de paiement. Faites en sorte que les conditions de paiement de votre prestataire correspondent aux conditions de paiement de votre client.

Cas pratique
Il est prévu que votre client vous règle 20 % à la livraison du dossier technique et 80 % à la réalisation.
Le mieux est que votre prestataire ait les mêmes conditions.
Si vous payez votre prestataire 90 % à la livraison du dossier technique et 10 % à la réalisation, vous réglez alors la prestation à votre prestataire avant d'avoir perçu le paiement de votre client. Ce n'est pas du tout idéal en termes de trésorerie, car cela implique que vous financez une partie de la commande avant d'être payé, et cela augmente fortement votre BFR.
Parfois, vous n'avez malheureusement pas le choix, mais il est important d'avoir conscience de cette problématique économique.

Travailler avec un prestataire externe vous permet :
- de ne pas payer de charges sociales sur ce que vous lui payez (ce n'est pas un salarié) ;
- de négocier les délais de paiement avec lui ;
- d'avoir une certaine souplesse. Lorsque vous avez une surcharge de travail, vous faites appel à un prestataire, et dès que cette surcharge disparaît, vous ne prolongez pas le contrat ;
- si vous n'êtes pas satisfait du travail réalisé, vous pouvez stopper le contrat (en respectant les clauses de résiliation).
Mais en contrepartie :
- les tarifs sont souvent élevés ;
- la compétence sur ce domaine d'activité reste à l'extérieur de l'entreprise ;
- si, pour vous, le travail réalisé n'est pas satisfaisant, vous risquez de perdre du temps et surtout votre client…

› Les stagiaires

Le stagiaire est une solution économique et c'est un « premier pas » prudent vers une embauche.
Toute entreprise peut faire appel à des stagiaires.
La loi du 10 juillet 2014 et ses décrets d'application ont modifié le statut des stagiaires et fixe les modalités de façon plus précise :
- les stages doivent être intégrés à un cursus pédagogique scolaire ou universitaire ;
- la convention de stage est obligatoire ;
- la durée maximale du stage ne peut excéder 6 mois par année d'enseignement ;
- un délai de carence entre 2 stages successifs doit être respecté. Il est égal au tiers de la durée du premier stage ;
- si le stage dure moins de 2 mois, le versement de la gratification est facultatif et, au-delà, il est obligatoire ;
- pour les conventions conclues depuis le 1er septembre 2015, le montant de la gratification est au moins égal à 15 % du plafond horaire de la Sécurité sociale ;

- la gratification est exonérée de charges sociales dans la limite de 15 % du plafond horaire de la Sécurité sociale pour les conventions de stages conclues à partir du 1er septembre 2015 ;
- le stagiaire n'a pas le statut de salarié ;
- le stagiaire a droit aux activités sociales et culturelles du comité d'entreprise, à l'accès au restaurant d'entreprise dans les mêmes conditions que les salariés, aux tickets restaurants et à une prise en charge partielle des frais de transport ;
- la convention de stage doit prévoir la possibilité de congés et d'autorisations d'absence ;
- la durée de travail du stagiaire est la même que celle des autres salariés ;
- le stagiaire peut faire des heures supplémentaires qui lui seront payées sans majoration ;
- l'entreprise doit désigner un tuteur pour le stagiaire ;
- le stage peut être interrompu sans que cela pénalise le stagiaire dans la validation de celui-ci ;
- l'entreprise doit inscrire les stagiaires dans une partie spécifique du registre du personnel ;
- le comité d'entreprise doit être informé sur le nombre de stagiaires, leurs tâches et leurs conditions d'accueil ;
- si l'embauche du stagiaire se fait dans les 3 mois suivant la fin du stage, la durée du stage est déduite de la période d'essai, sans pouvoir être réduite de plus de 50 % ;
- en cas d'embauche du stagiaire, à l'issue d'un stage de plus de 2 mois, la durée de ce stage est prise en compte dans l'ancienneté.

À NOTER
Vous pouvez vous aider du simulateur de calcul de gratification minimale d'un stagiaire que vous trouverez sur le site : https://www.service-public.fr/simulateur/calcul/gratification-stagiaire

Vous souhaitez embaucher

Si vous souhaitez embaucher, prenez rendez-vous avec votre Pôle emploi pour connaître les différents contrats aidés, afin d'embaucher un salarié avec un peu moins de charges.

À NOTER

Création de 2 nouvelles aides à l'embauche

- « L'aide à l'embauche d'un premier salarié ».

Créée en juillet 2015, elle porte sur les embauches réalisées entre le 9 juin 2015 et le 31 décembre 2016 pour un 1er salarié en CDI ou en CDD au minimum sur 6 mois ou en contrat de professionnalisation au minimum sur 6 mois.

Seules les entreprises sans salarié depuis au moins 12 mois peuvent en bénéficier.

L'aide s'élève à 4 000 € maximum par salarié sur 2 ans et elle est versée par trimestre.

Pour en savoir plus et remplir le formulaire, consultez le site : http://travail-emploi.gouv.fr/grands-dossiers/plan-tpe-pme/

- « L'aide à l'embauche dans les PME ».

Créée en janvier 2016, elle porte sur les embauches réalisées entre le 18 janvier et le 31 décembre 2016 pour un salarié en CDI ou en CDD au minimum sur 6 mois ou en contrat de professionnalisation au minimum sur 6 mois et avec une rémunération inférieure ou égale à 1,3 SMIC.

Seules les entreprises de moins de 250 salariés peuvent en bénéficier.

L'aide s'élève à 4 000 € maximum par salarié sur 2 ans et elle est versée par trimestre.

Pour en savoir plus et remplir le Cerfa, consultez le site : embauchepme.gouv.fr

MON CONSEIL

Numéro unique de Pôle emploi Depuis mars 2010, vous pouvez contacter votre Pôle emploi au numéro unique 39 95 (coût : 0,15 € par minute) afin d'obtenir des informations sur le recrutement, sur les modalités de dépôt des offres sur le site Internet de Pôle emploi, ainsi que sur les aides à l'embauche.

› Les apprentis (CDD)

L'apprenti est lié à l'entreprise par un contrat d'apprentissage. Le contrat de travail qui lie un employeur et un apprenti est un CDD. La durée du contrat se situe entre 1 an et 3 ans. L'apprenti doit être âgé de 16 à 25 ans et doit se former en vue de l'obtention d'un diplôme de l'enseignement technique. Il a le statut de salarié, mais il n'apparaît pas dans les effectifs de l'entreprise (cette notion d'effectif est prise en compte pour calculer certains seuils).

● Les obligations

Les obligations de l'entreprise vis-à-vis de l'apprenti sont de lui verser un salaire et de lui appliquer les droits de tous les salariés. Le salaire correspond à un pourcentage du SMIC déterminé en fonction de l'âge de l'apprenti et de sa progression dans le cycle de formation (entre 25 et 78 %).

Les obligations de l'apprenti vis-à-vis de l'entreprise sont :

- il est soumis aux règles du Code du travail et à la convention collective de l'entreprise ;
- il est soumis aux mêmes obligations que l'ensemble des salariés de l'entreprise.

Les aides à l'embauche

Le gouvernement a un objectif de « 500 000 apprentis en 2017 » et pour y parvenir, un certain nombre de mesures incitatives ont été mises en place pour les TPE et PME :

L'aide « TPE jeunes apprentis »

Vous bénéficiez d'une exonération totale de charges sociales et du salaire de votre apprenti, durant la 1re année de sa formation seulement.
Pendant la 1re année d'apprentissage, l'État vous rembourse chaque trimestre 1 100 €, soit une aide de 4 400 € sur l'année.
Cette aide concerne les entreprises de moins de 11 salariés pour des recrutements d'apprentis de moins de 18 ans, survenus à compter du 1er juin 2015.
Pour bénéficier de cette aide, vous devez faire la demande d'aide sur le site de l'alternance www.apprentissage.gouv.fr. Elle sera télétransmise à l'Agence de services et de paiement (ASP) qui assurera le paiement de l'aide.

L'exonération des charges sociales

Vous bénéficiez d'une exonération partielle des cotisations patronales et salariales. Cette aide concerne toutes les entreprises. Pour en bénéficier, vous devez contacter votre URSSAF.

L'aide au recrutement d'un apprenti supplémentaire

C'est une aide de 1 000 € minimum par année de formation, versée par les régions à l'entreprise après l'embauche d'un apprenti.
Vous pouvez bénéficier de cette aide si votre PME a moins de 250 salariés et à condition qu'il n'y ait pas eu de recrutement d'apprenti depuis le 1er janvier de l'année précédente.
Pour bénéficier de cette aide, rapprochez-vous de votre conseil régional ou de l'organisme de formation.

Le crédit d'impôt apprentissage

Ce crédit d'impôt est égal au nombre moyen annuel d'apprentis multiplié par 1 600 €, ou par 2 200 € dans certaines situations (exemple : travailleurs handicapés) et il est accordé uniquement pour la 1re année de formation.
Cette aide concerne toutes les entreprises. Pour en bénéficier, contactez votre centre des impôts ou allez sur le site : www.impots.gouv.fr

Les aides de l'Agefiph

Vous pouvez bénéficier d'une prime de 1 600 € à 13 000 € à la conclusion du contrat puis une autre aide de 1 000 € à 4 000 € pour la pérennisation du contrat.
Ces aides concernent uniquement le recrutement d'un apprenti reconnu comme travailleur handicapé.
Pour bénéficier de cette aide, contactez l'Agefiph dans les 3 mois suivant l'embauche.

L'aide au contrat de génération

Vous pouvez bénéficier d'une aide de 4 000 € par an, pendant 3 ans maximum à l'issue du contrat d'apprentissage. Cette aide est doublée si vous embauchez simultanément un jeune de moins de 26 ans et un senior de plus de 57 ans à 6 mois d'intervalle maximum.

Cette aide concerne les entreprises de moins de 300 salariés et doit compter au moins 1 salarié de plus de 57 ans.

Cette aide est accordée si l'apprenti de moins de 26 ans est recruté en CDI à l'issue de son contrat d'apprentissage.

Pour bénéficier de cette aide, contactez Pôle emploi dans les 3 mois suivant la fin de la période d'apprentissage. Pour en savoir plus, consultez le site : www.contrat-generation.gouv.fr

Les entreprises peuvent aussi bénéficier de certaines exonérations de charges sociales. Pour plus d'informations et pour connaître les conditions précises d'exonération, contactez l'URSSAF dont vous dépendez.

À NOTER

Les aides sont dans l'ensemble cumulables les unes aux autres.

MON CONSEIL

Les démarches administratives pour bénéficier de ces aides sont lourdes, alors n'hésitez pas à vous faire aider par les organismes de formation (CFA : centre de formation en alternance, école, etc.) ou par les chambres consulaires pour bien cibler vos besoins en terme de profils et de qualifications et pour remplir les différentes formalités.

› Le contrat de professionnalisation (CDD ou CDI)

Le contrat de professionnalisation remplace depuis le 1er octobre 2004 :

- le contrat d'adaptation ;
- le contrat d'orientation ;
- le contrat de qualification (jeunes et adultes).

Le contrat de professionnalisation est un contrat de formation en alternance, associant formation pratique en entreprise et formation théorique dans un organisme de formation.

Vous pouvez intégrer dans votre entreprise, dans le cadre d'un contrat de professionnalisation, un jeune âgé de 16 à 25 ans ou un demandeur d'emploi de 26 ans et plus.

Le contrat de professionnalisation est désormais ouvert aux bénéficiaires du RSA (revenu de solidarité active), de l'allocation de solidarité spécifique (ASS) ou de l'allocation aux adultes handicapés (AAH), ou aux personnes ayant bénéficié d'un contrat unique d'insertion (CUI).

Le bénéficiaire du contrat de professionnalisation aura le statut de salarié.

Le bénéficiaire et les effectifs de l'entreprise (cette notion d'effectif est prise en compte pour calculer certains seuils) :

- si le bénéficiaire est en CDD, il n'apparaîtra pas dans les effectifs de l'entreprise ;
- si le bénéficiaire est en CDI, il n'apparaîtra pas dans les effectifs jusqu'à la fin de l'action de professionnalisation.

Le contrat de professionnalisation se présente sous la forme d'un CDD ou sous la forme d'un CDI :
- sous la forme d'un CDI, l'action de professionnalisation est comprise entre 6 et 12 mois ;
- sous la forme d'un CDD, la période du CDD correspond à la période d'action de professionnalisation qui est comprise entre 6 et 12 mois minimum.

Les obligations

Les obligations de l'entreprise vis-à-vis du bénéficiaire du contrat de professionnalisation sont de :
- lui verser un salaire (la rémunération varie en fonction de l'âge et du niveau de qualification des bénéficiaires des contrats de professionnalisation) ;
- lui appliquer les droits de tous les salariés ;
- le former pendant les heures de travail ;
- éventuellement, désigner un tuteur au sein de l'entreprise.

Les obligations du bénéficiaire du contrat de professionnalisation vis-à-vis de l'entreprise sont :
- il est soumis aux règles du Code du travail et aux conventions collectives de l'entreprise ;
- il est soumis aux mêmes obligations que l'ensemble des salariés de l'entreprise.

À NOTER
Le décret n° 2016-95 du 1er février 2016 a précisé les modalités d'accueil des salariés en contrat de professionnalisation au sein de plusieurs entreprises.

Les aides à l'embauche

Le décret n° 2009-694 du 16 juin 2009, en faveur de l'embauche des bénéficiaires de contrat de professionnalisation présente un nouveau dispositif d'aide, dans le cadre du « plan d'urgence » contre le chômage des jeunes. Il prévoit le versement d'une aide de 1 000 € ou 2 000 € (si le jeune embauché a un niveau d'étude inférieur au bac). Si l'embauche est à temps partiel, le montant de l'aide est calculé *prorata temporis*.

Pour en bénéficier, il faut remplir certaines conditions. Renseignez-vous auprès de Pôle emploi auprès de qui vous devez faire la demande dans un délai de 3 mois après l'embauche.

En 2009, des exonérations de charges sociales ont été mises en place afin d'encourager les embauches dans les TPE. Cette exonération concerne aussi les recrutements de salariés en contrat de professionnalisation.

Pour en bénéficier, vous devez remplir un formulaire (www.entreprises.gouv.fr) et le transmettre au Pôle emploi dont vous dépendez.

Si le bénéficiaire est un demandeur d'emploi de plus de 45 ans, vous pouvez bénéficier d'exonération de cotisations sociales patronales d'assurance maladie maternité, de vieillesse de base, d'invalidité-décès, et d'allocations familiales au titre des rémunérations versées au bénéficiaire.

Cette exonération est maintenue jusqu'au terme de l'action de professionnalisation.
Le décret n° 2011-524 du 16 mai 2011 a précisé le régime de la nouvelle aide de l'État aux employeurs pour toute embauche de demandeurs d'emploi de 45 ans et plus en contrat de professionnalisation.
Cette aide de 2 000 € est réalisée en 2 versements : le premier (1 000 €) sera versé à l'issue du 3e mois d'exécution du contrat de professionnalisation et le deuxième (1 000 €) à l'issue du 10e mois d'exécution du contrat de professionnalisation.
Cette aide est cumulable avec les aides déjà existantes pour l'embauche de salariés âgés de 45 ans et plus en contrat de professionnalisation.
La prime versée par Pôle emploi pour l'embauche d'un demandeur d'emploi indemnisé de 26 ans et plus, est d'un montant de 200 € par mois et par bénéficiaire, dans la limite de 2 000 €. Cette prime est versée pendant la durée du CDD, ou en cas de CDI, pendant la durée de l'action de professionnalisation. Il faut pour cela conclure une convention avec Pôle emploi.

À NOTER
Depuis le 31 juillet 2011, le contrat de professionnalisation en CDD peut être renouvelé une fois lorsque le bénéficiaire a obtenu la qualification visée, et décide de préparer une qualification supérieure ou complémentaire.

› Le contrat de « génération »

Cette aide à l'embauche a été mise en place par la loi n° 2013-185 du 1er mars 2013. Elle favorise l'embauche d'un jeune par un employeur du secteur privé, en contrepartie du maintien en activité d'un senior.
Si l'entreprise embauche en CDI un jeune de moins de 26 ans (ou 30 ans s'il est handicapé), tout en maintenant l'emploi d'un salarié de plus de 57 ans (ou 55 ans pour les salariés handicapés), l'entreprise perçoit une aide financière de Pôle emploi : 4 000 € par an pendant 3 ans.
Cette aide est aussi versée lorsque le chef d'entreprise, âgé de 57 ans ou plus, recrute un jeune en vue de lui transmettre son entreprise.
L'aide existe depuis le 3 mars 2013 et s'applique aux embauches réalisées à partir du 1er janvier 2013.
Pour en bénéficier, l'entreprise doit ne pas avoir licencié dans les 6 mois précédents et être à jour de ses obligations déclaratives et de paiement à l'égard des organismes de Sécurité sociale ou d'assurance chômage.

› Le contrat unique d'insertion - contrat initiative emploi (CUI - CIE)

Ce contrat concerne toute personne sans emploi, inscrite ou non à Pôle emploi et rencontrant des difficultés sociales d'accès à l'emploi.
Les critères d'éligibilité sont définis par le préfet de votre région et réajustés régulièrement.

Pour que l'entreprise puisse bénéficier de cette aide, elle doit avoir conclu un CDI ou un CDD de 6 mois au minimum renouvelable jusqu'à 24 mois.
La durée minimale hebdomadaire de travail doit être de 20 heures.
L'aide est versée mensuellement et dépend de l'arrêté préfectoral de votre région. Elle représente au maximum 47 % du taux brut du SMIC par heure travaillée.
Pour en bénéficier, l'entreprise doit faire sa demande auprès de Pôle emploi.

› Les aides à l'embauche de personnes handicapées

Cette aide est attribuée pour l'embauche de personnes handicapées remplissant certaines conditions définies par l'article L. 5212-13 du Code du travail.
Pour que l'entreprise puisse bénéficier de cette aide, elle doit avoir conclu un CDI ou un CDD de 12 mois au minimum.
La durée minimale hebdomadaire de travail doit être de 16 heures.
Pour en bénéficier, l'entreprise doit s'adresser à l'Agefiph (Association de gestion du fonds pour l'insertion professionnelle des personnes handicapées, www.agefiph.fr).
L'aide est versée :
- à l'entreprise sous forme d'aide à l'insertion professionnelle (AIP) : 4 000 € pour un contrat de travail à temps plein et 2 000 € pour un temps partiel d'une durée minimum de 16 heures ;
- au salarié sous forme d'enveloppe ponctuelle d'aide personnalisée à l'emploi (Epape) : 400 € renouvelable par période de 12 mois.

› Les aides liées au contrat d'avenir

Depuis le 2 novembre 2012, une aide pour la création d'emploi d'avenir est attribuée pour l'embauche de :
- jeunes sans diplôme âgés de 16 à 25 ans à la signature du contrat ;
- jeunes en difficulté d'insertion ayant poursuivi leurs études jusqu'au CAP ou BEP ou jusqu'au baccalauréat ;
- travailleurs handicapés de moins de 30 ans en difficulté et peu qualifiés.

Pour que l'entreprise puisse bénéficier de cette aide, elle doit avoir conclu un CDI ou un CDD de 1 an (renouvelable) à 3 ans à temps plein.
Cette aide sera attribuée aux entreprises des secteurs « d'activité présentant un caractère d'utilité sociale ou environnementale et ayant un fort potentiel de création d'emplois ».
Elle est de :
- 75 % de la rémunération brute au niveau du SMIC pour les secteurs non marchands ;
- 35 % de la rémunération brute au niveau du SMIC pour les secteurs marchands.

› Les obligations légales

Règle générale

Lorsque vous recrutez dès le démarrage de votre activité, le CFE (centre de formalités des entreprises) prendra en charge la plupart des démarches administratives.
Si vous embauchez par la suite, vous devrez alors accomplir des formalités d'embauche : la déclaration préalable à l'embauche (DPAE).

> **À NOTER**
> La DPAE (déclaration préalable à l'embauche) a fusionné avec la DUE (déclaration unique d'embauche).

La DPAE doit être adressée, au plus tôt, 8 jours avant l'embauche, à votre URSSAF de rattachement.
Par ailleurs, vous devez aussi inscrire le salarié sur :
- votre registre du personnel ;
- le livre de paie.
Enfin, vous devez délivrer à votre salarié un bulletin de salaire.
Si ces conditions ne sont pas remplies, l'embauche n'est pas régulière et vous risquez d'être poursuivi par l'administration pour travail illégal (les conséquences sont alors très lourdes : amende et peine d'emprisonnement et interdiction d'exercer l'activité).

Si l'effectif de votre entreprise n'excède pas 9 salariés

Vous avez la possibilité d'utiliser le TESE (titres emploi service entreprise) qui vous simplifiera les formalités sociales. Vous devez employer des salariés occasionnels (moins de 700 heures ou de 100 jours d'année civile).
Le site www.letese.URSSAF.fr vous fournira des informations complémentaires, et vous permettra de faire toutes les démarches en ligne.

› Conclusion

Les aides à l'embauche constituent un domaine qui est en perpétuelle évolution. Dès que vous ressentez le besoin d'embaucher, prenez des informations sur les aides existantes, parlez-en à votre expert-comptable, allez sur les sites www.nosentrerisesnosemplois.gouv.fr et www.pole-emploi.fr. Anticipez pour réaliser vos premières embauches dans les meilleures conditions.

> **À NOTER**
> Vous pouvez vous aider du simulateur mis en place par le gouvernement que vous trouverez sur le site : https://embauche.beta.gouv.fr pour calculer le coût d'une embauche.

Modèles de lettres et de documents

Demander un congé pour création d'entreprise

Nom
Adresse
Code postal, ville

Nom et adresse de l'employeur
Code postal, ville
Ville, date

Lettre recommandée avec avis de réception ou lettre remise en main propre contre décharge

Monsieur le Directeur,

J'ai l'honneur de vous informer que je souhaite bénéficier d'un congé (*ou d'une période de travail à temps partiel*) [1] pour la création d'une entreprise à compter du .... (*date*) pour une durée d'un an.

Je souhaite vous préciser que je réponds bien à la condition d'ancienneté requise par l'article L. 3142-81 du Code du travail, car je travaille au sein de la société depuis le .... (*date*).

L'activité de l'entreprise que j'envisage de créer (*ou de reprendre*) est la suivante : .... (*préciser*).

J'exercerai le contrôle effectif de cette société.

Pendant ce congé (*ou cette période de travail à temps partiel*), je m'engage à respecter les obligations de loyauté et de discrétion attachées à mon contrat de travail.

Veuillez agréer, Monsieur le Directeur, l'expression de mes salutations distinguées.

Signature

1. Dans ce cas, vous devez indiquer l'amplitude de la réduction du temps de travail que vous souhaitez.

Statuts types des sociétés à responsabilité limitée dont l'associé unique, personne physique assume personnellement la gérance (EURL)

Société : … (*dénomination sociale*)

Société à responsabilité limitée :

Au capital de : … (*à compléter*)

Siège social : … (*à compléter*) :

Le soussigné :

M. / Mme … (*nom de naissance et, le cas échéant, nom d'usage, prénom, domicile, date et lieu de naissance*) a établi ainsi qu'il suit les statuts d'une société à responsabilité limitée dont le gérant est l'associé unique.

STATUTS

ARTICLE I. — FORME.

La société est à responsabilité limitée.

ARTICLE II. — OBJET.

La société a pour objet ……… (*indiquer ici toutes les activités qui seront exercées par la société*).

Et, plus généralement, toutes opérations, de quelque nature qu'elles soient, juridiques, économiques et financières, civiles et commerciales, se rattachant à l'objet sus-indiqué ou à tous autres objets similaires ou connexes, de nature à favoriser, directement ou indirectement, le but poursuivi par la société, son extension ou son développement.

ARTICLE III. — DÉNOMINATION.

Sa dénomination sociale est : … (*nom de la société*).

Son sigle est : … (*facultatif*).

Dans tous les actes et documents émanant de la société, cette dénomination doit être précédée ou suivie immédiatement des mots : « société à responsabilité limitée » ou des initiales : « SARL » et de l'énonciation du capital social.

ARTICLE IV. — SIÈGE SOCIAL.

Le siège social est fixé à : … (*indiquer ici l'adresse du siège social*).

Il peut être transféré par décision de l'associé unique.

ARTICLE V. — DURÉE.

La société a une durée de … années (*indiquer ici la durée, sans qu'elle puisse excéder quatre-vingt-dix-neuf ans*) sauf dissolution anticipée ou prorogation.

ARTICLE VI. — APPORTS.

Apports en numéraire : … (*indiquer ici le montant des espèces en euros*).

M. / Mme … (*à compléter*) apporte et verse à la société une somme totale de … (*à compléter*).

La somme totale versée, soit… (*à compléter*), a été déposée le … (*à compléter*) au crédit d'un compte ouvert au nom de la société en formation, à … *(indiquer ici les coordonnées de l'établissement financier*).

Apports de biens communs (*le cas échéant*) : … (*à compléter*) (*il s'agit des biens appartenant à la communauté des époux.*)

Cette somme provient de la communauté de biens existant entre l'apporteur et son conjoint : … (*nom, prénoms*), qui a été préalablement averti de cet apport par lettre recommandée avec demande d'avis de réception reçue le … (*à compléter*), comportant toutes précisions utiles quant aux finalités et modalités de l'opération d'apport.

Par lettre en date du … (*à compléter*), M. / Mme … (*à compléter*), conjoint de l'apporteur, a renoncé expressément à la faculté d'être personnellement associé, pour la moitié des parts souscrites. L'original de cette lettre est demeuré annexé aux présents statuts.

Apports par une personne ayant contracté un PACS (*le cas échéant*) : … (*à compléter*)

M. / Mme … (*à compléter*) réalise le présent apport pour son compte personnel et est en conséquence seul propriétaire des parts sociales qui lui sont attribuées en rémunération de son apport.

ARTICLE VII. — CAPITAL SOCIAL ET PARTS SOCIALES

Le capital est fixé à la somme de : … (*indiquer le montant en euros.*)

Le capital est divisé en … (*indiquer ici le nombre de parts sociales pour le montant du capital et, de manière facultative, le montant de ces parts*) (parts égales d'un montant de … (*à compléter*) chacune), intégralement libérées *(ou : libérées chacune à concurrence du cinquième, du quart, de la moitié, etc.*).
La libération du surplus, à laquelle il s'oblige, interviendra en une ou plusieurs fois sur décision du gérant.

ARTICLE VIII. — GÉRANCE.

La société est gérée par son associé unique, M. / Mme … (*à compléter*)

ARTICLE IX. — DÉCISIONS DE L'ASSOCIÉ

L'associé unique exerce les pouvoirs et prérogatives de l'assemblée générale dans la société pluripersonnelle.
Ses décisions sont répertoriées sur un registre coté et paraphé.
Il ne peut en aucun cas déléguer ses pouvoirs.

ARTICLE X. — EXERCICE SOCIAL

Chaque exercice social a une durée de douze mois qui commence le …(*à compléter*) et finit le …(*à compléter*) (par exception, le premier exercice sera clos le…).

ARTICLE XI. — COMPTES SOCIAUX.

L'inventaire et les comptes annuels sont établis par l'associé unique gérant. Leur dépôt au registre du commerce et des sociétés dans le délai de six mois à compter de la clôture de l'exercice vaut approbation des comptes.

Le rapport de gestion est établi chaque année par l'associé unique gérant et tenu à la disposition de toute personne qui en fait la demande.

ARTICLE XII. — ACTES ACCOMPLIS POUR LE COMPTE DE LA SOCIÉTÉ EN FORMATION.

L'état des actes accomplis pour le compte de la société en formation a été annexé aux statuts. La signature de ceux-ci emportera reprise de ces engagements par la société, lorsque celle-ci aura été immatriculée au registre du commerce et des sociétés.

ARTICLE XIII. — FRAIS ET FORMALITÉS DE PUBLICITÉ

Les frais afférents à la constitution des présents statuts et de leurs suites seront pris en charge par la société.

Tous pouvoirs sont donnés au porteur d'une copie des présentes à l'effet d'accomplir toutes les formalités légales de publicité.

Fait à… (*à compléter*), le … (*à compléter*),

En … (*à compléter*) exemplaires.

Signature de l'associé

Statuts d'une SARL créée par deux personnes

Entre les soussignés :

M. ....

demeurant à ....

et

M. ....

demeurant à ....

et toute personne qui deviendrait associée après la signature des statuts,

Il a été convenu et arrêté ce qui suit :

ARTICLE I - FORMATION

Il est formé entre M. .... et M. .... une société à responsabilité limitée régie par les lois et règlements en vigueur et par les présents statuts.

ARTICLE II - OBJET

La société a pour objet .... et, plus généralement, toutes les opérations se rapportant directement ou indirectement à l'objet social, ainsi que toutes les opérations commerciales, industrielles, financières, immobilières se rapportant à l'objet social ainsi défini et susceptible d'en faciliter la réalisation, l'extension et le développement.

ARTICLE III - DÉNOMINATION SOCIALE

La société prend la dénomination de ....

Sigle ....

Cette dénomination sera suivie de la mention « société à responsabilité limitée » ou « SARL » et de l'énonciation du capital social.

ARTICLE IV - SIÈGE SOCIAL

Le siège social de la société est fixé à

....

Il pourra être transféré en tout autre endroit par décision des associés, statuant à la majorité des trois quarts des parts sociales émises.

ARTICLE V - DURÉE

La durée de la société est fixée à .... années entières et consécutives à dater du .... pour finir le ...., sauf en cas de dissolution anticipée ou de prorogation prévues aux présents statuts et dans les conditions fixées par la loi.

ARTICLE VI - CAPITAL SOCIAL, APPORTS ET PARTS [1]

Le capital social est de ....

Il est divisé en .... parts sociales de .... chacune, numérotées de 1 à .... et entièrement libérées.

Les fonds provenant de leur libération sont déposés pour le compte de la société en formation à la banque .... sur le compte n° .... ouvert au nom de la société.

Le capital social défini ci-dessus est constitué par l'ensemble des apports ci-après :

a) Apports en numéraire

M. .... apporte une somme de .... représentant .... part(s) numérotée(s) ....

M. .... apporte une somme de .... représentant .... part(s) numérotée(s) ....

au total ....

(*S'il y a lieu ajouter*)

M. .... (*identité, pour les femmes indiquer le nom de jeune fille*), conjoint commun en biens de M. ...., apporteur de deniers provenant de la communauté, intervient au présent acte et reconnaît avoir été averti(e) en temps utile de cet apport, de ses modalités et des moyens grâce auxquels il a été réalisé, ayant reçu à cet égard une complète information.

(*ou*)

M. ...., conjoint commun en biens de M. .... apporteur de deniers provenant de la communauté, a été averti(e), par lettre recommandée avec demande d'avis de réception, postée le ...., reçue le ...., de l'intervention de l'apport ainsi que du lieu, de la date et de l'heure de la signature du présent acte. Une copie de cet avertissement est annexée à chaque exemplaire des statuts, le récépissé postal et l'avis de réception étant annexés à l'exemplaire des statuts appelé à être conservé au siège social.

b) Apports en nature[2] (évaluation de chaque apport en nature obligatoire par un commissaire aux apports, voir art. L. 223-9 du Code de commerce).

c) Total des apports

Les apports en numéraires s'élèvent à ....

Les apports en nature s'élèvent à ....

La somme des apports en numéraire et en nature s'élève donc à ....

ARTICLE VII

Les parts attribuées lors de la constitution de la société et celles qui seront attribuées par la suite devront être intégralement libérées. M. .... et M. .... déclarent que la totalité des parts a été répartie entre eux et qu'elles ont été entièrement libérées.

ARTICLE VIII

Les parts sont indivisibles et la société ne reconnaît qu'un propriétaire pour chaque part. Les copropriétaires indivis de parts sociales sont tenus de se faire représenter auprès de la société par une seule et même personne nommée d'accord entre eux ou, à défaut, par le président du tribunal de commerce du lieu du siège social, à la requête de la partie la plus diligente.

Chaque part d'associé donne droit à une part dans la propriété de l'actif social proportionnelle au montant de la valeur de l'ensemble des parts existantes ainsi qu'à une part dans les bénéfices et à une voix dans tous les votes et délibérations.

ARTICLE IX

Les associés ne sont responsables que jusqu'à concurrence du montant des parts qu'ils possèdent.

ARTICLE X - CESSION ET TRANSMISSION DES PARTS SOCIALES

Les parts sociales ne peuvent être cédées à des tiers étrangers à la société que dans les conditions et modalités prévues à cet effet par les textes législatifs et réglementaires en vigueur. Elles doivent être constatées par écrit et ne sont opposables à la société et aux tiers que si elles ont été signifiées à la société ou acceptées par elle dans un acte notarié et après publicité au Registre du commerce et des sociétés.

ARTICLE XI

La possession d'une part entraîne de plein droit adhésion aux statuts de la société et aux décisions prises par les associés.

ARTICLE XII - GÉRANCE

(*vous désignez le ou les gérants dans les statuts*)

La société est administrée par M. .... gérant
(M. .... en qualité de cogérant.)

Ils consacreront tout leur temps et tous leurs soins aux affaires de la société.

Ils possèdent les pouvoirs les plus étendus pour agir, ensemble ou séparément, au nom de la société.

Il est cependant stipulé que tous emprunts, ouvertures de crédits, ventes de fonds de commerce ou d'immeubles, apports, nantissements, hypothèques et, plus généralement, que toute aliénation ou toute disposition de droits réels portant sur les biens sociaux ne pourront être valablement réalisées qu'avec l'accord commun et la signature conjointe des associés.

La démission d'un gérant ne mettra pas fin à l'existence de la société.

Le gérant démissionnaire deviendra un simple associé.

L'autre gérant deviendra gérant unique avec les pouvoirs les plus étendus.

ARTICLE XIII

Les gérants ne contractent, en raison de leur gestion, aucune obligation personnelle ni solidaire relativement aux engagements de la société. Leur responsabilité personnelle ne sera engagée qu'en cas de faute lourde ou s'ils agissent au-delà des pouvoirs qui leur sont conférés ou en violation des statuts ou en infraction des dispositions de la loi.

ARTICLE XIV

Les gérants auront droit chacun, en représentation de leur travail, à un traitement de .... par mois et au remboursement de leurs frais exposés pour les besoins de la société.

(*ou*)

La rémunération du ou des gérants sera fixée par décision ordinaire des associés.

ARTICLE XV - DÉCISIONS DES ASSOCIÉS

Les décisions sont prises en assemblée.

À l'exception des modifications statutaires, les décisions sont adoptées par un ou plusieurs associés représentant plus de la moitié des parts sociales.

Si cette majorité n'est pas obtenue, les associés sont convoqués une seconde fois, et les décisions sont prises à la majorité des votes émis, quel que soit le nombre des votants. Toutefois, la majorité absolue des parts sociales est toujours requise s'il s'agit de voter sur la nomination ou la révocation d'un gérant.

Les associés ne peuvent, si ce n'est à l'unanimité, changer la nationalité de la société.

Pour toutes autres modifications statutaires, l'assemblée ne délibère valablement que si les associés présents ou représentés possèdent au moins, sur première convocation, le quart des parts et, sur deuxième convocation, le cinquième de celles-ci. À défaut de ce quorum la deuxième assemblée peut être prorogée à une date postérieure de deux mois au plus à celle à laquelle elle avait été convoquée. Dans l'un ou l'autre de ces deux cas, les modifications sont décidées à la majorité des deux tiers des parts détenues par les associés présents ou représentés.

ARTICLE XVI - EXERCICE, COMPTABILITÉ

L'année sociale commence le (1er janvier) et finit le (31 décembre).

Par exception, le premier exercice comprendra le temps écoulé entre la date de constitution de la société et le (31 décembre) .... (*année*).

Le rapport de gestion, l'inventaire et les comptes annuels sont établis par le ou les gérants et sont soumis à l'approbation des associés réunis en assemblée dans le délai de six mois à compter de la clôture de l'exercice.

Les documents, dans le mois qui suit leur approbation par l'assemblée ordinaire des associés, seront déposés en double exemplaire au greffe du tribunal de commerce pour être annexés au Registre du commerce et des sociétés.

ARTICLE XVII - DIVIDENDES

L'assemblée générale des associés détermine la part attribuée aux associés sous forme de dividende par prélèvement sur les sommes distribuables au sens défini par la loi.

Elle en décide les modalités de mise en placement.

Aucune distribution ne peut être faite aux associés lorsque l'actif net est, ou deviendrait à la suite de celle-ci, inférieur au montant du capital augmenté des réserves que la loi ne permet pas de distribuer.

ARTICLE XVIII - AUGMENTATION ET RÉDUCTION DU CAPITAL SOCIAL

Le capital social peut être augmenté ou réduit d'un commun accord entre les associés.

En cas d'adjonction d'associés, les statuts seront modifiés en conséquence pour y inclure notamment l'indication des majorités requises pour la validité des décisions à prendre.

ARTICLE XIX - DÉCÈS ET INCAPACITÉ PHYSIQUE D'UN ASSOCIÉ

En cas de décès ou d'incapacité physique permanente d'un associé, la société ne sera pas dissoute, elle continuera entre l'associé survivant et les héritiers et représentants de l'associé décédé ou en état d'incapacité physique permanente.

L'associé survivant sera seul gérant avec les pouvoirs les plus étendus.

ARTICLE XX - DISSOLUTION, LIQUIDATION, PROROGATION

La société pourra être prorogée ou dissoute par anticipation. Elle pourra être prorogée au-delà de son terme prévu à l'article V des présents statuts par décision des associés convoqués par la gérance un an au moins avant la date d'expiration de la durée de la société fixée par les statuts.

Si les capitaux propres de la société deviennent inférieurs à la moitié du capital social, l'assemblée générale extraordinaire doit décider dans les quatre mois qui suivent l'approbation des comptes ayant fait apparaître les pertes, s'il y a lieu à dissolution anticipée de la société.

En cas de dissolution anticipée ou non de la société, la liquidation sera faite par la gérance en exercice avec les pouvoirs les plus étendus pour la réalisation de l'actif et la liquidation du passif. Le produit net de la liquidation sera réparti entre les associés au prorata de leurs parts sociales.

ARTICLE XXI - TRANSFORMATION

La société pourra se transformer en société en nom collectif, en commandite par actions, par l'accord unanime des associés.

Au cas où la société s'adjoindrait d'autres associés, elle pourra se transformer en société anonyme, à la majorité requise par la loi.

ARTICLE XXII - PUBLICATION, FRAIS, ÉLECTION DE DOMICILE

Tous pouvoirs sont donnés au porteur d'un exemplaire des présentes pour accomplir tous dépôts, publications et formalités exigés par la loi.

Les associés approuvent les actes accomplis avant ce jour, pour le compte de la société en formation, par MM. ...., tels que ces actes sont relatés dans l'état ci-annexé avec précision des engagements qui en sont la conséquence.

En outre, la gérance est expressément autorisée à passer et à souscrire, pour le compte de la société en formation, les actes et engagements suivants entrant dans l'objet statutaire et conformes à l'intérêt social : (énoncer ici lesdits actes et engagements qui doivent être déterminés et dont les modalités doivent être précisées).

Les frais afférents aux présentes et à leurs suites seront considérés comme frais de premier établissement et amortis en conséquence.

Pour l'exécution des présentes, les soussignés font élection de domicile au siège social de la société avec attribution de juridiction au tribunal de commerce de ....

Fait en ......originaux (*dont un exemplaire à déposer au siège social*)

à .... le ....

Lu et approuvé

Signatures

1. La loi n° 2003-721 du 1er août 2003 a supprimé l'obligation d'un capital minimum. Désormais, le montant du capital de la SARL est fixé par les statuts, il est divisé en parts sociales égales. Il n'est de ce fait pas nécessaire de préciser le capital dans les statuts.

2. On parle d'apport en nature lorsqu'un ou plusieurs associés apporte un autre bien que de l'argent (apport en numéraire). Cet apport peut être un bien meuble ou immeuble, corporel ou incorporel (un immeuble, un fonds de commerce, un droit de bail, un brevet ou une créance, par exemple).

Contrat à durée indéterminée (CDI)

Entre les soussignés

La société ...

RCS

Représentée par M ..., agissant en qualité de ...

d'une part,

et

M ...

Né le ..., à ...

demeurant à ...

d'autre part.

Il a été convenu ce qui suit :

Article 1 - Engagement

M ... est engagé à compter du ..., en qualité de ..., au coefficient de ... prévu par la convention collective du ... applicable à l'entreprise.

Article 2 - Période d'essai

Cet engagement est conclu sous réserve d'une période d'essai de ... mois de travail effectif.

Pendant cette période d'essai, les deux parties pourront rompre le contrat à tout moment, sans préavis ni indemnité. Cette période d'essai pourra, le cas échéant, être renouvelée avec l'accord des deux parties pour une durée de … mois.

Article 3 - Convention collective et règlement intérieur

M ... bénéficiera des dispositions de la convention collective et du règlement intérieur de la société ...

Article 4 - Fonctions

M ... exercera les fonctions de ...

Article 5 - Lieu du travail

M ... exercera ses fonctions à ...

Article 6 - Horaires et rémunération

Il bénéficiera d'une rémunération mensuelle brute d'un montant de ... euros correspondant à l'horaire collectif en vigueur au sein de l'entreprise, soit actuellement ... heures hebdomadaires.

Article 7 - Congés payés

M ... aura droit aux congés payés prévus par les articles L. 3141 et suivants du Code du travail et par la convention collective applicable dans l'entreprise.

Article 8 - Concurrence

Il déclare être libre de tout engagement et n'être lié par aucune clause de non-concurrence avec son précédent employeur.

Article 9 - Protection sociale

M ... bénéficiera de tous les avantages de retraite et de prévoyance accordés par la société ...

Article 10 - Préavis

En cas de rupture du présent contrat, les parties observeront un préavis de ... mois.

Fait à ... , le ... en deux exemplaires.

Signature de l'employeur

Signature du salarié précédée de
la mention manuscrite :
« Lu et approuvé »

Bail commercial

Entre les soussignés :

Personne morale : (dénomination sociale, forme, capital, siège social, RCS, numéro SIREN) représentée par : (nom du représentant) en sa qualité de (gérant, etc.)

Personne physique : (nom et adresse)

Ci-après dénommé(e) « le bailleur »,

D'une part,

Et

Personne morale : (*dénomination sociale, forme, capital, siège social, RCS, numéro SIREN*) représentée par (*nom, prénom*), en sa qualité de (*gérant, etc.*)

Personne physique : (*nom et adresse*)

Ci-après dénommé(e) « le preneur »,

D'autre part,

Il a été convenu et arrêté ce qui suit :

Par les présentes, le bailleur fait bail et donne à loyer au preneur, qui accepte, les lieux ci-après désignés faisant partie de l'immeuble sis à (*adresse*).

I - DÉSIGNATION DE L'IMMEUBLE LOUÉ

Les locaux se composent de la façon suivante : (*immeuble, dépendance et accessoires, servitudes*)
Sans qu'il soit besoin d'en faire une plus ample désignation, le preneur déclare bien connaître les lieux loués pour les avoir vus et visités en vue du présent bail.

II - DIAGNOSTIC IMMOBILIER

1- Contrat de risque d'exposition au plomb
(*Analyser sommairement la teneur de l'état des risques.*)

2- Diagnostic Technique Amiante (DTA) : article R. 1334-26 du Code de la santé publique

Ce diagnostic doit être effectué si le permis de construire du local commercial a été délivré avant le 1er juillet 1997.

3- État des termites (non obligatoire) : article L. 133-5 du Code de la construction et de l'habitation

4- État des risques naturels et technologiques : article L. 125-5 du Code de l'environnement
(*Préciser selon la situation du local.*)

5- Diagnostic de performance énergétique
(*Faire référence aux résultats mis à la disposition du preneur en annexe du contrat de bail ou sur demande, après que le locataire en a pris connaissance.*)

6- Obligation de décence du logement
L'immeuble loué est conforme aux normes réglementaires et apte à répondre à l'usage auquel il le destine (*indiquer si l'immeuble a fait l'objet d'une visite de la commission de sécurité et dans l'affirmative, mettre à la disposition du preneur son rapport*).
La partie habitation répond aux règles de décence (si l'immeuble est à usage mixte, commercial ou d'habitation) fixées par décret n° 2002-1230 du 30 janvier 2002.

7- Information sur les sinistres antérieurs : Article L. 125-5 du Code de l'environnement
(*S'il y a eu un sinistre, préciser la nature exacte de son degré de gravité, les dommages causés et les mesures de protection prises pour se prémunir en cas d'événement similaire.*)

8- Ascenseurs, portes automatiques de garage et piscine
(*Faire mention des contrats d'entretien et du respect des normes de sécurité*)

9- Renseignement d'urbanisme
Est annexé au présent acte, après que le locataire en ait pris connaissance :

- un certificat d'alignement ;
- un certificat de non péril.

Le preneur devra occuper les lieux loués par lui-même, pour (*mentionner le ou les activités exercées*) à l'exclusion de toute autre utilisation.

III - DURÉE [1]

Le présent bail est fait pour une durée de (*durée du bail*) à courir le (*date de début du bail*) pour finir le (*date de fin du bail*). Le preneur peut, seul, mettre fin au bail à l'expiration de l'une ou l'autre des deux premières périodes triennales.
Dans cette hypothèse, le locataire devra prévenir le bailleur, par voie d'huissier, six mois à l'avance et par écrit de son intention à cet égard.

IV - ÉTAT DES LIEUX

Est annexé au présent acte l'état des lieux de la prise de possession des locaux signé par les parties (éventuellement : et réalisé par l'huissier de justice (*nom de l'huissier*)).

V - LOYERS, CHARGES ET CONDITIONS

Le présent bail est consenti et accepté moyennant un loyer annuel de (*montant en lettres*) euros en principal, charges, TVA et prestations usuelles en sus, payable en quatre termes égaux et d'avance, les premier janvier, avril, juillet et octobre, au domicile du bailleur ou de son mandataire.
(*Les charges peuvent être développées explicitement : travaux d'entretien, de réfection, et de remplacement qui seront nécessaires...*)

VI - INDEXATION ANNUELLE [2]

Le loyer sera révisé chaque année à la date anniversaire du contrat en référence à l'indice (*indice retenu selon l'activité du locataire : des loyers commerciaux (ILC) pour les activités commerciales, artisanales et industrielles ou des activités tertiaires (ILAT) pour les autres activités*).

VII - DÉPÔT DE GARANTIE

Le montant de ce dépôt, qui ne sera pas productif d'intérêts, lui sera remboursé en fin de jouissance, après remise des clés, déduction faite de toutes les sommes dont il pourrait être débiteur envers le bailleur ou dont celui-ci pourrait être rendu responsable pour lui.
Le preneur s'oblige à verser ce jour même au bailleur ou à son mandataire, à titre de dépôt de garantie, la somme de (*montant*) €.
En cas de variation du loyer, le dépôt de garantie sera modifié dans les mêmes proportions.
En aucun cas, le preneur ne pourra prétendre à imputer le montant de ce dépôt sur les trois derniers mois de jouissance du bail.

VIII - CESSION ET SOUS-LOCATION

Le preneur ne pourra sous-louer tout ou partie des lieux loués, ni les prêter à titre gratuit, ni céder son droit au présent bail, si ce n'est à un successeur dans sa profession, et en restant, dans ce cas, garant et répondant solidairement de son cessionnaire pour le paiement des loyers et l'entière exécution des charges et conditions du bail. Le bailleur devra en être avisé pendant une durée de trois ans à compter de ladite cession et informera le cédant dès le premier mois d'impayé de loyer.

IX - ASSURANCES ET CONDITIONS GÉNÉRALES

Le preneur devra s'assurer contre le vol, les dégâts des eaux, les courts circuits pendant toute la durée du bail desdits locaux, et les aménagements qu'il aura apporté aux locaux loués.
Le preneur s'engage à respecter le règlement de copropriété de l'immeuble.

X - ENTRETIEN ET TRAVAUX

Les travaux prescrits par l'administration sont à la charge du preneur du local. À défaut d'exécution par l'une ou l'autre partie des obligations de réparations lui incombant soit en vertu de la loi, soit en vertu du présent bail, l'autre partie pourra se faire autoriser judiciairement à les exécuter aux frais de la partie défaillante dans les conditions fixées par le juge.
Le propriétaire assurera le clos et le couvert et les grosses réparations.
Le locataire assurera les réparations d'entretien locatif.
Il ne pourra modifier et transformer les lieux qu'avec l'accord préalable du propriétaire.

XI - CLAUSE RÉSOLUTOIRE

À défaut de paiement d'un seul terme de loyer et de ses accessoires à échéance, comme au cas d'infraction ou d'inexécution d'une seule des conditions du présent bail, et un mois après une simple mise en demeure de payer ou d'exécuter la condition restée sans effet, le bail sera résilié de plein droit si bon semble au bailleur, sans qu'il soit besoin de remplir aucune formalité judiciaire et sans que des offres ultérieures puissent arrêter l'effet de la présente clause.
Si le preneur refusait de quitter les lieux immédiatement et sans délai, il suffirait pour l'y contraindre d'une simple ordonnance de référé exécutoire par provision et nonobstant appel.

XII - FRAIS D'ENREGISTREMENT

Tous les frais, droits et honoraires auxquels les présentes pourront donner ouverture seront à la charge du preneur, ainsi que les frais d'enregistrement s'il y en a.

XIII - ÉLECTION DE DOMICILE

Pour l'exécution des présentes, notamment pour la signification de tous actes extra-judiciaires ou de poursuites, les parties font élection de domicile, à savoir :

- le bailleur en son domicile,
- le preneur dans les lieux loués.

Fait en triple exemplaire [3],

à (*ville*)

Le (*date*)

(Signature du bailleur) (Signature du locataire)

1. La loi relative à l'artisanat, au commerce et aux très petites entreprises (dite loi Pinel), du 18 juin 2014 interdit désormais aux parties de stipuler une durée ferme dans un bail commercial sauf dans les quatre cas précités : si le bail a une durée contractuelle supérieure à neuf ans ; si le bail porte sur des locaux construits en vue d'une seule utilisation ; si le bail est à usage exclusif de bureaux ; si le bail porte sur des locaux de stockage mentionnés au 3° du III du Code général des impôts.

2. L'indice du coût de la construction (ICC) est remplacé par l'indice trimestriel des loyers commerciaux (ILC) ou par l'indice trimestriel des loyers des activités tertiaires.

3. Un exemplaire est à remettre au bailleur, un pour le locataire et un autre pour l'enregistrement. Cette formalité n'est pas obligatoire, mais a pour intérêt de donner une date certaine à votre bail et de le rendre opposable aux tiers.

Les adresses de vos interlocuteurs

En raison de la réforme territoriale entreprise par le gouvernement en 2015, une nouvelle organisation des chambres de commerce et d'industrie est mise en place

Ces adresses sont données à titre indicatif et nous vous invitons à les vérifier avant toutes démarches.

Les chambres de commerce et d'industrie des régions

- CCIR Alsace
  10, place Gutenberg
  CS 20003
  67085 Strasbourg Cedex
  Tél. : 03 88 76 45 00
- CCIR Aquitaine
  185, cours du Médoc
  BP 143
  33042 Bordeaux Cedex
  Tél. : 05 56 11 94 94
  Fax : 05 56 11 94 95
- CCIR Auvergne
  Aéroport Clermont-Ferrand / Auvergne
  BP 25
  63510 Aulnat
  Tél. : 04 73 60 46 46
  Fax : 04 73 90 89 22
- CCIR Basse-Normandie
  1, rue René-Cassin
  Saint-Contest
  14911 Caen
  Tél. : 02 31 54 54 54
  Fax : 02 31 54 40 80
- CCIR Bourgogne
  Place des Nations unies
  Parc de l'Europe
  BP 87009
  21070 Dijon
  Tél. : 03 80 60 40 20
  Fax : 03 80 60 40 21
- CCIR Bretagne
  1, rue du Général-Guillaudot
  CS 14422
  35044 Rennes
  Tél. : 02 99 25 41 41
  Fax : 02 99 63 35 28
- CCIR Centre
  45926 Orléans
  Tél. : 02 38 25 25 25
  Fax : 02 38 43 00 39
- CCIR Champagne-Ardenne
  10, rue de Chastillon

CS 50537
51011 Chalons-en-Champagne
Tél. : 03 26 69 33 40
Fax : 03 26 69 33 69

- CCIR Corse
Nouveau Port
BP 210
20293 Bastia Cedex
Tél. : 04 95 54 44 03
Fax : 04 95 54 44 03

- CCIR Franche-Comté
46, avenue Villarceau
CS 31726
25043 Besançon Cedex
Tél. : 03 81 47 42 00
Fax : 03 81 80 70 94

- CCIR Haute-Normandie
10, Palais des Consuls
10, quai de la Bourse
76042 Rouen Cedex 1
Tél. : 02 35 88 44 42
Fax : 02 35 88 06 52

- CCIR Île-de-France - Paris
27, avenue de Friedland 75008 Paris
Tél. : 0 820 012 112

- CCIR Languedoc-Roussillon
99, impasse Adam-Smith
Bâtiment B
CS 8100
34477 Perols Cedex
Tél. : 04 67 13 68 00
Fax : 04 67 13 68 10

- CCIR Limousin
4, allée Duke-Ellington
CS 80015
87067 Limoges Cedex
Tél. : 05 55 71 39 40
Fax : 05 55 70 31 56

- CCIR Lorraine
10, viaduc J.F. Kennedy
CS 74231
54042 Nancy
Tél. : 03 83 90 13 13
Fax : 03 83 28 88 33

- CCIR Midi-Pyrénées
5, rue Dieudonné-Costes
BP 80032
31701 Blagnac
Tél. : 05 62 74 20 00
Fax : 05 62 74 20 20

- CCIR Nord de France
299, boulevard de Leeds
CS 90028
59031 Lille Cedex
Tél. : 03 20 63 79 79
Fax : 03 20 13 02 00

- CCIR Pays-de-la-Loire
16, quai Ernest-Renaud
Centre des Salorges
CS 70515
44105 Nantes
Tél. : 02 40 44 63 00
Fax : 02 40 44 63 20

- CCIR Picardie
36, rue des Otages
CS23701
80037 Amiens
Tél. : 03 22 82 80 80
Fax : 03 22 82 80 81

- CCIR Poitou-Charentes
7, avenue du Tour de France
Téléport 1
CS 20178
86961 Futuroscope Cedex
Tél. : 05 49 60 97 60
Fax : 05 49 60 97 70

- CCIR Provence - Alpes- Côte d'Azur
8, rue Neuve-Saint-Martin
CMCI CS 81880
13222 Marseille
Tél. : 04 91 14 42 00
Fax : 04 91 14 42 45

- CCIR Rhône-Alpes
32, quai Perrache
CS 10015
69286 Lyon
Tél. : 04 72 11 43 43
Fax : 04 72 11 43 62

Les chambres de commerce et d'industrie au sein des départements

- CCI de l'Ain
  1, rue Joseph-Bernier
  CS 60048
  01002 Bourg-en-Bresse
  Tél. : 04 74 32 13 00
  Fax : 04 74 21 42 63
- CCI de l'Aisne
  83, boulevard Jean-Bouin
  BP 630
  02322 Saint-Quentin Cedex
  Tél. : 03 23 06 02 02
  Fax : 03 23 06 02 06
- CCI de Moulins-Vichy
  17, cours Jean-Jaurès
  BP 1729
  03017 Moulins
  Tél. : 04 70 35 40 00
  Fax : 04 70 35 40 99
- CCI de Montluçon - Gannat Portes d'Auvergne
  15, boulevard Carnot
  BP 3248
  03106 Montluçon
  Tél. : 04 70 02 50 00
  Fax : 04 70 02 50 59
- CCI des Alpes-de-Haute-Provence
  60, boulevard Gassendi
  04000 Digne-les-Bains Cedex
  Tél. : 04 92 30 80 80
  Fax : 04 92 32 04 73
- CCI des Hautes-Alpes
  16, rue Carnot
  BP 6
  05001 Gap
  Tél. : 04 92 56 56 05
  Fax : 04 92 56 56 56
- CCI Nice-Côte d'Azur
  20, boulevard Carabacel
  CS 11259
  06005 Nice Cedex 1
  Tél. : 0 800 422 222
  Fax : 04 93 13 73 99
- CCI de l'Ardèche
  24, chemin La Temple
  BP 215
  07205 Aubenas
  Tél. : 04 75 35 85 00
  Fax : 04 75 35 85 01
- CCI des Ardennes
  18A, avenue Georges-Corneau
  BP 389
  08106 Charleville-Mézières Cedex
  Tél. : 03 24 56 62 62
  Fax : 03 24 56 62 22
- CCI de l'Ariège
  21, cours Gabriel-Fauré
  BP 30011
  09001 Foix
  Tél. : 05 61 02 03 04
  Fax : 05 61 65 28 71
- CCI de Troyes et de l'Aube
  1, boulevard Charles-Baltet
  CS 60706
  10001 Troyes Cedex
  Tél. : 03 25 43 70 00
  Fax : 03 25 43 70 43
- CCI de Narbonne
  1, avenue du Forum
  Croix Sud
  CS 47101
  11785 Narbonne Cedex
  Tél. : 04 68 42 71 11
  Fax : 04 68 42 71 12
- CCI de Carcassonne - Limoux - Castelnaudary
  3, boulevard Camille-Pelletan
  CS 30011
  11890 Carcassonne Cedex
  Tél. : 04 68 10 36 00
  Fax : 04 68 10 36 02

- CCI de l'Aveyron
  17, rue Aristide-Briand
  BP 3349
  12033 Rodez
  Tél. : 05 65 77 77 00
  Fax : 05 65 77 77 09
- CCI Métropolitaine Marseille-Provence
  Palais de la Bourse
  BP 21856
  13221 Marseille
  Tél. : 0810113113
- CCI du Pays d'Arles
  Avenue 1re Division de la France Libre
  BP 10039
  13633 Arles
  Tél. : 04 90 99 08 08
  Fax : 04 90 99 08 00
- CCI de Caen
  1, rue René-Cassin
  Saint-Contest
  14911 Caen
  Tél. : 02 31 54 54 54
  Fax : 02 31 54 40 80
- CCI du Pays d'Auge
  100, avenue Guillaume-le-Conquérant
  BP 87195
  14107 Lisieux
  Tél. : 02 31 61 55 55
  Fax : 02 31 62 94 33
- CCI du Cantal
  44, boulevard du Pont-Rouge
  15013 Aurillac
  Tél. : 04 71 45 40 41
  Fax : 04 71 48 48 12
- CCI d'Angoulême
  27, place Bouillaud
  CS 12124
  16021 Angoulême
  Tél. : 05 45 20 55 55
  Fax : 05 45 20 55 50
- CCI de Cognac
  23, rue du Port
  CS 70077
  16103 Cognac Cedex
  Tél. : 05 45 36 32 32
  Fax : 05 45 36 32 28
- CCI de La Rochelle
  21, chemin du Prieuré
  17024 La Rochelle
  Tél. : 05 46 00 54 00
  Fax : 05 46 00 54 02
- CCI de Rochefort-sur-Mer et de Saintonge
  La Corderie royale 20 129
  17306 Rochefort-sur-Mer
  Tél. : 05 46 84 11 84
  Fax : 05 46 99 13 28
- CCI du Cher
  Esplanade de l'aéroport
  BP 54
  18000 Bourges Cedex
  Tél. : 02 48 67 80 80
  Fax : 02 48 67 80 99
- CCI de la Corrèze
  Immeuble Consulaire
  Le Puy-Pinçon - Tulle Est - BP 30
  19001 Tulle
  Tél. : 05 55 21 55 21
  Fax : 05 55 21 55 03
- CCI d'Ajaccio et de la Corse du Sud
  Quai L'Herminier
  BP 253
  20180 Ajaccio
  Tél. : 04 95 51 55 55
  Fax : 04 95 21 23 89
- CCI de Bastia et la Haute-Corse
  Nouveau Port BP 210
  20293 Bastia
  Tél. : 04 95 54 44 03
  Fax : 04 95 54 44 45

- CCI de la Côte-d'Or
  2, avenue de Marbotte
  BP 17440
  21074 Dijon
  Tél. : 03 80 65 91 00
  Fax : 03 80 65 37 09
- CCI des Côtes-d'Armor
  16, rue de Guernesey
  CS 10514
  22005 Saint-Brieuc Cedex 1
  Tél. : 02 96 78 62 00
  Fax : 02 96 78 62 10
- CCI de la Creuse
  Maison de l'économie
  8, avenue d'Auvergne
  23000 Guéret Cedex
  Tél. : 05 55 51 96 60
  Fax : 05 55 52 98 75
- CCI de la Dordogne
  295, boulevard des Saveurs
  24060 Coulounieix-Chamiers
  Tél. : 05 53 35 80 80
  Fax : 05 53 08 01 66
- CCI du Doubs
  46, avenue Villarceau
  25042 Besancon
  Tél. : 03 81 25 25 25
  Fax : 03 81 25 25 00
- CCI de la Drôme
  52-74, rue Barthélemy-de-Laffemas
  BP 1023
  26010 Valence
  Tél. : 04 75 75 70 00
  Fax : 04 75 43 72 03
- CCI de l'Eure
  215, route de Paris
  CS 80187
  27001 Évreux
  Tél. : 02 77 27 00 27
  Fax : 02 32 38 81 07
- CCI d'Eure-et-Loir
  5 bis, avenue Marcel-Proust
  CS 80062
  28008 Chartres Cedex
  Tél. : 02 37 84 28 28
  Fax : 02 37 84 28 29
- CCI de Quimper Cornouaille
  145, avenue de Keradennec
  29330 Quimper
  Tél. : 02 98 98 29 29
  Fax : 02 98 98 29 50
- CCI de Morlaix
  CS 27934
  29679 Morlaix
  Tél. : 02 98 62 39 39
  Fax : 02 98 62 39 50
- CCI de Brest
  1, place du 19e RI
  BP 92028
  29220 Brest Cedex 2
  Tél. : 02 98 00 38 00
  Fax : 02 98 00 39 02
- CCI Nîmes
  12, rue de la République
  30032 Nîmes Cedex 1
  Tél. : 04 66 879 879
  Fax : 04 66 36 61 00
- CCI Alès Cévennes
  1675, chemin de Trespeaux
  BP 90049
  30101 Alès Cedex
  Tél. : 04 66 78 49 49
  Fax : 04 66 78 49 00
- CCI de Toulouse
  2, rue Alsace-Lorraine
  BP 10202
  31002 Toulouse
  Tél. : 05 61 33 65 00
  Fax : 05 61 55 41 26
- CCI du Gers
  Place Jean-David
  BP 10181
  32004 Auch
  Tél. : 05 62 61 62 61
  Fax : 05 62 61 62 63

- CCI de Libourne
  125, avenue Georges-Pompidou
  BP 162
  33503 Libourne Cedex
  Tél. : 05 57 25 40 00
  Fax : 05 57 51 17 07
- CCI de Bordeaux
  17, place de la Bourse
  33076 Bordeaux
  Tél. : 05 56 79 50 00
  Fax : 05 56 81 80 45
- CCI de Sète - Frontignan - Mèze
  220, avenue du Maréchal Juin
  CS 97004
  34203 Sète Cedex
  Tél. : 04 67 46 28 28
  Fax : 04 67 46 28 18
- CCI de Béziers
  26, allées Paul-Riquet CS4071
  34535 Béziers Cedex
  Tél. : 04 67 80 98 09
  Fax : 04 67 80 98 10
- CCI de Montpellier
  CCI Entreprises
  Zone aéroportuaire Montpellier
  CS 90066
  34137 Mauguio Cedex
  Tél. : 04 99 51 52 00
  Fax : 04 89 06 99 43
- CCI de Rennes
  2, avenue de la Préfecture
  35042 Rennes
  Tél. : 02 99 33 66 66
  Fax : 02 99 33 24 28
- CCI de Saint-Malo-Fougères
  4, avenue Louis-Martin
  CS 61714
  35417 Saint-Malo Cedex
  Tél. : 02 99 20 63 00
  Fax : 02 99 56 61 48
- CCI de l'Indre
  24, place Gambetta
  36028 Chateauroux Cedex
  Tél. : 02 54 53 52 51
  Fax : 02 54 53 52 68
- CCI de Touraine
  4 bis, rue Jules-Favre
  BP 41028
  37010 Tours Cedex
  Tél. : 02 47 47 20 00
  Fax : 02 47 61 62 38
- CCI Nord Isère
  2, place Saint-Pierre
  BP 209
  38201 Vienne
  Tél. : 04 74 31 44 00
  Fax : 04 74 31 44 01
- CCI de Grenoble
  1, place André-Malraux
  BP 297
  38016 Grenoble Cedex 1
  Tél. : 04 76 28 28 28
  Fax : 04 76 28 27 47
- CCI du Jura
  33, place de la Comédie
  BP 377
  39016 Lons-le-Saunier
  Tél. : 03 84 24 15 76
  Fax : 03 84 24 54 62
- CCI des Landes
  293, avenue du Maréchal-Foch
  BP 137
  40003 Mont-de-Marsan Cedex
  Tél. : 05 58 05 44 50
  Fax : 05 58 06 18 33
- CCI de Loir-et-Cher
  16, rue de la Vallée-Maillard
  41018 Blois
  Tél. : 02 54 44 64 00
  Fax : 02 54 74 78 20
- CCI de Roanne Loire Nord
  4, rue Marengo
  42334 Roanne Cedex
  Tél. : 04 77 44 54 64
  Fax : 04 77 72 17 17

- CCI de Lyon Métropole
  Délégation de Saint-Étienne
  57, cours Fauriel
  42100 Saint-Étienne
  Tél. : 04 77 43 04 00
  Fax : 04 77 43 04 01
- CCI de la Haute-Loire
  16, boulevard Bertrand
  BP 30127
  43004 Le Puy-en-Velay
  Tél. : 04 71 09 90 00
  Fax : 04 71 02 77 58
- CCI de Nantes-Saint-Nazaire
  16, quai Ernest-Renaud
  Centre des Salorges
  CS 90517
  44105 Nantes Cedex 4
  Tél. : 02 40 44 60 60
  Fax : 02 40 44 62 38
- CCI du Loiret
  23, place du Martroi
  45044 Orléans
  Tél. : 02 38 77 77 77
  Fax : 02 38 53 09 78
- CCI du Lot
  107, quai Eugène-Cavaignac
  CS 10079
  46002 Cahors
  Tél. : 05 65 20 35 01
  Fax : 05 65 20 35 24
- CCI du Lot-et-Garonne
  52, cours Gambetta
  BP 90279
  47007 Agen
  Tél. : 05 53 77 10 00
  Fax : 05 53 66 55 76
- CCI de la Lozère
  16, boulevard du Soubeyran
  BP 81
  48002 Mende
  Tél. : 04 66 49 00 33
  Fax : 04 66 65 35 29
- CCI de Maine-et-Loire
  8, boulevard du Roi-René
  BP 60626
  49006 Angers
  Tél. : 02 41 20 49 00
  Fax : 02 41 20 54 14
- CCI de Cherbourg-Cotentin
  Hôtel Atlantique
  Boulevard Félix-Amiot
  BP 839
  50108 Cherbourg
  Tél. : 02 33 23 32 00
  Fax : 02 33 23 32 28
- CCI Centre et Sud Manche
  270, rue Ampère
  ZA de la Petite Lande
  50380 Saint-Pair-sur-Mer
  Tél. : 02 33 91 33 91
  Fax : 02 33 50 63 11
- CCI de Reims et d'Épernay
  5, rue des Marmouzets
  Hôtel Ponsardin
  CS 60025
  51722 Reims
  Tél. : 03 26 50 62 50
  Fax : 03 26 50 62 26
- CCI de Chalons-en-Champagne, Vitry-le-François, Ste-Ménehould
  2, rue de Chastillon
  CS 90533
  51010 Chalons-en-Champagne
  Tél. : 03 26 21 11 33
  Fax : 03 26 68 47 07
- CCI de la Haute-Marne
  55, rue du Président-Carnot
  BP 24
  52115 Saint-Dizier Cedex
  Tél. : 03 25 07 32 00
  Fax : 03 25 07 32 19
- CCI de la Mayenne
  12, rue de Verdun
  BP 239
  53002 Laval
  Tél. : 02 43 49 50 00
  Fax : 02 43 49 33 16

- CCI de Meurthe-et-Moselle
  53, rue Stanislas
  CS 4226
  54042 Nancy
  Tél. : 03 83 85 54 54
  Fax : 03 83 85 54 50
- CCI de la Meuse
  6, rue Antoine-Durenne
  Parc Bradfer
  55014 Bar-le-Duc Cedex
  Tél. : 03 29 76 83 00
  Fax : 03 29 45 47 42
- CCI du Morbihan
  21, quai des Indes
  56323 Lorient
  Tél. : 02 97 02 40 00
  Fax : 02 97 02 40 01
- CCI de la Moselle
  10-12, avenue Foch
  BP 70330
  57016 Metz
  Tél. : 03 87 52 31 00
  Fax : 03 87 52 31 99
- CCI de la Nièvre
  Place Carnot
  BP 438
  58004 Nevers Cedex
  Tél. : 03 86 60 61 62
  Fax : 03 86 60 61 39
- CCI Grand Lille
  Place du Théâtre
  BP 359
  59020 Lille Cedex
  Tél. : 03 20 63 77 77
  Fax : 03 20 74 82 58
- CCI Grand Hainaut
  3, avenue Sénateur-Girard
  BP 80577
  59308 Valenciennes Cedex
  Tél. : 03 27 513 513
  Fax : 03 27 513 210
- CCI de l'Oise
  Pont de Paris
  BP 60250
  60002 Beauvais
  Tél. : 03 44 79 80 81
  Fax : 03 44 48 47 19
- CCI d'Alençon
  12, place du Palais
  BP 42
  61002 Alençon
  Tél. : 02 33 82 82 82
  Fax : 02 33 32 10 16
- CCI de Flers - Argentan
  Aérodrome de Flers-St-Paul
  route de Granville
  CS 80159
  61103 Flers Cedex
  Tél. : 02 33 64 68 00
  Fax : 02 33 64 00 87
- CCI de la Côte d'Opale
  24, boulevard des Alliés
  BP 199
  62104 Calais
  Tél. : 0820 20 62 59
- CCI de l'Artois
  87/89, rue Saint-Aubert
  BP 540
  62008 Arras
  Tél. : 03 21 23 24 24
  Fax : 03 21 23 84 84
- CCI du Puy-de Dôme
  148, boulevard Lavoisier
  63037 Clermont-Ferrand
  Tél. : 04 73 43 43 43
  Fax : 04 73 43 43 42
- CCI de Bayonne Pays Basque
  50-51, allées Marines
  BP 215
  64102 Bayonne Cedex
  Tél. : 05 59 46 59 46
  Fax : 05 59 46 59 47

- CCI Pau Béarn
  21, rue Louis-Barthou
  BP 128
  64001 Pau
  Tél. : 05 59 82 51 11
  Fax : 05 59 27 02 84
- CCI de Tarbes et des Hautes-Pyrénées
  1, rue des Évadés de France
  Centre Kennedy
  BP 350
  65003 Tarbes
  Tél. : 05 62 51 88 88
  Fax : 05 62 44 14 38
- CCI de Perpignan et des Pyrénées-Orientales
  Quai De-Lattre-de-Tassigny
  BP 10941
  66020 Perpignan Cedex
  Tél. : 04 68 35 66 33
  Fax : 04 68 35 67 10
- CCI de Strasbourg et du Bas-Rhin
  10, place Gutenberg
  67081 Strasbourg
  Tél. : 03 90 20 67 68
  Fax : 03 88 75 25 73
- CCI Sud Alsace Mulhouse
  8, rue du 17-Novembre
  BP 1088
  68051 Mulhouse
  Tél. : 03 89 66 71 71
  Fax : 03 89 66 71 39
- CCI de Colmar et du Centre-Alsace
  1, place de la Gare
  CS 40 007
  68001 Colmar
  Tél. : 03 89 20 20 20
  Fax : 03 89 20 20 21
- CCI de Villefranche et du Beaujolais
  317, boulevard Gambetta
  BP 70427
  69654 Villefranche-sur-Saône
  Tél. : 04 74 62 73 00
  Fax : 04 74 65 31 79
- CCI de Lyon
  Place de la Bourse
  69289 Lyon
  Tél. : 04 72 40 58 58
  Fax : 04 72 40 82 13
- CCI de Haute-Saône
  27, avenue Aristide-Briand
  BP 90019
  70000 Vesoul Cedex 70001
  Tél. : 03 84 96 71 00
  Fax : 03 84 76 76 60
- CCI de Saône-et-Loire
  Place Gérard-Genevès
  CS 31110
  71010 Macon
  Tél. : 0 820 30 30 71
  Fax : 03 85 38 20 97
- CCI du Mans et de la Sarthe
  1, boulevard René-Levasseur
  BP 22385
  72002 Le Mans Cedex 1
  Tél. : 02 43 21 00 00
  Fax : 02 43 21 00 50
- CCI de la Savoie
  5, rue Salteur
  73024 Chambéry
  Tél. : 04 57 73 73 73
  Fax : 04 79 33 56 84
- CCI de la Haute-Savoie
  5, rue du 27e BCA
  CS 62072
  74000 Annecy Cedex
  Tél. : 04 50 33 72 00
  Fax : 04 50 33 72 36
- CCI France
  46, avenue de la Grande-Armée
  CS 50071
  75858 Paris
  Tél. : 01 40 69 37 00
  Fax : 01 47 20 61 28
- CCI Paris
  2, place de la Bourse
  75002 Paris
  Tél. : 0 820 012 112

ADRESSES

- CCI de Fécamp-Bolbec
  8, rue Bailly
  BP 126
  76403 Fécamp
  Tél. : 0810 00 35 10
  Fax : 02 35 29 94 60
- CCI d'Elbeuf
  28, rue Henry
  BP 410
  76504 Elbeuf
  Tél. : 02 32 100 800
  Fax : 02 35 77 24 73
- CCI du Havre
  Esplanade de l'Europe
  BP 1410
  76067 Le Havre
  Tél. : 02 35 55 26 00
  Fax : 02 35 55 26 26
- CCI de Dieppe
  2 – 4, boulevard Général-de-Gaulle
  CS 20462
  76202 Dieppe Cedex
  Tél. : 02 32 10 09 00
  Fax : 02 35 06 50 51
- CCI de Rouen
  Palais des Consuls
  10, quai de la Bourse
  CS 40641
  76007 Rouen
  Tél. : 02 32 100 500
  Fax : 02 35 14 38 39
- CCI Seine-et-Marne
  1, avenue Johannes-Gutenberg
  Serris CS 70045
  77776 Marne-la-Vallée Cedex 4
  Tél. : 01 74 60 51 00
  Fax : 01 74 60 52 29
- CCI Versailles - Yvelines 78
  21, avenue de Paris
  78021 Versailles
  Tél. : 0820 012 112
- CCI Deux-Sèvres
  10, place du Temple
  BP 90314
  79003 Niort
  Tél. : 05 49 28 79 79
  Fax : 05 49 24 57 11
- CCI Amiens-Picardie
  6, boulevard de Belfort
  CS 73902
  80039 Amiens
  Tél. : 03 22 82 22 22
  Fax : 03 22 82 22 91
- CCI Littoral Normand-Picard
  20, rue Chevalier de la Barre
  80142 Abbeville
  Tél. : 0820 80 76 00
  Fax : 0820 80 76 01
- CCI du Tarn
  40, allée Alphonse-Juin
  BP 30217
  81100 Castres Cedex
  Tél. : 05 67 46 60 00
  Fax : 05 67 46 60 01
- CCI de Montauban
  et de Tarn-et-Garonne
  22, allée Mortarieu
  BP 80527
  82065 Montauban
  Tél. : 05 63 22 26 26
  Fax : 05 63 22 26 29
- CCI du Var
  236, boulevard du Maréchal-Leclerc
  CS 90008
  83107 Toulon
  Tél. : 04 94 22 80 00
  Fax : 04 94 22 80 01
- CCI de Vaucluse
  46, cours Jean-Jaurès
  BP 70158
  84008 Avignon Cedex 1
  Tél. : 04 90 14 87 00
  Fax : 04 90 82 98 34
- CCI de la Vendée
  16, rue Olivier-de-Clisson
  CS 10049
  85002 La Roche-sur-Yon

Tél. : 02 51 45 32 32
Fax : 02 51 62 72 17

- CCI de Vienne
7, avenue du Tour de France
Téléport 1
CS 20178
86961 Futuroscope Cedex
Tél. : 05 49 60 98 00
Fax : 05 49 41 65 72

- CCI de Limoges
et de la Haute-Vienne
16, place Jourdan
BP 403
87011 Limoges
Tél. : 05 55 45 15 15
Fax : 05 55 32 24 46

- CCI des Vosges
10, rue Claude-Gelée
88026 Épinal
Tél. : 03 29 33 88 88
Fax : 03 29 64 01 88

- CCI Yonne
26, rue Étienne-Dolet
89015 Auxerre
Tél. : 03 86 49 40 00
Fax : 03 86 49 40 09

- CCI du Territoire de Belfort
1, rue du Docteur-Fréry
BP 199
90004 Belfort Cedex
Tél. : 03 84 54 54 54
Fax : 03 84 54 54 03

- CCI de l'Essonne
2, cours Monseigneur-Roméro
CS 50135
91004 Évry
Tél. : 01 60 79 91 91
Fax : 01 60 79 00 11

- CCI Hauts-de-Seine 92
55, place Nelson-Mandela
Immeuble Via Verde
92200 Nanterre Cedex
Tél. : 0 820 012 112

- CCI Seine-Saint-Denis 93
191, avenue Paul-Vaillant-Couturier
93000 Bobigny
Tél. : 0 820 012 112

- CCI Val-de-Marne 94
8, place Salvador-Allende
94011 Créteil Cedex
Tél. : 0 820 012 112

- CCI Val-d'Oise 95
35, boulevard du Port
CAP Cergy Bâtiment C1
95000 Cergy
Tél. : 0 820 012 112

Les chambres de commerce et d'industrie des DOM-COM

- CCIR de la Guyane
Place de l'Esplanade
BP 49
97321 Cayenne
Tél. : 05 94 29 96 00
Fax : 05 94 29 96 34

- CCIR de la Martinique
50-54, rue Ernest-Deproge
BP 478
97241 Fort-de-France
Tél. : 05 96 55 28 00
Fax : 05 96 60 66 68

- CCIR des Îles de Guadeloupe
Rue Félix Éboué
97159 Pointe-à-Pitre
Tél. : 05 90 93 76 00
Fax : 05 90 91 11 20

- CCIR de Mayotte
Place Mariage
BP 635
97600 Mamoudzou Cedex
Tél. : 02 69 61 04 26
Fax : 02 69 61 85 59

- CCIR Île de la Réunion
  5 bis, rue de Paris
  BP 120
  97463 Saint-Denis
  Tél. : 02 62 94 20 00
  Fax : 02 62 94 22 90
- CCI de Saint-Pierre-et-Miquelon
  4, boulevard Constant Colmay
  BP 4207
  97500 Saint-Pierre-et-Miquelon
  Cedex
  Tél. : 00 508 41 05 36
  Fax : 00 508 41 05 35
- CEM de Saint Barthélemy
  10, rue du Roi Oscar II – Gustavia
  97133 Saint-Barthélemy
  Tél. : 0 590 27 12 55
  Fax : 0 590 51 91 18
- CCI de Saint Martin
  10, rue Jean-Jacques-Fayel
  Concordia
  97150 Saint-Martin
  Tél. : 0 590 87 84 42
  Fax : 05 90 87 01 19

Index alphabétique

A

B

C

D

E

INDEX ALPHABÉTIQUE

V

W

Z

Achevé d'imprimer
en août 2016
par DIMOGRAF,
Bielsko-Biała, POLOGNE